海洋聚落与海防遗存

南澳海洋文化遗存调查研究

国家文物局考古研究中心·论著系列—2

张敏／著

上海古籍出版社

编委会名单

主　任　唐　炜

委　员　王大民　张建华　佟　薇　孙　键

　　　　赵嘉斌　杨招君　王　冉　邓启江

　　　　余建立　张治国　孟原召

本书获得国家文物局考古研究中心出版经费资助

伍 / 海防因素对南澳海洋聚落的影响分析 135

第一节 南澳本岛海防建设 137

第二节 班兵制度与南澳岛戍台故兵墓 140

第三节 调查所见南澳军官墓葬和其他相关遗迹 145

第四节 明清南澳总兵、副总兵宦迹考 152

第五节 小结 165

陆 / 南澳岛海洋信仰与民间习俗调查 169

第一节 南澳岛所见的海洋信仰 171

第二节 南澳岛的民间习俗 177

第三节 南澳岛内信仰浅析 180

柒 / 南澳岛海洋文化的再认识 183

第一节 史前南澳的对外交流 185

第二节 唐宋时期南澳的重要地位 186

第三节 明代南澳商贸之路与郑和下西洋 186

第四节 清代南澳海上贸易的发展 189

第五节 南澳海洋文化的特点 190

第六节 尾声 192

后 记 194

（第二节 对南澳岛海洋性聚落的概述 119

第三节 从调查材料看南澳岛的历史发展过程 121

第四节 小结 133）

目录

自 序 1

壹 / 海洋考古与海岛研究 1

第一节 海洋考古学相关概念 3
第二节 中国海洋文化史、海洋文化遗产研究现状 5
第三节 中国海洋考古与水下考古的发展与问题 7
第四节 从海洋聚落的角度看海岛考古 8
第五节 海岛与海防 10
第六节 海洋人群与海洋信仰 11

贰 / 南澳一号沉船与南澳研究 13

第一节 南澳一号沉船简介 15
第二节 南澳一号沉船出水文物的文化阐释 16
第三节 南澳岛及其附近海域的自然情况 18
第四节 南澳岛的历史概述 22

叁 / 南澳岛海洋文化遗存调查 31

第一节 南澳岛调查工作综述 33
第二节 南澳岛海洋文化遗产调查收获 38
第三节 对本次调查工作的自我评估和思考 112

肆 / 南澳海洋性聚落的讨论 115

第一节 从聚落考古相关概念看南澳岛 117

自序

中国水下考古自20世纪80年代开展至今，已有近四十年的发展历程。这个过程对于一个学科的发展来说是短暂的，但就其取得的成就而言又可以用轰动来形容。中国沿海从北到南都留下了水下考古工作者的足迹——辽宁绥中三道岗元代沉船、福建连江定海湾沉船、西沙华光礁遗址、福建平潭碗礁一号沉船、广东阳江南海一号沉船等都成功开展了考古发掘工作。

随着大量水下考古工作的推进，关于中国水下考古学科建设的思考一直萦绕在众多学者的脑海中。在水下考古诞生之初，沉船考古一直是工作的重心，但在积累了三十多年工作经验的今天，水下考古的学科建构以及今后工作开展的思路如果仍然以沉船为中心，这对于整个海洋文化或者海洋史的研究来说都是有所欠缺的。毕竟以大海之广阔表现出来的文化面貌并不仅仅是沉船遗址和船货，围绕沉船还可以发掘出海洋贸易、海上针路导航、造船技术、海防体系、船家社会、海神信仰等物质与非物质的文化内涵。就理论而言，海洋考古学完全可以像陆地考古学一样，建立起属于其自身的区系类型体系。

围绕沉船遗址开展陆域、海域范围的区域系统调查是目前看来建构海洋文化体系最为行之有效的工作方法之一。2012年，正当南澳一号沉船考古工作开展之际，在国家文物局水下文化遗产保护中心（现国家文物局考古研究中心）和广东省文物考古研究所（现广东省文物考古研究院）的大力支持下，我们得以在闽粤之际的南澳岛开展综合性的海洋文化遗产调查，作为检验我们上述学术思路是否可行的一次尝试。

南澳现隶属于广东省汕头市，目前是广东省唯一的海岛县。全县由南澳岛、南澎列岛、勒门列岛等23个岛屿组成。因其位于福建、广东两省交界处，属于兵家必争之地，在历代开海、闭关、迁界、通商等历史波动中扮演着时代先锋的角色。对于其地理位置的重要性，古往今来论述众多，正是在这种自然、政治、经济、军事等多重因素加持下，南澳岛形成了一个相对完整的海洋聚落体系，其中海防和海上贸易是这一聚落形成的主导因素。

通过在南澳岛开展的区域系统调查，我们基本掌握了南澳岛上现存文化遗产的分布情况，对所有的文化遗产进行了图像记录，在这些实物资料基础上，结合南澳地区相关文献资料，统合成拙作。

本书并不是对南澳地区海洋文化探讨的终点，只是随着调查的深入，通过与师友的讨论，对于如何依托本地丰富的历史文化资源来建构以南澳岛为核心的海洋文化体系有了一个初步的构想。当然这些构想的实现需要在现有材料的基础上做进一步分析研究，也需要在学术理论、方法上进一步创新。

本书是南澳海洋文化遗产调查队通力协作的结晶，希望本书的出版，可以给精彩的南澳海洋文化史研究添上重要一笔。

张　敏

于南澳县云澳镇南澳二号沉船考古队驻地

2023 年 10 月

壹 海洋考古与海岛研究

海洋考古学相关概念

中国海洋文化史、海洋文化遗产研究现状

中国海洋考古与水下考古的发展与问题

从海洋聚落的角度看海岛考古

海岛与海防

海洋人群与海洋信仰

海洋作为地球上最大的自然物，本属于不适合人类居住的自然障区。但是自从舟船和各种技术工具发明后，人类开始走向海洋。对海洋的认识、开发、利用也跟随人类发展由低级走向高级。中国作为人类历史上最早的文明之一，也是最早开发利用海洋的国家之一，从山东半岛东夷文化的遗址中所发现的六七千年前的鱼漂、鱼钩、网坠以及沿海城址；到浙江余姚的河姆渡文化遗址出土的木桨、陶舟、深海鱼骨，以及舟山群岛发现的新石器时代遗址和福建昙石山文化中的贝丘遗存等，这些遗址带有明显海洋文化的特征，均反映出中国沿海地区海洋生产活动的悠久历史。

海洋同时也是人类生存的重要依托。目前世界经济、社会、文化最发达的地区集中在离海岸线60千米以内的沿海，人口占全球总人口一半以上，据不完全统计，全世界每天有3 600人移向沿海地区。同时海洋也有很高的生态价值，包括气体调节、干扰调节、营养盐循环、废物处理、生物控制、生境、食物产量、原材料、娱乐和文化形态等，成为人类和谐发展的重要支撑[1]。近代各国列强在崛起的过程中无不是通过对海洋的经略开始的，在这个过程中，其整个社会海洋意识的觉醒甚至与大陆性文化有了直接冲突，就像欧洲殖民者在大航海时代献给惊涛骇浪的大海的赞歌那样"平凡的土地、平凡的平原流域把人类束缚在土壤上，把他卷入无穷的依赖性里面"，"大海邀请人类从事征服，从事掠夺，但是同时也鼓励人类追求利润，从事商业"[2]。这个主题不仅对于一个国家有其重要性，也关系着世界历史的变革和人民福祉。从另一个角度来看，中国要开展海洋战略，第一步就是树立起国人正确的海洋史观。限于海洋环境的特殊性，海洋考古无疑是海洋史观的重要支撑。

第一节　海洋考古学相关概念

海洋考古相对于陆地考古而言，因其面对的环境不同而有着自己的特点。英国海洋考古学者基思·马克尔瑞（Keith Muckelroy）在其著作《海洋考古学》中就指出，海洋考古学是对人类在海上活动之物质文化遗存的科学研究，涉及海洋文化的所有方面，不仅仅意味着船舶等航海技术的遗存[3]。当然也有学者将水下考古学作为指导海洋（水下）考古学的理论。日本学者小江庆雄先生对水下考古学的解释是"以水底的资料为研究对象，运用考古学所特有的观点和研究方法作为认识问题的手段并使其发挥应有的作用"。"除了古代的沉船、沉没的货物、贸易、航线之外，沉没的城市、建筑及港湾设施，甚至被人们作为

---

[1] 杨国桢：《人海和谐：新海洋观与21世纪的社会发展》，《厦门大学学报》（哲学社会科学版）2005年第3期。
[2] [德]黑格尔著，王造时译：《历史哲学》，生活·读书·新知三联书店，1956年，第135页。
[3] [英]基恩·马克尔瑞著，戴开元等译：《海洋考古学》，海洋出版社，2023年，第3—4页。

圣地的水域中的祭品都是水下考古学调查研究的对象"[1]。国内有学者认为海洋考古学是考古学上研究海洋文化的分支学科之一。海洋考古学首先要调查、发掘古代人类海洋文化的遗存部分，如古代船舶遗存及其所体现的造船、行船技术，港口与码头遗迹及其所体现的航海文化、技术、古外销物品、舶来品及其所体现的海上文化交流等。人们的海洋活动是多方面的，除了航海活动外，还包括沿海居民的其他海上活动。由于海路变迁等原因，人类的海洋文化遗存不仅发现于水下，还见于陆上。因此，海洋考古学的学术领域是多方面、多层次的[2]。从这个角度看，海洋考古学所关注的内容不应当只是物质性的海洋遗存，对于非物质性的行船、造船、船家社会、海洋信仰等海洋文化的重要组成部分也要有足够的重视。相当多的海洋考古学家们坚信，沉船作为当时人类智慧的综合体，是在进行相关考古学研究时值得关注的重要学术资源。毕竟海洋考古的最终目标是复原人类在开发利用海洋过程中的历史，而我们目前能够观察到并加以利用的发现主要是沉船。从这些概念的归结可以看出海洋考古学就是对古代人类在进行海洋活动后留存的文化遗存的调查、发掘、研究，与陆地考古学在人类古史重建中所起的作用一致。

人类的海洋活动是多方面的，除了直接的航海活动外，还包括沿海居民间接的海洋文化活动；由于海陆变迁等原因，人类的海洋文化遗存不仅发现于水下，还见于陆上。因此，海洋考古学的学术领域也是多方面、多层次的。正因此，海洋考古所包含的相关研究领域就需要一个较为清晰的概念进行界定。厦门大学吴春明教授就曾在其著作《海洋考古学》中进行了分类（表1），主要包括研究人类历史上航海活动之遗存的航海考古

表1 海洋考古学的学术范畴及其相关领域的比较
（吴春明：《海洋考古学》，科学出版社，2007年，第5页）

埋藏类别			陆地考古	水下考古
海洋考古学	航海考古	船舶考古	沉船考古	淤陆中的沉船及其船货	海底沉船及其船货
			非沉船的船舶遗存	遗址、墓葬、岩壁画资料中的船舶模型、图像与葬船等	海洋沉物、葬船
		海港考古	港口、码头、锚地及其附属遗迹	因海陆变迁而沉入海底的海港遗迹
	海洋聚落遗存考古		沿海史前贝丘、沙丘、洞穴遗址和历史城址	因海陆变迁而沉入海底的海洋性聚落
大陆文化考古			……	内陆江河、湖泊中埋藏的大陆性文化遗存

[1]〔日〕小江庆雄著，王军译：《水下考古学入门》，文物出版社，1996年，第3页。
[2] 吴春明、张威：《海洋考古学：西方兴起与学术东渐》，《中国海洋大学学报》（社会科学版）2003年第3期。

（Nautical Archaeology），以及对海洋性聚落的考古发现与研究。其中是航海考古也包括船舶考古、海港考古等重要领域。船舶考古（Boat Archaeology）主要是调查、发掘、研究历史上各类船舶实物及相关的遗存，包括不同埋藏环境（水下、淤积陆地等）中的沉船、船货、用具等，复原古代船舶形态、造船技术及船货等物质文化之发展史；海港考古主要对古代港口、码头、锚地等泊船设施及相关遗迹进行调查、发掘与研究。

第二节　中国海洋文化史、海洋文化遗产研究现状

我国海岸线长达1.8万千米，管辖海域面积300万平方千米。先民们在东南沿海创造了丰富的历史文化，给我们留下了重要的文化遗产。"文化"在英国人类学家马林诺夫斯基（Malinowski）看来是人类在满足生物性要求的同时所创造的一个新的、第二性的、派生的环境。为了使有形的文化"环境"得以维持、延续，就同时创造了文化规格，即无形的组织和制度，构成文化的"社会"层面[1]。所谓海洋文化就是人们在以海洋为载体进行互动过程中依据需要创造出超越自然环境的物质和意识形态。作为人类社会中的次级社会群体，海洋社会也是如此，它是人类在海洋活动中所创造的凌驾于海洋自然环境之上的一个新的人文存在，是以"人海关系"作为行为准则存在的一种生业模式。中国东南地区古代先民就创造了"以舟为车，以楫为马""饭稻羹鱼"等依托海洋存在的生存模式。同时在与海洋长期互动过程中总结出"水密隔舱板""船行八面风""指南针法""过洋牵星"等造船与航行技术，创造出与航海活动密切相关的龙王、妈祖、临水夫人等海神信仰，并随着航海者的远行促成了一个共通的海神信仰意识形态圈。在构建广泛联系的航线网络与海洋社会经济体系上先后形成了合浦、广州、扬州、泉州、明州等一串沟通四洋的商业聚落。促成了以中国为中心，太平洋西岸和印度洋诸番广泛参与的"环中国海"世界海洋商贸网络。自汉唐以来兴衰更替但从未间断的海上交通成为中外经济文化交流的大动脉，这条航线相对陆上沟通西方的丝绸之路也被称为"海上丝绸之路""陶瓷之路""香料之路""茶叶之路"等。"到中国去"成为淘金者对"环中国海海洋文化圈"用脚投票的注解。这一经济带所创造出的发达的物质文化和多样的精神文化是中华文明的重要组成部分，也是构成中华文明"多元一体"格局中不可替代的一极。

中国海洋文化的传承始自史前时代早已成为共识。这得益于在中国考古学界、人类学界很早就有学者对中国文明中的海洋因素进行探讨。20世纪30年代以来，林惠祥先

---

[1]　[苏]托卡列夫著，汤方正译：《外国民族学史》，中国社会科学出版社，1983年，第241页。

生就根据中国东南地区和东南亚地区史前文化中出现的有别于华北地区的几何印纹硬陶和有段石锛，概括出"亚洲东南海洋地带"。到20世纪50年代，凌纯声先生在《中国古代海洋文化与亚洲地中海》等文章中将东部沿海蛮夷的渔猎文化推为海洋文化主体，即"亚洲地中海文化圈"，指出中国东海到南海间的水域，是一个亚洲与澳洲之间、亚洲大陆东南与周邻岛群之间自远古以来就形成的文化交流、传播纽带[1]。随后苏秉琦先生在1979年于南京召开的"长江下游新石器时代文化学术讨论会"中提出"我国早期古文化划分为面向海洋的东南部地区和面向亚洲大陆腹地的西北地区两大部分"[2]。再到后来张光直先生与贝尔伍德等学者在进行"南岛语族"的探讨时就指出存在于中国大陆东南沿海至台湾再经过东南亚，最终抵达太平洋腹地的史前海洋人群迁徙路线。

上述学者是通过考古发现的几何印纹硬陶、有段石锛为核心的物质文化遗存做出的东亚、东南亚地区早期文化的大陆与海洋的宏观划分。但到了历史时期，中国历史学界在中国海洋人文历史、涉海历史研究方面依然是根据传统方法炮制以文献史料为依据的理论研究。海洋活动活跃的东南地区一直游离于中央王朝核心文明的边缘，从《史记》开始的正史对海洋活动的记载少之又少，与活跃的海洋经贸活动所留下的浩如烟海的史料相去甚远。虽然部分文物考古与历史学者曾经开展了一些诸如泉州湾宋代海船、海外交通史迹、古外销陶瓷、古航海图等海洋文化遗产的调查研究，但相对于建国后活跃的陆地考古而言，海洋考古学因受制于其所处的传统史学视角中的边缘地位，文献记录少或在相关论述中被曲解，大众对海洋考古学的认知度依然微小。即便已经出现了不少与海洋社会人文的某些专题相关的研究成果，诸如海外交通史、海上贸易史、海外移民与华人研究，但还未见站在将"海洋性"作为与以传统农业为核心的"陆地性"并列存在、相互补强之社会人文史学高度，将海洋社会人文史学、考古学作为一个新的学术整体去建设、完善和发展[3]。

在兴起的文化遗产保护体系中，也同样存在向陆地文化遗产倾斜的现状。抛开海洋文化遗产保存环境恶劣、从业人员较少等客观因素外，海洋文化遗产的调查、研究与保护相比其正在面临的被破坏的命运而言，不可否认地处于严重滞后地位。尤其是近一二十年来在沿海地区高速推进的现代化过程中，海洋文化遗产，特别是海洋性非物质文化遗产正快速灭绝。在大规模的旧城改造、新港建设浪潮中传统港市面目全非，在大小轮船的轰鸣声中老帆船逐渐不见踪影。随着造船工匠的逐渐凋零，传统造船法式也随之成为模糊的记忆甚至被遗忘，老船家代代相传的"指南正法""过洋牵星"随着现代导航技术的迭代而消

---

[1] 吴春明：《从百越土著到南岛海洋文化》，文物出版社，2012年，第9页。
[2] 苏秉琦：《略谈我国东南沿海地区的新石器时代考古——在长江下游新石器时代文化学术讨论会上的一次发言提纲》，《文物》1978年第3期。
[3] 杨国桢：《关于中国海洋社会经济史的思考》，《中国社会经济史研究》1996年第2期。

散，海洋性物质与非物质文化遗产保护面临更为严峻的挑战。因此，通过对沉船、船货、海洋聚落等物质文化进行调查、记录、研究与保护，进行考古学、民族学等多学科研究，是继承、发扬中华传统海洋文化遗产价值的一项十分重大而紧迫的任务。

第三节　中国海洋考古与水下考古的发展与问题

海洋考古学和传统陆地考古学一样萌生于近代欧洲。在诞生之初，受制于技术装备的水平，考古学者很难深入到水下去从事考古学调查。直到 20 世纪 40 年代法国海军军官库斯托发明了水肺后，潜水技术壁垒逐渐消失，考古学家也可以亲手触摸埋藏在海底的那些文化遗产，但潜水员的沉船及船货打捞并不能算作真正意义上的海洋考古。随着近代考古学在欧洲形成后，考古学家们将相关理念引入海洋领域。直到 1960 年美国宾夕法尼亚大学的乔治·巴斯（George Bass）在土耳其格里多亚角（Cape Gelidonya）海域开创性地将考古学的测绘、记录技术用于雅典时代的沉船遗址调查、发掘，标志着水下考古技术的真正诞生。从此海洋考古以及一些水下考古工作在世界各国陆续开展。

我国有着广阔的海域面积，丰富的水下文化遗产资源，但最早开始的海洋考古却是在陆地上进行的。1949 年后，一些沿海省份陆续发现了因海陆变迁而淤积在陆地上的古代沉船，如福建泉州后渚港的宋代海船，浙江宁波东门口的宋元海船，上海嘉定和南汇的两处宋代海船，扬州施桥镇发现的唐代大型木船与独木舟等，但一直受制于水下考古技术在国内的空白和资金的匮乏。老一辈考古学家早在"文革"时期就曾试图在西沙海域开展水下考古，夏鼐先生曾找当时的海军司令萧劲光协商西沙海域水下文物的调查，但未能成功，所以我国的考古学一直未能从陆地走向海洋。1985 年，英国职业捞宝人米歇尔·哈彻（Michael Hartcher）在中国南海海域盗捞起一艘清乾隆年间的中国帆船。哈彻从船上获得 15 万件瓷器和 125 块金锭，并将所获船货在荷兰阿姆斯特丹拍卖。为抬高拍卖价格，哈彻砸碎了其中许多瓷器，震惊了考古界，这大大刺激了中国开展水下考古工作的进程。

正如近代考古学通过西学东渐进入中国一样，海洋考古学在中国的诞生也经历了同样的过程。时任中国历史博物馆馆长的俞伟超先生敏锐地意识到考古学不仅要在理论上有所突破，具体实践上也要向新的领域空间进行拓展。随后中国历史博物馆受国家文物局委托，与澳大利亚阿德莱德大学东南亚陶瓷研究中心在青岛培养了中国第一批水下考古专业人员，11 名受训学员获得了国际水下联合会（CMAS）二星专业证书。这些经过潜水专门培训的水下考古队员成为种子，宣告了中国水下考古队伍的诞生。随后中国依托这批种子队员，依靠自己的力量又先后培养了八批（截至 2023 年）水下考古（文化遗产保护）队员。这些学员有的活跃在中国水下考古的一线，有的则回到高校开设海洋考古相关课程。一期学员吴春明在厦门大学成立"海洋考古学研究中心"，开设了《海洋考古学》《环中国海海洋考古》等课程。通过科研单位和院校的双重加力，中国水下考古队伍形成了自我更新的造血功能，也为今后的腾飞奠定了人才基础。

在这几批队员的共同努力下，水下考古队先后在我国渤海、黄海、东海、南海开展了多项水下考古工作，包括辽宁绥中三道岗元代沉船的五次调查发掘、山东长岛水下调查、浙江宁波小渔山清代沉船的调查试掘、福建连江定海沉船的三次发掘、平潭碗礁一号清代沉船的两次发掘、平潭大练岛元代沉船的发掘、东山冬古明代沉船的两次发掘、广东阳江南海一号宋元沉船的调查与勘探、汕头广澳沉船的调查试掘、西沙水下考古调查、西沙华光礁一号沉船的发掘等。并出版了《绥中三道岗元代沉船》《西沙水下考古》《东海平潭碗礁一号沉船出水瓷器》《华光礁一号沉船遗址发掘报告》《福建连江定海湾沉船考古》等报告，这些工作和成果开启了我国海洋（水下）考古学术发展之路。这些海洋考古工作的开展，揭示的只是难以计数的海洋文化遗产当中的极少部分，但这些开拓性的工作所获得的沉船文物已经充分显示了该学科的无限魅力，也初步展示了海洋社会史和海洋考古学在整个人文学科研究中的巨大潜力。

在看到成绩的同时，大批学者也开始反思中国水下考古的未来发展。以往的工作基本上是把所有目光都集中在沉船上，这在学科开创之初无疑是正确的，也是水下考古学科发展的必经之路。但在积累了三十多年成果的基础上，对于水下考古的学科建构以及今后工作开展的思路，我们认为或许可以开始进一步的思考。

水下考古的发展方向或许可以表述为从沉船考古走向海洋考古。以沉船为中心，对围绕在沉船周围的海洋贸易、海上针路导航、造船技术、船货、海防体系等方面开展充分的调查与研究，像中国的陆地区域一样，建立起海洋考古的区系类型和学科体系。当然，部分学者认为这一定义不足以包括江、河、湖泊等区域内的水下考古工作，因此定名还有可商之处。但从目前的实践看，海域范围内的水下考古工作无疑是重中之重。在这个目标中，沉船的发掘不是工作的目的而是一个起点，要实现这一目标，除了沉船考古外，就必须对沉船及其航路附近的岛屿开展充分全面的田野调查与文献搜集工作。

第四节　从海洋聚落的角度看海岛考古

聚落考古兴起于20世纪50年代的美国，所谓聚落，根据当代聚落考古创始人戈登·魏利的定义来看是"人类将他们自己在他们所居住的地面上处理起来的方式。它包括房屋，包括房屋的安排方式，并包括其他与社团生活有关的建筑物的性质与处理方式。这些聚落要反映自然环境，建造者所实用的技术水平，以及这个文化所保持的各种社会交接与控制的制度。因为聚落形态有一大部分为广泛保有的文化需要所直接形成的，它们提供了考古文化的功能性的解释的一个战略性的出发点"[1]。其获取材料的主要方式即进行区域系统调查。相比区域系统调查而言，以往的调查主要是为考古发掘做准备，仍属于遗址发掘前的一个步骤或附属品，所获资料虽然也可以对聚落进行初步研究，但终究不能满足深入研究的需要，而未能发展成为聚落考古的传统。而区域系统调查本身即是有特定学术目标的、独立于发掘之外的研究，既突破了仅关注"典型"遗址的狭隘视野，又能采集到足以维持量化分析的更加全面和系统化的信息，为资料的阐释奠定坚实基础。之所以能取得这样大的成就，一是因为它是针对某一区域长时段发展进程的研究，相对于历史学和人类学来说，这种宏观而具有时间深度的考察视角正是考古学的强项；二是在现存遗存多大程度上可以代表古代人群活动这一问题上，区域系统调查比人为选择发掘少数遗址得到的信息更有说服力。换言之，区域系统调查提供了一种不依赖于大规模发掘而又能研究更广大地域的途径；调查虽然不可能提供与发掘同样水平的细节，但在资料的全面性和系统性上可以更胜一筹。这正是区域系统调查在研究中的重要意义。

随着实践的增加和理论的发展，学术界对聚落的认知也在不断发展，海洋聚落也开始走进研究者的视角。陆地聚落和海洋聚落的根本差异在于所依托的环境不同，相对于陆地而言，海洋的环境更加复杂。自20世纪90年代以来，欧美考古学界发展出了一个新的研究方向，即海岛考古学（Island Archaeology）或海岸与海岛考古学（Coastal and Island Archaeology），提出海洋性社群（Maritime Community）等新的考古学概念，对传统的聚落形态的研究提出了一系列挑战[2]。焦天龙教授在《史前中国海洋聚落考古的若干问题》一文中认为："海洋聚落（Maritime Settlement）一般是指位于海岸和海岛的聚落，其经济活动中具有不同程度的开发和利用海洋资源的成分，并由此造成了其生活方式的海洋性倾向，创造了与海洋有关的文化。在精神信仰等方面，海洋聚落一般崇拜与海洋有关的神灵。这些海洋聚落的居民一般具有一定的航海技能，并沿海岸进行区域交流和族群迁徙。随着航海术的发展，部分居民向海外扩散和移民。由于居住环境的不同，海岸聚落和海岛聚落有一定的差别，但又是互相联系的。就海岛聚落而言，海岛的大小和离海岸的距离也

---

[1] Gordon R. Willey, *Prehistoric Settlement Patterns in the Viru Valley, Peru*, Bureau of American Ethnology, Smithsonian Institute, Bulletin155, 1953. 译文见张光直：《谈聚落形态考古》，《考古学专题六讲》（增订版），生活·读书·新知三联书店，2010年，第73页。
[2] Paul Rainbird, *The Archaeology of Islands*, Cambridge University Press, 2007.

是决定海洋聚落特点的重要因素。"[1]也就是说,海洋聚落是人类为适应海洋环境对其进行改造的直接反应。虽然海洋聚落也是人类"人地关系"的一种表现形式,但因海洋环境的特殊性,根据其周边景观来看,海洋聚落在结构、生业模式的形态上与陆地聚落有着较大差别。因此在进行海岸与海岛聚落的区域调查时,所考察的部分就需重新讨论。

就如聚落考古已经在中国开展了半个世纪,和西方考古界一样,大多数工作都是针对内陆地区。我国在沿海的工作虽有开展,但在理论和方法上,既缺乏如何将当代聚落考古学的理念和田野技术应用到海岛和海岸的探索,同时也缺乏对西方考古学界过去二十余年来关于海岸和海岛考古探索的了解和认识。所以,海洋聚落考古在中国是一个急需填补的空白[2]。严文明先生就曾指出"我们国家有将近400万平方千米的海疆,有5 000多个岛屿,在辽宁、山东、浙江、福建、广东和香港等地的一些海岛上都做过一些工作,但是没有很好地总结。今后要大力加强海洋文化的研究"[3]。可见中国海洋聚落考古的发展依然任重道远。

第五节　海岛与海防

海疆经略、海防事务主要是站在国家社会的立场,为抵御外敌从海上入侵而开展的一系列政治、军事实践。自明代"倭乱"始,明清两代的海防凸显,海疆经略、海防史迹是我国古代王朝政治对环中国海海洋地带主权的象征和历史记忆,是环中国海海洋文化遗产的重要组成部分。在田野调查基础上,本书试图从南澳岛之一斑,管窥海防史迹的时空演变,考察历代王朝军事经略海洋之发展史。

闽粤两省是中国东南地区海洋活动的活跃地带,历代在此地区为抵御外敌从海上入侵而开展过一系列政治、军事实践。而南澳岛因其特殊的地理位置,在很长一段时间内为闽粤两省共管,同时还是清代重要的对台基地。饶宗颐教授在《南澳:台海与大陆间的跳板》一文中说过:"这是一个蕞尔小岛,面积只有一百零六平方千米,在历史上却对中国东南沿海地区起了重大的桥梁作用。"[4]因此对此岛的海防研究是本书的重要一环。

近几十年来,随着我国在南海、东海等海域与多个邻国在领海主权与海洋权益方面冲突的加剧,海疆史、海防史的研究成为热点课题。在海疆经略史方面,林荣贵主编的

---

[1] 焦天龙:《史前中国海洋聚落考古的若干问题》,《海洋遗产与考古》,科学出版社,2012年,第9页。
[2] 焦天龙:《史前中国海洋聚落考古的若干问题》,《海洋遗产与考古》,第9页。
[3] 严文明:《关于聚落考古的方法问题》,《中原文物》2010年第2期。
[4] 饶宗颐:《南澳冶海与大陆间的跳板》,《潮学研究》1995年第3辑。

《中国古代疆域史》是迄今最系统的中国疆域经略史，海疆史是其中的一个组成部分；吕一燃主编的《中国海疆历史与现状研究》、安京的《中国古代海疆史纲》等都是系统的海疆史专门论著，吕一燃主编的《南海诸岛：地理·历史·主权》、李国强的《南中国海研究：历史与现状》等则是南海区域性的疆域史论著。厦门大学南洋研究院在南海疆域、史地考证上也有不少重要的成果，如韩振华的《南海诸岛史地考证论集》、李金明的《中国南海疆域研究》等。在海防史方面，杨金森、范中义的《中国海防史》深入系统地论述了明清两代的海防史，王朝彬的《中国海疆炮台图志》、黄中青的《明代海防的水寨与游兵》、卢建一的《闽台海防研究》、驻闽海军的《福建海防史》、林庆元的《福建船政局史稿》等都是重要的专题或区域海防史论著。

不过，迄今的海疆史、海防史论述多数是基于历史文献的记载，很少涉及海疆与海防之文化遗产，更无从物质文化遗产角度展示海疆经略与海防史的。因此，本书从南澳岛的实物调查资料入手，对闽粤两省现存明清海防城堡遗存、明清海岸烟墩、炮台要塞、水师、民防或海盗营寨遗址、船官、船政史迹、海防官兵墓葬进行整理，以期为学界重建海疆史、海防史提供实物依据。

第六节　海洋人群与海洋信仰

海洋人群是创造海洋文化的主体之一，当代传统海洋人群的社会文化形态是古代海洋社会文化的延续与再现，其社会人文是海洋性非物质文化遗产的主要内涵。人类学者、民族史学者、宗教文化研究者、文学艺术学者等，曾从不同的学术角度开展了一系列与环中国海船家社会文化有关的调查研究，取得了不少基础性的研究成果。比如在海洋族群文化史方面，有关东夷、百越、南岛语族、疍民、福建泉州海路回族、东南沿海的东西洋海洋移民等，都曾是沿海区域人类学、民族史研究的热点，成果甚丰。在海洋人文民俗方面也有不少区域性调查研究成果，如叶大兵的《中国渔岛民俗》、山曼等的《山东海洋民俗》、姜彬的《东海岛屿文化与民俗》、王文洪的《舟山群岛文化地图》、徐波的《舟山方言与东海文化》、陈国强等的《闽台惠东人》、彭兆荣的《渔村叙事：东南沿海三个渔村的变迁》、黄新美的《珠江口水上居民（疍家）的研究》、黄金河的《珠海水上人》等。海洋宗教信仰是船家人文的核心内容，尤其是对海神之一妈祖的研究，学术界已有不少相关成果，王荣国的《海洋神灵——中国海神信仰与社会经济》一书是该领域最系统的专题研究成果。这些成果都为进一步开展环中国海船家社会人文的系统调查研究奠定了基础。

海洋虽然是沿海居民的衣食来源，但在生产力极不发达的过去，造船、气象、航海等技术手段的落后，导致大海对于常年生活于此的人来说仍如畏途，大海对人命的吞噬使得海洋活动更显悲怆。在这种命不由己的环境中催生出的人群既有顽强拼搏的豪情，也有敬畏未知的无奈。海洋作为一种造神的载体或者说海洋本身就是超自然的，沿海居民在无力改变环境的情况下只得顺从，这些人所活动的一切都是海洋神明的恩赐。祖运辉先生就说过："对于传统的中国航海者来说，航海一方面是高度技术性的活动，同时也是具有浓厚宗教性的活动，没有神灵的庇佑，航海是根本不可能成功的。"[1]当航海顺利结束后，岛上的安稳生活是暂时的。毕竟人类对最基本的淀粉类食物的需求就决定了这些依靠海洋生存的渔民或海商，都不能单纯地靠渔业或航海运输而生存，所以存在着结构性短缺的海洋经济无法自给自足，逼迫着这些海洋人群周而复始地航行于海上。随着海风、海流的漂动，他们将自己对大海的信仰传播到曾经到过的地方。因此在做海洋文化调查时，对海洋相关信仰的关注是必不可少的部分。海洋人群与大陆人群有着截然不同的思考方式，通过对这些海洋信仰的研究，再配合相应物质文化遗存考察，是观察海洋文化发展脉络的重要方式。

综上，因为海洋文化遗产涉及面广泛，海岛自然人文环境的独特性，有地下、地上和水下埋藏的各类物质文化遗产，还有残存于航海族群与航海世家手中的各类非物质文化遗产，必须运用考古学、历史学、人类学、民族学、民族史学、航海学、船舶工程学、民俗学、宗教文化学、文艺学等多学科调查研究方法。在调查中要充分运用文字、摄影、绘图、音像等多种记录手法，在海洋文化遗产的整理、研究中运用断代、分类、比较研究等不同方法，力争取得调查研究的新突破。我们在进行南澳海洋文化遗产调查时，也是基于这些理论准备和认知。

2012年，为配合南澳一号沉船考古工作，将海洋文化系统调查概念引入到水下考古的综合调查之中，我们尝试性地开展了一次南澳岛海洋文化调查。在开展调查之初，南澳岛调查队充分借鉴了其他同仁对浙江、广东、福建福州、东山等地的调查经验。根据海岸和海岛的特点，同时结合南澳岛现有的植被覆盖状况，野外调查的方法也做了相应的改进。作为一个很多研究范畴还处于探讨阶段的概念，我们将自己的理解植入其中。在国家文物局水下考古中心（现更名为国家文物局考古研究中心）和广东省文物考古研究所（现更名为广东省文物考古研究院）的大力支持下，我们得以在南澳岛开展调查，作为检验上述学术思路是否可行的一次尝试。也正因为是尝试，所以可能会出现诸多不完善的地方，还请诸位专家学者斧正。

---

[1] 祖运辉：《十一到十九世纪中叶中国航海宗教初探》，载于《妈祖信仰的发展与变迁：妈祖信仰与现代社会国际研讨会论文集》，台湾宗教学会，2003年，第25—42页。

南澳一号沉船与南澳研究

贰

- 南澳一号沉船简介
- 南澳一号沉船出水文物的文化阐释
- 南澳岛及其附近海域的自然情况
- 南澳岛的历史概述

南澳海洋文化遗产调查，是在南澳一号沉船水下考古项目开展之后对沉船考古研究上升到海洋考古研究的一次有益尝试。随着南澳一号沉船水下考古调查项目的开展，如何把单纯的沉船考古推向更广阔的海洋考古遂成为此次南澳岛海洋文化遗产调查的动因。2012年在中国文化遗产研究院水下考古中心（现国家文物局考古研究中心）和广东省文物考古研究所（现广东省文物考古研究院）、南澳县博物馆的大力支持下，南澳一号沉船联合考古队又抽调精干人马组成一支海岛调查分队，对南澳岛开展了为期3个月的全面调查。

第一节　南澳一号沉船简介[1]

南澳一号沉船遗址位于广东省汕头市南澳县云澳镇东南官屿与乌屿之间的半潮礁（俗称"三点金"），距南澳最近距离约2千米，是我国目前已发现的唯一一艘明代晚期商贸沉船。该沉船由南澳县云澳镇渔民发现于2007年5月下旬，2007年6月至7月广东省文物考古研究所组织专业水下考古工作队对南澳一号沉船进行调查和试掘。2010年3月和7月，国家文物局水下文化遗产保护中心、广东省文物考古研究所与中山大学地理科学规划学院和海洋学院对沉船附近海域进行了两次多波束及浅地层探测，并确定了相关遗址点。2010年至2012年夏，由国家文物局水下文化遗产保护中心、广东省文物考古研究所、广东省博物馆牵头，联合全国的水下考古与文物保护专业人员，共同组建南澳一号沉船考古队承担调查任务。考古工作历时3年，每年约3个月，摸清沉船遗址的分布情况与船体结构，抢救出水文物2.7万余件。

另外更值得一提的是，本次调查在水下考古技术创新领域收获颇丰。一是使用RTK技术，于近岸处设置基站，为水下动态环境各测量点提供时时精准坐标，相对于GPS、DGPS定位技术更加精准。这样做可确保探方框安全放置到位，将沉船完全框住。通过实测与参数修正，可以获取水下遗迹的各个坐标，相对于以往遗址笼统的点坐标而言，更加准确与丰富，为复原遗迹空间关系以及构建GIS管理系统提供了最关键的要素。二是首次使用简易潜水钟，钟内配备三方通话面罩OTS系统、备用潜水装具、照明灯等设备，加强了水下队员之间、水下与水面人员之间的无障碍工作联系，大幅度提高了水下工作效率与工作安全，这是适合在30米左右水深从事考古发掘时广为推行的一项措施。

---

[1] 南澳一号沉船的简介内容主要根据：南澳一号沉船联合考古队工作简介；崔勇等：《南澳Ⅰ号明代沉船2007年调查与试掘》，《文物》2011年第5期；崔勇：《广东汕头市"南澳Ⅰ号"明代沉船》，《考古》2011年第7期；南澳县博物馆南澳一号沉船出水文物展简介等相关材料整理而成。

三是加强对各方资料的收集，涉及出水文物保护、海洋生物、海洋环境等多学科领域。

考古勘探资料表明沉船保存状态较好，水深约27米，船体大部分被泥沙覆盖。古沉船处于侧沉状态，方向接近正南北向，向东南倾斜10度左右，船上货物散布范围长约28米，宽约10米。初步判断古船长38米，宽8米。古船上层结构已不存在，但隔舱和船舷保存状况较好，由于船体表面覆盖有泥沙和大块凝结物，船体和文物受腐蚀及人为因素破坏较小，除船体中部的两三个舱体外，沉船其他部分及舱内船货保存较好。目前共发掘十五个舱位，该沉船上保存有大量青花瓷器及有机文物。瓷器总数估计万件以上，主要包括绘有人物、花卉、动物图案的青花大盘、碗、罐、盆、钵、器盖、杯、瓶、粉盒等。同时，考古队还在八号舱内发现了罐装的大量铜钱，钱文多为"祥符通宝""皇宋通宝""熙宁通宝"等北宋年号，目前已统计出水铜钱11 300余枚。2010年的南澳一号沉船水下考古工作中共出水各类文物10 241件，其中瓷器9 711件，陶器131件，金属器100件（不含铜钱）。出水瓷器中盘类占44.4%，碗类占34.3%，罐类占8.8%，杯、碟、盒类共占9.2%，其余占3.2%。

南澳一号古沉船是目前国内已发现的唯一一艘明代晚期商贸船，它对了解明代造船能力、航海能力都有着非常重要的作用，为"漳州窑""汕头器（Swatow Ware）"等陶瓷研究领域提供了不可多得的实物资料。

第二节 南澳一号沉船出水文物的文化阐释

南澳一号沉船沉没于南澳岛东南，自2007年5月考古部门开始调查到2012年完成抢救性发掘，期间共收获各类文物2.7万余件，包括瓷器、陶器、金属器及其他质地文物共四大类。其中以瓷器占绝大数量，类型丰富，主要以漳州窑为主，景德镇窑次之，零星瓷器来自漳州窑以外的闽南窑口和粤北窑口。瓷器种类又以青花瓷为主。这些青花瓷器的纹饰内容多样，通过研读可以判断出一些组合类型，初步统计是利用人物、动物、植物、瑞兽等60多种纹饰组合成近200种带有吉祥寓意的图案[1]。其中主要纹饰简介如下。

1. 青花海马万字纹碗。海马是海八怪（也称海兽鱼涛）之一，是指海马、狮、象、翼龙和鱼。碗内为"卍"字纹，"卍"梵文意为"胸部的吉祥标志"。古时译为"吉祥海云相"，释迦牟尼三十二相之一。原为古代的一种符咒、护符或宗教标志。"卍"纹作为

---

[1] 根据崔勇等：《南澳Ⅰ号明代沉船2007年调查与试掘》，《文物》2011年第5期；崔勇：《广东汕头市"南澳Ⅰ号"明代沉船》，《考古》2011年第7期等内容整理。

一种装饰在新石器时代就已出现，含有长久不断的寓意，"卍"字四端纵横引申，相互连锁，组成"卍"字锦纹，故又称"万不断"。

2. 单凤博古纹盘。在非洲肯尼亚滨海小镇曼布鲁伊附近的一座穆斯林墓塔上就镶嵌有一周这种瓷器。"单"与"丹"谐音，有丹凤朝阳之意，寓意高位吉运之兆。

3. 青花仕女纹盘。所绘为仕女摘桂，桂为桂圆之意，摘桂寓意夺得旧时科举考试中乡试、会试、殿试第一名。在瓷器或玉器中通常用荔枝、桂圆、核桃表示解元、会元、状元。

4. 青花麒麟纹盘。麒麟，亦作"骐驎"，简称"麟"，是中国古籍中记载的一种动物，与凤、龟、龙共称为"四灵"，麒麟在四灵兽中地位仅次于青龙。后由于封建皇帝对龙凤的褒扬，麒麟被排挤到民间，成为民间祥瑞的独特代表。麒麟文化是中国的传统民俗文化，在民间传说中，其与儒家学派的创始人孔子也有着密切的渊源关系。传说孔子降生当晚，有麒麟降临孔府，并吐玉书，上有"水精之子孙，衰周而素五，征在贤明"字样，既告众人孔子非凡人乃自然造化之子孙，虽未居帝王之位，却有帝王之德，堪称"素王"，孔子家人将一彩绣系在麟角上，以示谢意。以后，人们又引申出玉书三卷，孔子精读后成为圣人，至今在文庙、学宫中还以《麟吐玉书》为装饰，以示祥瑞降临，圣贤诞生，并且将它作为中国古代的生育崇拜之一，如盼麒麟送子等。麒麟主太平，带来丰年、福禄、长寿与美好。玄学称麒麟是岁星散开而生成，故主祥瑞，含仁怀义。麒麟在官员朝服上也多被采用，清朝时，一品官的补子徽饰为麒麟，可见其地位仅次于龙。

5. 青花封侯爵禄纹盘。在盘四周绘有一周蜜蜂，"蜂"与"封"谐音，灵猴，聪明伶俐，"猴"与"侯"同音，也是封侯做官之意，寓官位。"鹿"被视为古代之瑞兽，有千年为苍鹿，又有五百年为白鹿，复五百年化为玄鹿之说。以"鹿"与"禄"谐音，"禄"即古代官吏俸给之谓，故寓"官禄""俸禄"及"禄位"等。喜鹊表示日日见喜。

6. 青花鲤鱼跳龙门纹碗。碗底绘湍急的流水中鲤鱼逆而上，外壁绘苍龙，古代传说黄河中的鲤鱼跳过龙门就会变化成龙。后以"鲤鱼跳龙门"比喻中举、升官等飞黄腾达之事。后来又用作比喻逆流前进、奋发向上。

7. 青花开光连枝松竹梅纹碗。竹有君子之道，因虚受益；松长春不老，以静延年；梅冰肌玉骨、群芳领袖，尤其是在万木凋落的严寒岁月里，只有松竹梅各守其节，年年如此。为颂其高尚品质，人称松竹梅为岁寒三友。

8. 青花折枝牡丹纹盘。自唐以来，牡丹被视为繁荣昌盛、美好幸福的象征，寓意繁荣昌盛、幸福和平。

9. 青花莲花纹盘。此盘莲花又与外国的郁金香相似，故是按照外国人意图而绘制。它也有中国古代传统含义，莲花出淤泥而不染，中通外直，多把莲寓为君子。青花的"青"与清贫的"清"谐音，莲花的"莲"与"廉洁"的"廉"谐音，有"一品清廉"之意。

10. 青花米芾拜石纹盘。宋代著名的书法家米芾爱好众多，除诗书画以外，亦喜好奇石。他爱石成癖，玩石如痴如醉，以至于不出府门一步，结果影响了政务，也影响了他的仕途升迁，一生只得"三加勋，服五品"而终。米芾一生都在藏石赏石，与奇石结下了不解之缘，还总结出"瘦、秀、皱、透"四字相石法。时至今日，这四字仍是藏石赏石者品评石相的标准。

南澳一号明代古沉船的发现，更充分显示了经由南澳海区的航线是中外贸易航线中的重要一环，为研究潮汕海外交通史和贸易史提供了重要资料。由于历史原因和客观条件的限制，在过去的文献资料及论著中，几乎看不到海上丝绸之路与潮汕地区的关联，这可能是由于潮汕地区没有封建统治阶级御用的官窑，有关瓷窑及港口在正史中缺乏记载，故今研究潮汕地区陶瓷海上贸易的论著和考古资料缺乏；其次，这里虽然有进行海上贸易的条件，但政治影响和地位不如广州、泉州等著名港口。

但是南澳一号沉船的发现却用实际证据表明，南澳岛作为海上航路的重要枢纽，其在海上丝绸之路中的地位可能远比文献记载中的重要，而通过全面系统的南澳岛海洋文化调查也许才是揭开这个历史幕布的最好方法。

第三节 南澳岛及其附近海域的自然情况

南澳岛是广东省东部沿海的一个海岛县，该岛屿气候炎热，植被茂盛，适合多种陆生生物生长，特别是荆棘和蛇类等对调查工作影响较大的植物和动物。因此，在调查之前，针对本地特殊的环境做好防护是十分必要的。

（一）南澳岛环境概述

南澳县地处粤东海岛，是广东省唯一的海岛县，隶属汕头市。全县由南澳岛（主岛）和南澎列岛、勒门列岛等23个岛屿组成，位于北纬23°11′—23°32′、东经116°53′—117°19′之间。全县总面积112.4平方千米，海岸线长77千米，海域面积4 000平方千米，主岛面积106.85平方千米，大小滩头61个。县城设于后宅镇。南澳岛西距澄海莱芜4.1千米，西南距汕头市11.3海里、距香港170海里，东北距福建省东山岛13.6海里，东距台湾省高雄市162海里，北距饶平县海山岛2.75海里、距厦门市77.7海里。主要海湾有：前江湾、后江湾、赤石湾、云澳湾、烟墩湾、青澳湾、竹栖肚湾、深澳湾。北回归线从主岛中部穿过，主岛东西端相距21.5千米。全县山地面积占93.6%，平地面积占6.4%，是广东省山区县。

南澳岛分东西半岛。东半岛占70%，主峰果老山海拔576米；西半岛占30%，主峰高嶂岽（大尖山）海拔587米。县境气候温和，冬暖夏凉，年平均气温21.5℃，冬季比潮汕大陆高1—2℃，夏季比潮汕大陆低1—2℃，每年台风季节多在6—9月。

（二）南澳附近海域的海洋环境

南澳港口航道畅通，水深在-10米以上，具备兴建深水码头条件的港湾有7处。南澳濒临西太平洋国际主要航线，古今航运发达，古代即为海上丝绸之路的航标节点，至今仍为通往上海、厦门、汕头、广州、香港、台北、高雄等城市和日本、印尼、新加坡、马来西亚等国家的海上通道的交叉点。每天通过南澳海域的货轮多达300余艘次，但仍有沉船事故发生，这与其海陆与岛礁形势、气候与海水状况等环境因素有着密切关联。

1.南澳岛附近的海陆形势与岛礁状况

南澳岛地处闽粤交界，台湾海峡西南口，由于该岛位于韩江入海口外，海陆形势十分重要，是古今航运的重要节点。

韩江为广东省和福建省共有。干流长度470千米，分两源，北源发源于福建省宁化县治平畲族乡境内武夷山南段的木马山北坡，南源发源于广东省汕尾市陆河县与河源市紫金县交界的乌突山七星崠，在广东省梅州市大埔县三河镇的三河坝汇合，经韩江三角洲，分北、东、西溪在广东省汕头市出南海，是潮汕地区、兴梅地区与福建的重要联系水道。韩江流域位于粤东、闽西南，地理位置在北纬23°17′—26°05′、东经115°13′—117°09′之间，是广东省除珠江流域以外的第二大流域。流域范围包括广东、福建、江西三省部分区域，流域面积30 112平方千米。流域范围以热带气旋雨影响为主，暴雨大而且集中，洪水峰高量大，再加上支流众多，水量充沛。航道总的特点是"点多线长面广"，而且较为分散、复杂，既有山区航道，又有平原航道。北起梅州市区，经大埔、丰顺、潮州等县市，止于汕头市区，主航道长241千米。沿线主要有梅州、梅县松口、潮州、汕头等港口。航道水位变幅大，水深一般约2米，枯水期潮州港港池水深仅0.9米。全线可通65吨级货轮，南运矿产、木材、农副产品等，北行以化肥、农药等农用物资及日用百货等为主，平均年货运量200多万吨，是连接潮州、梅州、闽西、赣南等地的内河运输大动脉。本地区山险路窄，丘陵纵横，陆路交通不便，在生产力较弱的古代社会，水运成了弥补陆上交通不足的重要手段，因此韩江水系就自然而然地成为粤东地区古代人文交流、商贸运输的重要途径，同时也成为粤东地区古代社会经济文化与海洋世界联系的重要渠道。

南澳岛处于韩江的出海口以南，位于闽粤交界，正是因为这种两省交界、海上贸易活跃的经济地理位置，所以被称为"闽粤咽喉，潮汕屏障"。这一地带处粤东沿海前缘，是中生代以来重要的地质构造线通过地段，经震源机制分析表明，南澳构造带是控震构造，而配套构造与主干构造的交接复合部位是地热释放的场所，也是孕育地震的危险地段。新生代以来南澳岛地壳活动性较大，地震、热泉的活动相对强烈[1]。地质活动的剧烈也使南澳岛群沿岸岩礁罗列，这给繁忙航道上的航行造成了一定困扰。

经有关学者研究表明，南澳一带海域的第四纪沉积与韩江三角洲平原地区时代基本一致，整个潮汕平原和潮汕沿海是作为一个整体同时接受沉积的。本区沉积相主要有冲洪积相、滨浅海—潟湖沼泽相和前三角洲相，这些沉积相自下而上叠置，反映出本区沉积环境陆相—海相交替作用的变迁过程[2]。这些沉积活动造就了南澳复杂的地质特点。主岛南澳兼有成片的沙滩和泥沙滩，岛群海域东部和东南部底质以岩石礁为主，南部和西南部地势平坦，底质以泥沙为主。

2. 气候与水文状况

南澳岛地处广东最东部，北回归线贯穿全岛，属南亚热带季风气候，是广东省少雨中心之一；同时由于干季和湿季差异明显，容易出现冬、春季连旱。年降水主要集中在4—9月份，占全年降水量的80.5%，呈现双峰型，6月份是最高峰，8月份为次高峰，分别分布于前、后汛期。前汛期的降水量占全年降水量的39.9%，后汛期降水量占全年降水量的40.6%；多雨期与少雨期交替变化，在少雨年份的转折期都有一年对应的多雨年份[3]。

南澳附近海域海水受漂流、南海暖流、粤东沿岸流及江河入海水流的多重影响，海流情况比较复杂（图1）：

（1）漂流是冬季在东北季风影响下，形成势力强大的西南向漂流，自台湾海峡以西开始，经广东近海、海南岛沿海等中南半岛东岸等流入爪哇海，流速一般为20厘米/秒；夏季西南季风作用下，绝大部分南海海区形成反气旋型漂流，流向东北或偏东。（2）南海暖流出现在粤东沿岸和广东外海，终年大致沿100米等深线自西南向东北流动，流轴部分宽约80海里，平均流速为10—40厘米/秒。该暖流的稳定性、持久性和连续性较弱。（3）粤东沿岸流，在冬季流幅很窄，流向西南，流速10—30厘米/秒。夏季流幅较宽，流向东北。（4）江河入海水主要是由韩江水系入海径流，每年雨季汛期与沿岸流交汇，出

---

[1] 何森祥、蔡木潮：《南澳岛的地质特点》，《华南地震》1986年第3期。
[2] 孙金龙、徐辉龙等：《粤东南澳—澄海海域晚第四纪沉积特征和沉积环境演变》，《热带海洋学报》2007年第3期。
[3] 林苗青、杜勤博等：《南澳县降水特征分析》，《气象水文海洋仪器》2010年第4期。

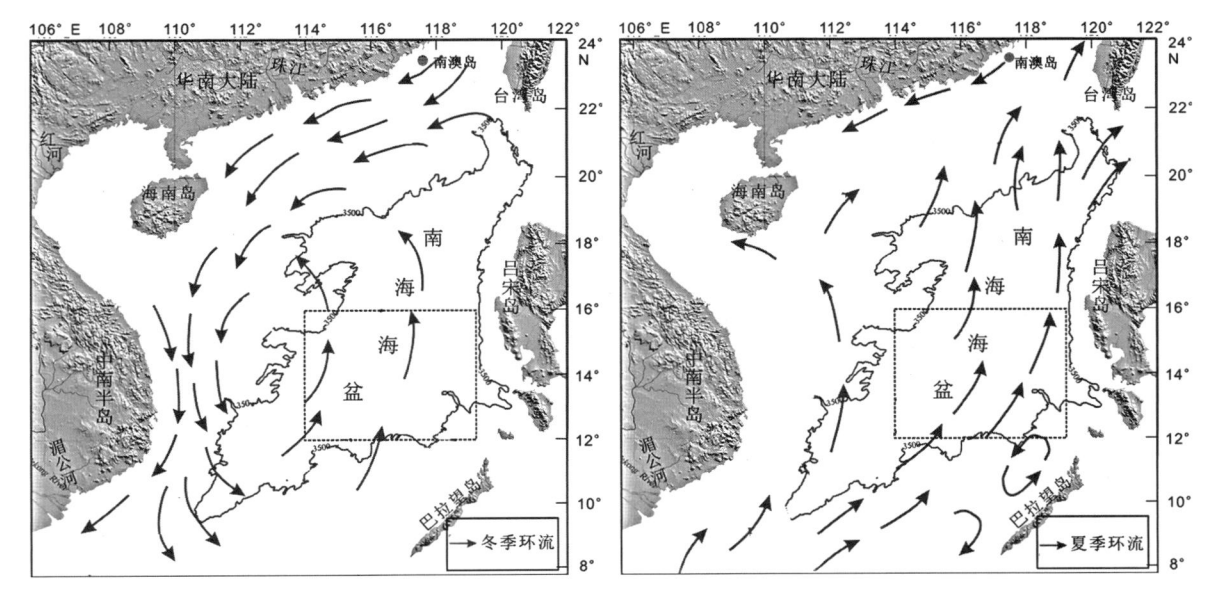

图 1　南澳岛所在海域冬、夏季洋流过境示意图[1]

现季节性的流向变化[2]。

因受近海环境影响，南澳附近海域海水流向与流速受潮汐影响较大，时有变化，水温年平均 21.2℃，夏半年平均 24.5℃，冬半年平均 17.8℃。盐度年平均 31.6%，一般在 31.4%—32.1% 之间。潮汐属不规则半日潮，潮差不大，平均为 1—1.5 米，常年的最大潮差在 2.3—2.7 米之间，涨潮差稍大于落潮差；涨潮平均历时约长于落潮平均历时 1 小时左右，多年平均涨潮历时 6 小时 30 分至 6 小时 50 分，落潮历时 5 小时 30 分至 5 小时 50 分。

3. 海洋悬浮泥沙与海洋生物

包括泥沙和各种海洋生物在内的海洋悬浮物，是影响海水能见度与光线水下透明度的重要因子，不同的海洋生物还是船体海洋生物污损的重要生物源，也是考察船只驻泊水域的重要线索。

南澳海域的海洋悬浮物含量与一般海岸地区的海洋悬浮物分布规律大体相同，表现出春夏季节近岸高、远岸低，秋冬季节远岸高、近岸低，年均湾里高、湾外低，年均底层高、表层低的特点。韩江则是南澳附近海域最大的泥沙来源，根据有关部门的监测，其河流泥沙主要受降水特性、流域下垫面及人类活动等因素影响。韩江多年平均输沙量

---

[1] 郭炳火、黄振宗等：《中国近海及邻近海域海洋环境》，海洋出版社，2004 年，第 212 页。
[2] 刘忠臣、刘保华等：《中国近海及邻近海域地形地貌》，海洋出版社，2005 年，第 19—20 页。

为 693.221 04 万吨，多年平均输沙模数为每平方千米 212.682 吨，多年平均含沙量为每立方米 0.258 千克。流域内的潮安水文站多年平均含沙量为每立方米 0.3 千克，韩江泥沙主要来自梅江，梅江的横山水文站年平均输沙量为 463 万吨，占全流域的 63.4%[1]。

南澳附近海域位于南海海区，有学者调查研究指出南海北部海区浮游动物生物量变化范围在每立方米 2.69—137.80 毫克，总平均值为每立方米 25.27 毫克，四个季节浮游生物平均数量由高至低为冬、夏、春和秋季。浮游动物生物量时空分布差异较大，最低值与最高值相差 10^2，体现出浮游生物对环境较敏感[2]。

南澳岛处于季风气候区。海域附近岛屿多，礁盘多，周年多高温低盐的粤东淡水、低温低盐的闽浙沿岸水、高温高盐的台湾暖流西支水、高温高盐的南海表层水、低温高盐的南海低层水这五股不同属性的水系的交汇影响，涌升流强，水中营养物质丰富、浮游生物极多。同时，不同的水系自有不同的生物种群，加上复杂的底质，于是形成了南澳海区的一个独特现象，即生物种群结构非常复杂，已查明有鱼类 700 多种，虾蟹类 40 多种，贝类 500 多种，藻类近百种。这里是鱼虾、贝类栖息、繁育、索饵的理想场所，也是很多鱼虾类洄游必经之地。

第四节　南澳岛的历史概述

南澳岛地处闽粤交界，自史前时代以来就是韩江流域及其附近区域构成的闽粤交界沿海海洋文化圈的有机组成部分。随着人类活动能力的增强，逐步发展成为海洋航线的航标节点、补给地、民间贸易的重要中转站。并最终纳入官方管理体系，成为水师重镇。

根据现有考古材料，南澳发现的史前遗址包括距今 8 000 年前的象山遗址、距今 3 500—4 000 年的东坑仔遗址，前者与漳州地区发现的众多细小石器遗址文化内涵相似，后者大抵为一处略早于浮滨文化的遗址。这类遗址的主人，目前学术界普遍认为属于百越民族先民。这些百越先民在其后的汉人文献中皆以"善于用舟""以船为车，以楫为马"著称。此外，还应该特别指出的是，根据地理学家的考察和钻探，确定了韩江三角洲区域距今 6 000、5 000、4 000 年的各期海岸线。这三个时期的南澳岛与粤东古大陆的相隔较之近现代的海岸线要远得多。因此南澳岛发现的这两处古遗址，除说明

---

[1] 陈运林：《粤东沿海韩江下游流域水文特性》，《广东水利水电》2008 年第 3 期。
[2] 赵明辉、陈桂珠等：《南海北部浮游动物的景观格局分析》，《南方水产》2010 年第 6 期。

史前人类对海岛的开发、移民外，从另一个侧面反映了距今 8 000—3 500 年间，南澳岛外的宽阔海域上存在着一定规模的海上交通和水上活动。滨海地区的原始人凭借着简单的独木舟、木桴或编制的竹筏等交通工具浮海沟通着海岛与大陆，海岛与海岛间的文化联系[1]。

周代至五代十国时期，直接提到南澳的材料还未发现，但我们还是可以根据以下一些线索作一些合理的推论。

首先，从周至五代，虽然不断有外来移民特别是中原的移民来到潮汕地区，但这一地区并未经历如东越、东瓯那样的原住民大规模迁徙。因此，我们有理由认为，当时生活在南澳地区的土著居民能够延续他们自古以来的生活方式，广泛从事海上交通和水上活动。

另一方面，在海丰离海岸不远的田墘贝丘中曾出土良渚文化的玉琮、玉环，而在揭阳东周墓出土的原始瓷器，与江浙地区的原始瓷器如出一辙[2]。这说明周代的时候，至少已有江浙地区与潮汕地区的海上交通活动。汉代，闽越国余善曾率兵犯南越，海路从福建至揭阳境"以海风波为解"[3]，说明其时广州至福州之间的航海线路已经存在。澄海龟山汉代遗址出土的玛瑙珠、耳珰等饰物，一般认为是从海外输入[4]。魏晋南北朝时期，潮阳铜盂孤山东晋墓中出土的一件青瓷羊，造型、釉色均与江浙所见完全相同，很可能是从江浙地区沿海路输入[5]。东晋后期卢循起义，率余部从晋安（今福州）浮海南下至番禺（今广州）。此后，孙处击卢循时亦曾领兵从海路至番禺（今广州）[6]。隋大业四年（608），武贲郎将陈棱率兵乘船从义安郡（郡治在今潮州）渡海攻澎湖、琉球。从地理位置看，从义安郡出发，所经海道将绕过南澳岛所属的隆、南、青、深四澳[7]。唐代陵州刺史周遇曾经从青社登船赴闽。陵州州治在今越南南部归仁附近，从此处至福建，当时只能走海路[8]。韩愈在《潮州刺史谢上表》里说："臣所领州，在广府极东界上，去广府虽云才二千里，然来往动皆经月。过海口，下恶水；涛泷壮猛，难计程期。"[9]这说明当时广州到潮州间的海路交通是存在的。从文物资料上看，潮州唐窑遍布南关与北关，虽然对其外销情况我们还知之甚少，但韩江流域的梅县水车窑口器物

---

[1] 曾骐：《南澳岛两处古遗址研究》，《潮学研究》1994 年第 2 辑，第 71 页。
[2] 邱立诚、杨式挺：《从文物考古资料探索潮汕地区的古代海上"丝绸之路"》，《潮学研究》1994 年第 2 辑。
[3] 《史记》卷一百一十四《东越列传》，中华书局，2013 年，第 3612 页。
[4] 邱立诚、杨式挺：《从文物考古资料探索潮汕地区的古代海上"丝绸之路"》，《潮学研究》1994 年第 2 辑。
[5] 邱立诚、杨式挺：《从文物考古资料探索潮汕地区的古代海上"丝绸之路"》，《潮学研究》1994 年第 2 辑。
[6] 《宋书》卷二《本纪第二》，中华书局，2018 年，第 29 页。
[7] 汕头市地方志编纂委员会办公室、饶平县地方志编纂委员会办公室印行：《东里志》卷二灾异 1990 年，第 61 页。
[8] （唐）刘恂：《岭表录异》卷下，广东人民出版社，1983 年，第 25—28 页。
[9] 马其昶校注，马茂元整理：《韩昌黎文集校注》第八卷，上海古籍出版社，2021 年，第 881 页。

在泰国暹罗等地已有发现,这些产品应是通过梅江流入韩江进入潮州然后从海路外运的[1]。五代时期,闽人经营海外贸易者,其中一路就是"泛粤以转市于夷"。由闽入粤或自粤返闽的航程中,南澳自然是必经之地[2]。凡此种种,无不昭示着周代到五代十国时期,途经南澳岛的海上航线已经建立并得到了不断的发展。尽管我们目前尚无确切证据证明当时航行于这条航线的船只曾经在南澳停泊,但我们有理由相信,此时的南澳岛已经为这条航线上的水手所知。

北宋年间,正值潮州笔架山窑的兴盛期,所产瓷器远销日本、东南亚、中西亚以至非洲和欧洲。南澳岛位于韩江出海口外,是海船进出韩江的必经之地。位于南澳岛西山的大潭石刻,留有政和年间两次"舍井"的记录,反映的就是当时海船停泊南澳,并在南澳上挖井解决淡水需求的情况[3]。在海外交通日渐繁华的同时,宋代潮州地区的海寇活动也屡见于史籍。宋神宗元丰二年(1079)海夷入寇潮、循二州。南宋高宗绍兴三年(1133)海寇黎盛犯潮州,绍兴三十年(1160)潮州知州招抚海寇。宋孝宗乾道四年(1168),潮州始置水军。孝宗时林诞知潮阳时,有旨造舰[4]。据《东里志》载,淳熙年间,海寇沈师犯南澳,广东常平提举杨万里合诸郡兵讨伐。说明当时南澳已有一定数量的常住居民,否则海寇没必要"犯",并且表明南澳当时已在官方管辖范围内,否则官方也不必举兵讨海寇。南宋景炎年间,宋帝赵昰辗转从福建南下,驻南澳。与此同时,陆秀夫也带着家眷随同来到了南澳[5]。至今南澳尚留有陆秀夫母亲及儿子的墓葬,陆秀夫的后人从此定居南澳。这些记载都体现了南澳地区外来人口迁入的史实。更为重要的一点是,据《东里志》记载,宋朝时番舶在深澳修建了天后宫。天后宫的修建,是外来信仰伴随迁入人群在南澳扎根的证据。

元朝至元十七年(1280),潮州路总管丁聚渡海来到南澳,营建陆秀夫母亲及次子墓,同时"给官田五顷,以赡遗孤"[6]。"官田"之说,表明元初南澳已在官方管理体系内。而且,元政府还曾经在南澳"设兵戍守",但"戍兵即据以叛"[7],推测元政府其后放弃了在南澳驻军。

明代开始,环中国海海洋社会经济形态发生了重要变化。明初由于"海疆不靖",开始实行严格的海禁,整个中国的海外贸易受到了很大冲击。但这却给了南澳一个极好的

---

[1] 邱立诚、杨式挺:《从文物考古资料探索潮汕地区的古代海上"丝绸之路"》,《潮学研究》1994年第2辑。
[2] 王冠倬:《中国古代南澳岛的航海地位》,《潮学研究》1995年第3辑,第67页。
[3] 邱立诚、杨式挺:《从文物考古资料探索潮汕地区的古代海上"丝绸之路"》,《潮学研究》1994年第2辑。
[4] 饶宗颐:《潮州志·大事志·宋》,汕头潮州修志馆副本,1949年,第11页。
[5] 饶宗颐:《潮州志·大事志·宋》,第12页。
[6] 饶宗颐:《潮州志·大事志·宋》,第12页。
[7] 《明史》卷二百二十三《列传·吴桂芳》,中华书局,1974年,第5874页。

发展机会，南澳迎来了其历史上的黄金时期。

尽管郑和下西洋的航海路线中，南澳依然只是作为望山，为其航行中途采用地文导航的标志之一，并未有登岛的记载。但其实在官方视野的盲区下，南澳自明初便已是重要的民间海外贸易港口，这是一套民间形成，自外于官方的贸易管理体系。另外需要指出的是1947年饶宗颐先生主编的《潮州志·沿革志》载："《东里志·境事志》称，淳熙七年（1180）杨万里为广东提点刑狱，先是海寇犯南澳，万里命诸郡兵讨平。此南澳一名见于记载之始。"[1]也就是说，迄今为止能够查证的第一次出现"南澳"二字的史书是明万历二年（1574）饶平东里人陈天资（赐进士）修撰的《东里志》。

明朝活动在南澳地区的主要有以下四股势力：

其一是海商（海寇）集团。综合各种文献，先后以南澳为根据地或在南澳活动较多的海寇集团有许栋、许朝光、如吴平、曾一本、谢策、洪迪珍、林国显、徐碧溪、林道乾、杨老、袁进、李忠、魏朝义、刘香等。其中以许朝光、吴平、林道乾、曾一本四人最有名。嘉靖年间，许朝光在南澳建立营寨，其位置在南澳岛东部的隆澳与长沙尾之间，并在南澳修宫室、建敌楼，筑新旧二城[2]。许朝光以南澳为根据地，严密控制粤闽海域，"拥众桀骜，分遣其党，据牛田、鮀浦诸海口，商贾往来，给票抽分，名曰买水。朝光居大舶中，击断自恣，或严兵设卫，出入城市，忘其为盗也"[3]。嘉靖时，吴平率战船百余艘进据南澳，在深澳之东筑寨，并在岛上"造宫室，起敌楼，于娘娘宫澳口之前，泊蒙冲巨舰于澳前深处"[4]。现今南澳尚有村庄名为"吴平寨"。林道乾集团在嘉靖四十三年（1564）率部进据南澳，三月，又从云澳发舟五十余艘进犯诏安，被俞大猷击败，逃遁入澎湖、台湾，后又返潮州[5]。隆庆元年（1567），曾一本集团占据南澳，"聚众数万""连舟数十里"[6]，遂不可制。"浮海数百艘，夜燃灯系帆竿，累累如贯珠，长可数十里"[7]。此时由于民间商贸活动在南澳附近的繁荣，海商的身份在商、盗之间灵活互转。

其次是日本人。"洪武二十六年（1393），信国公汤和经理粤疆，奏南澳为倭薮，请徙其人内地"[8]。永乐二年（1404），明政府曾徙南澳居民回籍耕种，但短短几年后，便又

---

[1] 饶宗颐：《潮州志·沿革志》，第60页。
[2] （清）周硕勋：《潮州府志》卷三八《征抚》，台北成文出版社，1967年，第931页。
[3] （清）杜臻：《闽粤巡视纪略》卷三《南澳山》，《景印文渊阁四库全书》第460册，台湾商务印书馆，1986年，第1022页。
[4] （清）周硕勋：《潮州府志》卷三八《征抚》，第937页。
[5] （明）郭棐：《粤大记》卷三十二《政事类》，广东人民出版社，2014年，第916页。
[6] （清）周硕勋：《潮州府志》卷三八《征抚》，第937页。
[7] （明）林大春：《井丹先生集》卷一五《上谷中丞书》，天津图书馆藏影印本，第14—18页。
[8] （清）杜臻：《闽粤巡视纪略》卷三《南澳山》，第1021页。

因"时倭数为患，南澳，倭之巢穴"，再次将居民徙至苏湾[1]。而随着时间推移，由于南澳地区的走私贸易发达，原居于福建浯屿的日本商人也移居南澳。特别是在浙江市舶司废止后，日本商人在寻找替代地点时，离当时明朝政治中心南京比较远，且航路顺畅的南澳岛成为替代者，日本商人蜂拥至南澳，"其交易乃搭棚于地，铺板而陈。所置之货，甚为清雅，刀枪之类，悉在舟中"。"南澳倭夷常乘小舟，直抵潮州广济桥，接买货财，往来南澳"[2]。"洪迪珍初止通贩，嘉靖三十四、五年（1556、1557），载日本富夷泊南澳得利，自是岁率一至，致富巨万"[3]。

第三是东南亚商人。明成化时，南澳"私番船只，寒往暑来，官军虽捕，未尝断绝。""（嘉靖初）三四月东南风讯，番船多自粤趋闽而入于海，南澳云盖寺走马溪，乃番船始发之处，惯徒交接之所也。"[4]从各类文献的记载可以看出，在明代后期，福建、广东等地的民间商人和东南亚番舶之间的贸易往来频繁。

第四是西方商人，主要指葡萄牙人和荷兰人。当时他们从各自殖民地带来特产，从南澳换回瓷器等产品，据1554年葡萄牙航海图，在汕头北部南澳岛上有葡萄牙商人的贸易点[5]。明嘉靖时"佛朗机违禁潜往南澳"，并得到了海道副使汪柏的纵容，使得葡萄牙人在南澳的走私贸易变成经常性的活动，荷兰人也直接参与南澳的国际贸易活动。史载："明人防海知设水寨于柘林，而不知南澳之不可弃，迁其民而墟其地，遂使倭奴、红彝盘踞猖獗。"至"天启年间（1621—1627），红夷乘料罗（金门）、古雷之胜，以三艘巨舰直逼南澳，遥见铳城，返泊青屿洋。"[6]"明崇祯六年（1633）六月初，荷兰军舰二十余艘侵犯南澳，继攻中左所，陷城池，又从料罗（金门）进窥海澄，犯铜山。"[7]南澳因其所处地位，被来自欧洲的（主要是葡萄牙、荷兰人）商人彻底拉入大航海时代，与这些西方商人对接的是来自中国底层的私商，官方则处于被动的防御状态。

南澳虽弹丸一岛，孤悬于大海汪洋中，却是漳潮之锁钥，东南之门户，"争之则我居其胜，弃之则寇得其凭"，其战略位置引起了明朝廷的高度重视。但对于明政府来说，如何管理南澳，一直是个头痛的问题。在明初的"墟其地"，造成海寇及外国

---

[1] 饶宗颐：《潮州志·大事志·明》，第20页。
[2] （明）郑舜功：《日本一鉴·穷河话海》卷六《海市》，影印本，1939年，第4页。
[3] （清）陈锳等：《海澄县志》卷二四《平寇》，台北成文出版社，1968年，第274页。
[4] （明）陈子龙等选辑：《明经世文编》卷二六七《福洋要害论》，中华书局，1962年，第2823页。
[5] 转引自汤开建、陈文源：《明代南澳史事初探》，《潮学研究》1995年第3辑，第52页。此图或即《1515年葡萄牙人笔下的中国》（《中外关系史译丛（第四辑）》，第279页）注释中所言1554年奥梅姆所绘的地图。
[6] 南澳县志编纂委员会：《南澳县志》第十九《军事》，中华书局，2000年，第518页。
[7] 转引自郑广南：《中国海盗史》，华东理工大学出版社，1998年，第372页。

人盘踞南澳后,明政府曾在永乐七年(1409)至嘉靖四十一年(1562)前,在南澳设立过水寨,设把总驻扎。但其后不知何年"移入柘林,又以兵变废掣,遂致海寇纵横,生民荼毒"。嘉靖四十一年(1562)兵部曾复议"将大金门把总,仍旧移驻南澳,督率官军修补战船,专备海寇",但实际未能施行。其后戚继光议于"南澳东西二路、广东福建各设兵船一枝,选委把总一员统领,仍设水路参将一员驻扎大城所,统督防御"[1]。嘉靖四十五年(1566),剿灭吴平海寇集团后,又有人提出在南澳"设参将戍守",但由于两广总督吴桂芳反对,仅建寨于柘林,而南澳并无一兵之设[2]。吴平剿灭后,明军撤离南澳,曾一本、林道乾等海寇集团又先后占据南澳,到万历三年(1575),南澳诸盗势力基本廓清后,鉴于以往弃而不守,故造成海寇纵横。由于南澳地理位置处于闽粤两省交界,在海防军事上的重要作用,又面临闽粤两省权责不明,辖区模糊的情况,明万历三年(1575)福建巡抚刘尧海会同两广总督殷正茂疏请设南澳总兵,九月批复,诏设"闽粤南澳镇","万历三年(1575)九月,南澳建镇,设副总兵",置"协守漳潮等处专驻南澳副总兵"[3]。万历四年(1576)建南澳城(在深澳),南澳副总兵"受两省(漳州、潮州)总兵节制,又制两省之兵"。广东沿海的澄海、饶平、柘林、达濠、海门、靖海以致碣石的水师,以及福建的东山、悬钟等地的水师都听任南澳副总兵调遣。闽粤南澳镇设左、右营,左营为福营,右营为广营。隆澳、深澳属广东潮州府饶平县管辖,云澳、青澳属福建漳州府诏安县管辖,南澳由此属两省共管,这是南澳建置史上的一大特色。南澳建镇后,明政府开始筑城、修建炮台[4],"辟土田以赡兵食,开市集以通贸易,葺庐舍以奠民居"[5]。并广为种树,修建天后宫与汉寿亭侯祠。

明政府在南澳建镇的策略,总体来说,收到了不错的成效。其后,虽然有"倭泊南澳",袁进、李忠、刘香等海寇以及荷兰人多次进犯南澳的事件[6],但均被明军击退,南澳始终处于明政府有效管理范围内。

南明时期,南澳被郑芝龙控制。郑芝龙降清后,隆武二年(1646)十二月,郑成

---

[1] (明)陈子龙等选辑:《明经世文编》卷三百五十三《请设大城参将疏》,第3796页。
[2] 《明史》卷二百二十三《列传·吴桂芳》,第5874页。
[3] 台北"中研院"历史语言研究所:《明神宗实录》卷四十二,"万历三年九月丙申朔"条。
[4] (清)齐翀:《南澳志》卷二;(明)黎国炳:《猎屿铳城碑记》,载于黄迎涛:《南澳县金石考略》,广东省地图出版社,2008年,第23页。
[5] (明)于嵩:《南澳镇城汉寿亭侯祠记》,载于黄迎涛:《南澳县金石考略》,第13页。
[6] 参阅(清)齐翀:《南澳志》卷二、卷八;乾隆《潮州府志》卷三八;《台湾外纪》卷一;民国《潮州府志》卷三;《明清史料乙编·兵科抄出福建巡按路振飞题》。[荷]Glamann, *Dutch-Asiatic Trade, 1620-1740*,转引自黄文鹰等:《荷属东印度公司统治时期吧城华侨人口分析》,中国社会科学出版社,2020年。按:此注释据汤开建、陈文源:《明代南澳史事初探》,《潮学研究》1995年第3辑,第52页。

功至南澳传檄勤王。永历元年（1647），郑成功募兵南澳。其后南澳归郑成功控制。由于清政府实施严格的迁界海禁，当时海上贸易受到很大影响。但史籍中仍可以找到一些来往南澳的各种贸易船只的记载。这其中包括一艘咬留吧（雅加达）船，一艘广东高州地区的船只，行驶至南澳沉没；一艘从宁波开往咬留吧的船在南澳被撞坏[1]。当然，由于战争的原因，这一时期发生在南澳地区的主要航海活动是兵船的往来或交战。永历五年（1651），郑成功舟师回南澳。永历八年（1654）及十一年（1654），明鲁王两次来南澳。

康熙元年（1662），南澳镇陈豹降清。康熙二年（1663）冬，南澳镇杜辉降清。其后清政府徙民内地，南澳遂墟。康熙五年（1666）七月，清军潮州水师与郑军在南澳海面交战。康熙八年（1669），复归南澳居民。康熙十六年（1677），郑经遣房宿镇杨兴派兵分屯南澳[2]。康熙十八年（1679），十九年（1680），清军与郑军又两次在南澳海面交战。康熙二十三年（1684），台湾平，弛海禁。"广东海口除夹带违禁货物照例治罪外商民人等有愿出洋贸易者呈明地方官准其出入贸易"。康熙二十四年（1685）南澳镇升设总兵，"移厦门镇总兵官并左、中、右三营官兵驻南澳"。此后又扩大防区，派兵轮守台湾、澎湖、淡水，南澳重新被置于中央政府管辖范围内[3]。

清雍正十年（1732）五月，根据广东总督郝玉麟的疏请，诏设粤闽南澳厅（亦称军民府），置海防同知，照州县之例建制，统一管理四澳军民刑名、钱谷、稽查、考试、生童等。南澳海防同知直隶两省统辖，彼此不得差委。但因粤属隆深两澳地方较广，租谷较多，因而由"粤省主政，潮州府申报有关事宜"。至此南澳"专司督缮稽查奸匪海洋往来，不许夹带违禁货物及窝贩子女出境，凡四澳军民保甲渔船出入、监放兵饷等事，俱归该同知管理，至防海机宜令其与总兵官就近商酌共相防范"，清雍正十三年（1735）十月，根据同知徐慎的请求，又诏设"粤闽南澳巡检司巡检，专管监仓，以专责守事"[4]。

通过文献查阅还可以发现，在清代早期短暂的开放海禁期间，南澳岛造船业日益兴旺。韩江流域生产木材，是打造艚船的上选材料，南澳岛在韩江口外，又早有造船基础，自然成了建造大船的最佳地点。各种船只在岛上进进出出，大量货物也从潮汕腹地运到南澳，由此转而外运[5]。清代开海禁后，康熙四十二年（1703）"覆准各处商船往噶喇吧、

---

[1] 王冠倬：《中国古代南澳岛的航海地位》，《潮学研究》1995年第3辑，第72页。
[2] 饶宗颐：《潮州志·大事志·清》，第20页。
[3] 饶宗颐：《潮州志·大事志·清》，第12—25页。
[4] 饶宗颐：《潮州志·大事志·清》，第27页。
[5] 王冠倬：《中国古代南澳岛的航海地位》，《潮学研究》1995年第3辑，第72页。

吕宋等处船出南洋，必由澎湖、南澳所辖要汛挂号"。除去远洋贸易外，南澳与潮汕、闽南内地贸易也非常频繁。商船出入各港，南澳出口货物有脯（鱼干）、杆茅、柴、篾等，入口商品主要为米、粟[1]。但是，清代南澳各港从商贸规模看，已远不及大陆的东陇（樟林）、庵埠、汕头诸港。

另外清代南澳地区的海盗活动，虽较之明代有所减少，但也相当猖獗。嘉庆二年（1797）擒南澳贼首张初郎，四年（1799）秋安南艇匪窜南澳，十三年（1808）冬歼朱濆于长山尾洋。十五年（1810），闽粤海盗各赴本省投诚，外海基本肃清。咸丰四年（1854），南澳镇捕戮海寇多名。后厦门水师提督约定十一月亲率所部来澳会剿，结果为寇侦知，设计伏击，官船被烧，总兵殉职。同治三年（1864），洘洲土寇掠隆澳[2]。

道光年间，随着鸦片交易的兴起，外国船只开始频繁出现在南澳海域。道光四年（1824）"春夏之间……有夹板夷船三只，在金门、铜山、南澳一带洋面寄碇，兵船向其查询，言语不通。……此项夷船，系由小吕宋等国驶来，希冀贩售鸦片"[3]。道光十二年（1832）英国东印度公司"阿美士德"号间谍船沿中国沿海进行侦查活动，其航行的第一站就是南澳岛。"南澳是广东第二个海军根据地，一半位在广东，一半位于福建。它是总兵官或提督的驻所，在他的指挥下，共有军队 5 237 人，其中 4 078 名属广东，1 159 名属福建。但是这些军队的实际存在，除了花名册中以外，是很可怀疑的，这个根据地的防御，据我们所见，共有七八只战船，从外形看来，它们类似小型的福建商船，从各方面看来，比我们在广州看到的战船要差很多。海湾入口处有炮台两座，较高的一处有炮八尊，较低的一处有炮六尊。海湾内部另有小炮台一座，上面并未架炮"[4]。此后南澳成为外国鸦片趸船的停泊地，"作为供应与伶仃岛联系的双桅帆船的存贮站"[5]。尽管清政府对这些鸦片船只采取了种种驱逐措施，但一直无法根除鸦片贸易。其后，随着鸦片战争的失败，中国沦为半殖民地半封建社会，南澳的海防和贸易门户地位进一步下降，不可避免地一步一步走向了衰落。南澳岛在海洋商贸活动中的辉煌历史也跟随着近代中国的沉沦逐渐淹没在历史的海洋中。这个曾控扼闽粤台三省被视为要地的岛屿逐渐成为一个普通的小县城，结束了他在海洋活动中的叱咤风云。民国元年（1912）二月，广东都督府令改南澳同知为民政长，七月改南澳厅为南澳县。民国三年（1914）十月，云、青两

---

[1] 嘉庆二年《港规碑记》，载于黄迎涛：《南澳县金石考略》，第 64 页。
[2] 饶宗颐：《潮州志·大事志·清》，第 39 页。
[3] （清）赵慎畛：《奏参防范夷船不严之游击张朝发降补守备折》，载于《中国近代史资料丛刊·鸦片战争》（一），上海人民出版社，1957 年，第 49—51 页。
[4] 南木：《鸦片战争以前英船阿美士德号在中国沿海的侦查活动》，载于《鸦片战争史论文专集》，人民出版社，1984 年，第 106—107 页。
[5] ［美］马士：《中华帝国对外关系史》第一卷，上海书店出版社，2006 年，第 206 页。

澳从福建划属广东，结束了南澳由两省共管的历史。民国十六年（1927），县政府从深澳移至隆澳。1950年2月23日，南澳解放，6月1日成立南澳县人民政府。1952年6月，撤销南澳县级建制，改为澄海县南澳特区（未经国务院批准）。1953年5月南澳恢复县级建制。1958年11月，撤销南澳县级建制，成立南澳人民公社，隶属饶平县。1959年11月13日，恢复南澳县级建制，成立南澳县人民委员会。1968年3月，成立南澳县革命委员会。1980年12月，恢复南澳县人民政府。

直到2007年5月下旬南澳一号沉船被发现以来，对南澳的研究又翻开新的篇章。调查者们将在原有的研究基础上结合海洋考古的调查材料，对南澳恢宏的历史画卷做一个全面的书写。

叁 南澳岛海洋文化遗存调查

南澳岛调查工作综述
南澳岛海洋文化遗产调查收获
对本次调查工作的自我评估和思考

南澳岛作为一个拥有悠久海洋活动史的地域，其海洋文化内涵非常丰富。南澳岛海洋文化遗产调查自 2012 年 6 月启动至 9 月结束，获得了相当丰富的材料，对庞杂内容的研究还在继续，对各种材料的整理和释读也必将是一个漫长的过程。因此我们将所调查的材料进行初步整理和分析后公之于众，希望能够对后续南澳及整个粤东闽西地区的海洋文化研究提供助益。这些材料主要包括从南澳县第三次文物普查内容中遴选并复查、重新调查的新发现两大部分。南澳县博物馆在本次调查之前所做的严谨细致的工作为本次调查打下了良好的基础。同时南澳县博物馆黄迎涛馆长还亲自参与到复查和新调查中来，使得实地调查能够迅速走向正轨。本次调查采用区域调查方法，以岛屿全覆盖为基本目标。全体队员认真而专业的工作能力和吃苦耐劳的敬业精神是调查能够顺利完成的根本保障。现特将调查工作做如下汇报。

第一节　南澳岛调查工作综述

（一）调查目标

南澳岛地处闽粤交界，自史前时代以来就是韩江流域及其附近区域构成的闽粤交界沿海海洋文化圈的有机组成部分。随着人类活动能力的增强，南澳岛逐步发展成为海洋航线的航标节点、补给地，民间贸易的重要中转站，并最终纳入官方管理体系，成为水师重镇。通过此次全面的田野工作，调查队员发现了南澳岛上分布的各类与海洋活动相关人物的墓葬及其他遗迹。并经过相关文献整理后，将人物事迹与当地所留存的遗迹遗物相对应，基本达成了最初计划中所要求的目标。此次调查因为获得南澳一号沉船考古队鼎力支持，各项工作准备较为充分，调查收获颇丰，因此后期文本整理得以顺利进行。

本次调查工作的目标就是将南澳一号沉船作为支点，依托调查所获得的材料，复原出当时围绕南澳岛的海洋经济社会活动，进而为中国沿海海洋活动提供真实的历史依据。经过两个多月的调查，材料已经完成收集；后续的整理也在有条不紊地进行。

（二）调查工作简介

我们的调查工作，主要包括以下两个方面：

1. 田野调查

本次田野调查工作自 2012 年 6 月 28 日开始，至 2012 年 9 月 10 日结束。本次田野调查正值第三次全国文物普查结束后不久，这客观上为我们更好地完成任务创造了条件。

因此，我们一方面将南澳县博物馆现有的所有文物照片资料进行了完整的建档，并完成了原来无照片资料的碑刻及拓片的拍摄工作。另一方面，根据经费和时间的客观情况，对云澳镇、深澳镇的全部区域及后宅镇的城镇区域按照第三次文物普查的踏勘标准进行了全面调查，基本做到了上述地域内除军事管理区之外的寸土不漏。新发现了一些南澳第三次文物普查期间未发现的文物，并对原有一些已被发现，但仅有抄录文字而无可复核的图片资料的碑刻，例如南澳戍台澎故兵墓墓碑进行了全面干拓，使得百分之九十以上的故兵墓碑文字得以辨认。

2. 文献搜集与整理工作

文献搜集与整理工作穿插于整个调查始末，在雨天及夜晚开展。目前基本完成的包括：

（1）官方档案的翻检：明代官方档案中关于南澳地区的记载，完成了《明神宗实录》《万历起居注》的翻检；清代官方档案中关于南澳地区的记载完成了《清实录》的翻检工作。

（2）其他古代文献的翻检：已完成的包括《东里志》《南澳志》《南澳县志》《华夷变态》等。

（3）现代学者的著作与论文中涉及南澳地区的内容：重点翻检了《潮学研究》《葡萄牙帝国在亚洲 1500—1700：政治和经济史》《中葡通商研究》《中国古籍中有关菲律宾资料汇编》《明代海外贸易史》等。

应该说明的是，文献的搜集和整理工作仍在进行。随着相关材料的不断发现，我们还将前往国家图书馆、中山大学图书馆等国内多个图书馆搜集稀见史料，抄录出其中与南澳有关的内容。

（三）海防遗存调查的界定标准

此次南澳岛海洋文化遗产调查，在进行前期材料甄别时发现，南澳岛海防文化遗产占整个岛遗迹总量的 80% 以上。可见，海防设施是此次调查的重点内容，需要对所谓海防遗存做一个清晰的界定。

南澳岛现存相关海防遗址概念需要从时间、分布地点、性质功能上进行界定，其中符合这些条件的相关遗物也可以视作海防遗存。如被博物馆收藏的官兵墓葬墓碑属可移动文物，可能墓葬已经不存，但墓碑反映的是海防官兵墓葬存在的事实。或者如南澳县博物馆中所藏的"南澳戍台官兵义冢墓碑"之类的实物，此为清代南澳驻防或外委士兵的墓碑，是反映当时海防驻军存在的直接证据，因此也是海防调查的对象。

1. 就时间段来界定：就海防形成的时间来看，主要调查遗迹、遗物的时间段为明初至清末，即明洪武元年至清宣统三年（1368—1911）。当然如发现早于明或晚于清的遗迹现象也会登记在册。

目前学界在中国海防研究领域，对中国海防体系形成年代的较为统一的认识是明代。明朝建立，时日本处于南北朝时期，幕府无能，诸侯混战，战败的日本武士和与朱元璋争夺皇权而失败的溃散势力合流，形成"倭寇"侵扰沿海。明代最早有倭寇入侵的记录是洪武元年（1368），《明史·张赫传》载："洪武元年，擢福州卫都指挥副使，进本卫同知，复命署都指挥使司事。是时，倭寇出没海岛中，乘间辄傅岸剽掠，沿海居民患苦之。"[1] 倭寇不断侵扰中国东南沿海一带，海防这一观念开始落实，明朝政府开始在沿海设置水寨、卫所，加强海防。洪武元年（1368）到八年（1375），广东设立6卫10所。洪武九年（1376）到洪武二十八年（1395），又设立9卫33所。特别是洪武十九年（1386），朱元璋命令日本管控流亡武士的要求失败后，命信国公汤和加强浙江一带海域海防建设，命江夏侯周德兴加强福建海防，命广东都指挥使华茂则负责广东海防。截止洪武二十八年（1395），广州设立了左卫、右卫、前卫、后卫、惠州卫、潮州卫、肇庆卫等15个卫，以及大鹏守御千户所等43个所。据统计，专门用于海防的卫所有27个，占洪武时期广东43个守御千户所的62.8%，同时，涉及海防的卫则为8个，占总数的53.3%[2]，可见明代广东海防局势的严峻。整个东南沿海的类似设卫建所的举措正式开启了中国沿海海防格局，与北边边疆卫所一同被纳入国家防御的战略体系中。

时至清代，欧洲列强在经历了地理大发现后，开始向世界殖民。完成了工业革命的欧洲列强与闭关锁国的清王朝相比，在军事科技上形成了压倒性的优势，此时的中国被迫卷入世界体系当中。当时的侵略主要从海上来，所以海防成为御侮求存的当务之急。但由于制度腐败，这些海防设施并没有挡住侵略者的脚步，留存至今的遗存也就成为讲述家国命运的历史见证，广东作为最前线而备受关注。此次调查的时间段将主线任务的时间下限设为清代结束，也主要是从历史学科的时代范畴界定，有助于后续研究的开展。

民国成立后，外寇形势并未因此而缓解，反而愈发严重。特别是日本发动侵华战争，海防的重要性更加凸显，因而也留下了大量的相关遗存。因此，调查组在调查过程中，对发现的民国及之后的海防遗存和相关设施均采集信息建档。

2. 从分布地点来界定：沿海、沿江、海岛等涉海、滨海地区，以及水下遗存。

海防作为一种防御体系，不是简单的设点布设，而是多层次、大纵深的防御系统。防御设施由海岸线向内陆地区纵深拓展，并和内陆防御体系相接。调查组以沿海、沿江

---

[1] 《明史》卷一三〇《张赫传》，中华书局，1974年，第3832页。
[2] 广东省文物局：《广东明清海防遗存调查与研究》，上海古籍出版社，2014年，第29页。

的市、县为单位进行调查，对由海边或江边延伸至县界范围内的设施皆做调查登记。

南澳孤悬海外，周边巷道被历代视作咽喉，海岛作为大陆的屏障，向来是海防重地，也是调查的重点区域。

水下遗址由于受时间与装备限制，以调查走访与线索采集为主，争取做到信息登记完整，为今后工作留存详细资料。

3. 从性质功能上来界定：所有用以防御海上来犯之敌的设施及相关配套设施皆予以登记，包括国家和民间修建的设施。相关海防旧迹也应登记。

本次调查对象主要分为海防主体遗存和海防相关遗存两大类。

海防主体遗存是指直接用于防御作用的设施，这类设施在发生战事时一般处于一线。主要包括炮台、工事、城寨、城墙堑壕等。

（1）炮台：架设火炮的岸基对海打击设施。建筑一般由炮位、掩体、弹药库、观察哨、营房、指挥所等构成，一般为砖、石、混凝土结构，在清末曾在沿江沿海的要害地段大量构筑，是目前发现的海防设施的重要组成部分。

（2）工事：此次调查将除岸基炮台以外的用作防御、观察的设施归入工事一类。工事一般分为野战工事和永备工事。野战工事多为临时设置，用土、石、木等材料建成；永备工事则是使用混凝土、砖、石建成的封闭结构，射击孔、观察孔指向防御方向，一般呈线性分布，主要包括碉堡、观察哨、岗楼等。

（3）城寨：主要指靠近前线临时供士兵休整、储存弹药粮草的前进基地。兼有防御和储备的功能。

（4）城墙堑壕：目前尚能发现的城墙并不多，可能仅存段落的城墙、城门之类的痕迹。但作为当时守护要害部门的最后一道防御，也应当属于海防的主体设施。

相关遗存则是主要用以支撑海防主体设施发挥功能、维持海防行为人生存、生活的配套设施。主要包括烽火台（烟墩）、兵营、军火库、港口码头、沉船、锚地、官兵墓葬、摩崖碑刻、军属聚集区、海洋信仰相关建筑等。

（1）烽火台（烟墩）：在古代通信设备不发达时，防御设施之间用来报警通信的设施之一。"昼烟夜火，瞭望声息"是其报信手段。此类设施是海防遗存中保留数量最多、也是海防体系的重要组成部分。

（2）兵营：主要是指供官兵驻扎的营区，较为固定。生活、训练、防御设施完整。

（3）军火库：即存放弹药的设施。距兵营较近。

（4）港口码头：海巡部门一般都配置船只，亦有相关靠泊的港口或码头设施，这些港口、码头多长期使用，并被后期建筑叠压。

（5）沉船：在明、清时期海防相关的战场范围内，沉船数量较多。这些水下遗址需要继续调查以做进一步确认。

（6）锚地：与陆地的城寨类似，是水军靠近前线的水寨之类。多作为临时休整之用。

（7）官兵墓葬：作为海防的主要参与者，对各阶层的官兵墓葬进行调查有助于了解当时海防历史事件及相关制度。

（8）摩崖碑刻：海防官兵或相关人士在其活动范围内做的摩崖题刻以及墓碑、事迹碑等，为揭示当事人的生活、工作等情况及当时的海防情形提供了文字资料。

（9）军属聚集区：指戍守官兵家眷汇集形成的聚落。此类村落相对于本地区其他村落而言一般为外来人口聚集区，能找出不同于本地区的外来文化因素。

（10）海洋信仰相关建筑：海洋活动伴随着海洋信仰的生成与传播，在海防领域也继承了许多类似的信仰，并和军事行为结合成为鼓舞士气、稳定军心的重要手段。洪武二年（1369）初在奖励太仓卫指挥佥事翁德追歼倭寇的事迹中，还特别遣使祭祀海神："升本卫指挥副使，……乃命德往捕未尽倭寇，遣使祭东海神曰：予受命上穹，为中国主。惟图义民，罔敢怠逸，蠢彼倭夷，屡肆寇劫，滨海州郡，实被其殃。命将统帅舟师，扬帆海岛，乘机征剿，以靖边民。特备牲醴，用告神知。"[1]这类活动在当时应当不是个案，在明清海防卫所的寨堡内也发现过坛庙祠堂，如旗纛庙、土祠、城隍庙、天妃宫等。流传于广东地区的民间信仰也非常发达，海洋活动在当时的技术条件下无疑是一件非常危险的工作，海洋信仰就是给予海洋活动参与者一个精神支柱。因此在对南澳岛进行调查时，相关海洋信仰将被统一登记。

另外还需指出的是，由倭寇、日军等入侵者在侵略中国时修建的军事设施，虽不属于明清海防的内容，但这些与海防活动相关，可以为后续海防研究提供参考，也应当纳入登记范畴。

海战的战场随着时间的推移和海陆变迁影响，痕迹较难留存，但在登记时需要标定范围及周边参照。

（四）海防遗存定名与计量标准

1. 定名标准

对调查遗存的定名反映出我们对所调查遗存的性质、类型、现状等的认识。年代久远的遗存，有时有多个名称，容易造成统计的混乱与检索的困难。本次海防调查在第三次全国文物普查完成之后开展，因此在复核第三次全国文物普查已发现的海防遗存时一般遵照其材料中的既定名称。对新发现的遗存则采取第三次全国文物普查的定名标准

---

[1]（明）陈建：《皇明通纪》《启运录》卷之五，中华书局，2008年，第151页。

"文物普查中发现的各类不可移动文物的定名本着简约、准确、易懂、避免重复的原则，在同一县级行政区域内的不可移动文物名称应尽量避免重复。文物的定名中牵涉到地名时应尽量使用法定或通行名称，避免使用俗称、俚语"。在有文献依据或碑刻、门额上使用的名称时，则遵从原有的名称，再次是现在通行的名称。

为检索与统计方便，在登记过程中一般采用 × 市 × 县 × 镇 × 村（街道）× 遗址。填表时在其所属类别栏中登记描述。

2. 计量标准

此次明清海防遗存调查的计量，对第三次全国文物普查中已登记的遗存依据原登记标准执行，新发现的海防遗存我们参考《第三次全国文物普查不可移动文物计量标准》分为整体计量和单体计量进行统计。所谓整体和单体则是从文物存在的形态界定。

整体遗存是指对同一分布范围内，具有同一文化性质或内在联系，且没有自然地理因素分割的遗存，按照一处进行统计。如一处炮台遗址，炮台遗址范围内可以有多个炮位、巷道、弹药库、兵房等，但仍按照一处炮台统计。另外整体遗存可包含性质相同的一处躯体文物，如城址和独立存在的文物实体，独立存在的一座墓葬、一座烟墩、一座碉堡，仍视同整体文物。整体计量的量词按照通行的原则使用，一般统称或总量统计时以"处"为计量单位。

单体遗存是指一处海防遗存中相对独立存在的、不同品类的遗存，是构成群体文物相对独立的单位。如一座炮台中的炮位、一座城址中的民居、一处碉堡群中的独立碉堡。对此类遗存应按其实际数量做单体计量，单体计量时以"个"为计量单位。

上述调查内容是根据以往海洋文化调查工作作出的一个总结。相关内容将在后续的工作中不断完善。调查对象界定的尺度和量化标准也是可以进行探讨的内容，希望方家赐教。

第二节 南澳岛海洋文化遗产调查收获

由于此次海洋文化遗产调查先在南澳县原有第三次全国文物普查材料基础上进行筛选，对相关材料有针对性地复查并重新提取相关信息；随后在南澳县博物馆的大力支持下对南澳县进行全面调查补遗，又获得大量信息。两次材料的统合使得信息较为庞杂，因此根据第一章中对海洋文化遗产相关概念的界定和规划，我们将调查所获得材料分成遗址、建筑及相关设施、墓葬、摩崖与碑刻四部分进行描述。然后将从这四部分材料中对代表海洋聚落、海防遗迹、海洋人群和信仰等内涵的文化因素进行分类分析。

（一）遗址

南澳象山新石器文化遗址：位于南澳县后宅镇东北侧的象山，海拔约 40 米，遗址分布范围约 9 千平方米。1991 年发现，1993 年南澳县博物馆与中山大学对遗址进行了联合调查。发现有多种类型的刮削器、尖状器、小石片、石核等，还发现有双面纹陶片。这些石器适合于滨海地区人类进行近海捞捕、滩涂采集等生产活动。在象山顶，还采集到不少贝类、蚌壳的标本，推测这里可能是该时期人类聚居活动的地点。

南澳东坑仔商周文化遗址：位于南澳县后宅镇东部的东坑仔山腰、坑内水库西南侧，海拔 80—100 米，文物分布范围约 4 万平方米。1990 年发现，后经多次调查发掘。发现有夹砂陶和泥质陶，颜色以黄褐色、灰色为多，有少量红陶。除素面陶器外，装饰花纹有拍印的梯格纹、网格纹、大小方格纹、篮纹、菱格纹、双线方格纹及瓦棱纹、弦纹等。陶器主要有大口尊、罐、壶、圈足器、器盖、支座等。陶质工具有网坠、陶拍等。同时还发现数量较多的凹石、石锛、石斧、石楔、石磨棒等石器。凹石类锤击工具是我国沿海地区先民长期使用的一种特色工具。有研究者指出，它是流行于华南沿海地区采集、渔猎经济中的一种食物加工工具[1]。

（二）建筑和相关设施

建筑是人类对他们自己所居住的地面的处理方式最直观的表现。人们根据需要建造不同功能的建筑，用来实现自身对外部环境的适应。在南澳岛进行调查时我们对岛上所有建筑进行实地调查并遴选，发现这些建筑可以分为聚落、海防、祭祀与信仰三大类。

1. 聚落遗迹中的建筑

（1）南澳城：位于深澳。城以条石构筑，现遗存东南角城垣一段，约长 50 米、高 6 米、厚 2 米，西门石匾"望霞"立于清康熙三十七年（1698），高 0.45、宽 0.93 米；北门石匾"观澜"立于清康熙三十九年（1700），高 0.44、宽 0.88 米。据清乾隆四十八年（1783）同知齐翀修编的《南澳志》卷之三所载，明时"高二丈二尺，厚五尺，围五百丈，面宽七尺，濠深八尺"。清康熙三十九年（1700）时"高二丈二尺，厚六尺，围六百一十九丈"。南澳城为明万历三年（1575）南澳设镇后首任副总兵白翰纪筹建，第二

---

[1] 郑辉：《闽台凹石初探》，《福建文博》1990 年增刊。

图 1　南澳城城墙　　　　　　　　　图 2　南澳城城墙保存现状

图 3　南澳城墙内侧　　　　　　　　图 4　南澳城墙石料被拆除后砌成的围墙

任副总兵晏继芳于万历四年（1576）建。明副总兵于嵩、郑惟藩、何斌臣和清总兵杨嘉瑞、同知姜宏正、齐翀等先后修建。《南澳志》卷之一中的"城郭公署图"全面展现了南澳城的规模及城内总兵府和左、右营各公署的布局（图1—4）。

（2）国姓井：位于南澎列岛的中澎岛，西距南澳主岛22千米。围约8米，深近2米。贝灰土石结构，现基址尚存。明末清初郑成功收兵南澳前往中澎岛时为取水饮用而挖筑，是郑成功在南澳的遗迹之一（图5、6）。

（3）龙门塔：位于深澳湾北侧虎屿岛上，距吴平寨村约1千米。龙门塔坐北向南，平面呈八角形，七层，残高20米；塔基台边长3.1、高1.5米，塔身首层内径2、高3.6米；二至六层的高度依次是2.85、2.45、2.35、2.1和2米。属仿楼阁式石塔，为旋梯式结构，该塔用统一规格的条石垒砌，周围原置石栏杆。塔内设螺旋式石阶梯，沿阶梯通道可盘旋而上至五层，六层和七层为实心结构。除第一层外，二层和三层、四层和五层、六层和七层的各面门洞均处于同一垂直线上，门呈拱券形。因石制之故，各层平座挑出

图5 国姓井早期照片　　　　　　　　　　图6 国姓井现状

短线，檐下以石斗拱承托平座。塔基台平座的石栏杆现已不存，第七层崩缺一大截，塔刹石葫芦毁于飓风。清道光十六年（1836）南澳总镇府总兵沈镇邦和军民府同知邓存咏率南澳绅士倡建（图7—10）。

图7 龙门塔远眺

叁｜南澳岛海洋文化遗存调查

图 8　龙门塔全景

图 9　龙门塔内阶　　　　　　　　　　　　图 10　龙门塔窗外景观

（4）康氏宗祠：位于深澳镇新街 107 号。由主座（三进）、两侧巷厝、后包殿及门埕、戏台组成，主体建筑进深 54.6、面阔 28 米，门埕连戏台深 42、阔 28 米。二进大门两侧梁檐有精致石雕，二进与三进之间的两廊墙壁上嵌有"忠、孝、弟、敬、礼、义、廉、节"石刻 8 幅。清嘉庆五年（1800）前深澳人康耀德、康耀美兄弟建，堂名"裕德"。深澳康氏宗祠是南澳规模最大、保存最完整的清代祠堂兼民居（图 11—14）。

图 11　康氏宗祠旧照

叁｜南澳岛海洋文化遗存调查　43

图 12　康氏宗祠现状

图 13　康氏宗祠橼头

图 14　康氏宗祠梁上木雕

（5）大夫第：位于深澳镇南山路7号。由主座（三进）和右侧巷厝、后包殿组成，主体建筑进深42、面阔23.2米，内保存有"拔元"匾、"藻奋儒林"匾、"德寿征祥"匾。清道光初年深澳贡生康耀美（知府衔、诰授朝议大夫）建（图15—18）。

图15 大夫第

图16 庭院内景

图17 大厅

图18 大夫第门梁

2. 用于海防的建筑

（1）许公城：位于隆澳东部鲤鱼山下。城围约2千米，现遗存城基断续数十米，高米、厚近3米，夯贝灰沙土，中间以条石。明嘉靖三十八年（1559）前后海盗许朝光盘距南澳时建，未建成。相传当地民众对许朝光评价较好而称其为"许公"，称该城为"许公城"。另外许公城外与城同时修建的有两座烟墩作为警戒之用。"东烟墩"与许公城同时筑建，位于隆澳山顶村东偏南山麓，距山顶村约1千米，距许公城约2千米。其位置既可望南面辽阔海洋，又可见许公城。"西烟墩"位于西半岛龟埠龙颈山，离龟埠约200米，离许公城约6千米。其位置既可见北面海域，又可见许公城（图19）。

图19 许公城

（2）吴平寨：位于深澳吴平寨村至北角山一带。寨围总长约3千米。现遗存石基数段。明嘉靖四十三年（1564）吴平盘踞时建。翌年，戚继光、俞大猷联军剿灭吴平，寨遂废（图20）。

（3）闽粤南澳总镇府：亦称总兵府，位于深澳南澳城正中。由于大地震和多次改作他用，原总兵府的风貌已经大部消失。1998年县政府拨款参照古制开始重建，占地面积4千平方米，建筑面积3 300平方米。但根据清康熙三十七年（1698）总兵周鸿升的"祝寿屏风图"中可看出，总兵府主体建筑由主座、两厢、前座、门埕、两廊、帅旗、钟楼、鼓楼、东辕门、西辕门等组成。原址由明万历四年（1576）副总兵晏继芳建，历年多次修建、扩建。民国初废"粤闽南澳镇"置县，以总兵府作为县公署，后改为县政府。民国十六年（1927）县政府从深澳移至隆澳。解放后，总兵府又改作乡、公社、区、镇等政府机构的办公场所。现对外开放（图21—22）。

图20 吴平寨

图21 总镇府

叁｜南澳岛海洋文化遗存调查

图22 榕树下总镇府墙体

（4）雄镇关：位于深澳与云澳交界处山坳，深澳镇南约3千米之山脊。条石构筑，城墙已残。现遗存关体长24、宽7、高4米。据1945年《南澳县志》载，"明万历十三年（1585）副总兵刘大勋建关，万历四十八年（1620）副总兵何斌臣拓筑，复圮。清康熙二十八年（1689）总兵杨嘉瑞重建，高三丈，围百余丈。海警起则派营弁率兵驻关防堵，事平兵撤，朝夕守望责成僧人"[1]。历年多次修建。另据1945年《南澳县志》卷十三所载雄镇关建成后，"海警起则派营弁率兵驻关防堵，事平兵撤。朝夕守望责成僧人。今周垣久夷，只存向南关门一座，门上石额有'云深处'三字，隐指云、深两澳交界之处。关门内有佛寺及真武庙"[2]。雄镇关历经多次修建，变化较大（图23—24）。

（5）猎屿铳城：位于深澳湾猎屿岛。明天启三年（1623）副总兵黎国炳为"备红夷"而建，包括上座、下座、瞭望台、碑记。上座位于猎屿岛北侧山腰，呈长方形。下部由条石筑砌，上部夯贝灰沙土。城垣基本保存，残长54.2、宽18、厚1.8米。于1989年公布为省级文物保护单位。根据《猎屿铳城碑记》（后文将详细表述）所载可知明代铳

图23 雄镇关旧貌

---

[1] 陈梅湖总纂：《南澳县志》卷一三《兵备》，第242页。
[2] 陈梅湖总纂：《南澳县志》卷一三《兵备》，第242页。

图 24　雄镇关

城"上座高一丈二尺,长围一十八丈二尺,为铳门者五……中筑屋一座三间,以居城守兵士;敌楼一座,以壮形势;旁为屋三间,以贮军实;城外为屋三间,以充厨窖"。据清《南澳志》卷之二所载清康熙五十六年(1717)改建为猎屿炮台。"上炮台一座,围宽四十丈,营房十八间,大炮八位"[1](图25—26)。

图 25　猎屿铳城上座　　　　　　图 26　猎屿铳城上座内部

---

[1]（清）齐翀:《南澳志》卷之二《关扼》,乾隆四十八年刊本,第9页。

下座位于猎屿岛西侧明代滩头，西距海约 30 米，东北距上座约 6 百米。呈圆窝形，夯贝灰沙土。城垣大部尚存，外径 17、墙厚 2.5、高 2.5 米。根据《猎屿铳城碑记》所载可知明代"下座高八尺，长围一十六丈，为铳门者十……下城为屋三间，以便看守"。清康熙五十六年（1717）改建为炮台，"下炮台围宽一十八丈二尺，营房四间，大炮十二位。设专防千、把总各一员，协防外委千、把总各一员，兵五十二名"（图 27—28）。

图 27　猎屿铳城下座　　　　　　　　　　图 28　猎屿铳城下座局部

瞭望台筑于猎屿岛顶峰，西北距上座约 80 米，西南距下座约 3 百米。呈八角形，夯贝灰沙土。现上部已倒塌，遗存台座，外径 7.5 米。根据《猎屿铳城碑记》所载可知猎屿铳城"于山顶筑台瞭望，高三丈，周围六丈，外环以墙，高八尺，长一十二丈"（图 29）。

猎屿铳城碑记位于下座后侧，阐述建造猎屿铳城的目的、规模、时间、经费来源和领导机构等，后文将详细叙述。

图 29　猎屿铳城瞭望台

猎屿铳城是继南澳城之后南澳镇兴建的又一项规模宏大的海防军事工程，而且很快就开始发挥其防御功能。据清《南澳志》卷之二所载铳城竣工后，"列大将军（炮）十五位，大神飞（炮）八门，每门受药弹四五斤，震发数十里，金石为碎。募兵六十名听用，官一员督守之。……未几，红夷乘料罗（金门）、古雷之胜，以三巨舰直逼南澳。遥见铳城，返泊青屿洋。眈眈三日，无敢犯境，夺魂而逃"[1]。《南澳县志》第十九篇"军事"记录"崇祯六年（1633）六月，红夷犯南澳，先后大小二十余艘陆续抛泊外屿。六日突攻南澳，官兵战死者十七人，把总范汝橒中弹重伤。铳城发铳攻打。至夜用居民张宪治等之计，以五船烧其三船。其夹板大船明早遂遁"[2]。正是猎屿铳城的建成，有效的威慑了来自周边地区海盗的入侵。

需要指出的是猎屿铳城于明天启三年（1623）建成后，清康熙五十六年（1717）改建为炮台，现今能看到的所谓"猎屿铳城"为清代建筑结构，再加上数百年来风吹日晒，该炮台已多处崩塌。20世纪80年代以来又进行过几次维修，已经完全不见明代痕迹。因此猎屿铳城碑记实际上已成为明代猎屿铳城仅存的实物证据。

（6）云盖寺铳城：位于云澳澳前村东南侧（太子楼遗址前）。明天启三年（1623）副总兵黎国炳、绅士胡廷宴、中军张鼎建。夯贝灰沙土，间以条石。大部已废，遗存南侧残堆，围约30米。

根据清《南澳志》卷之二所载"上列大将军（炮）二位、大神飞（炮）二门，敌楼一区戍兵防守"。清康熙五十六年（1717），改建云盖寺铳城为泰字楼炮台。"围宽二十八丈，营房一十三间，大炮一十二位，兵二十名"[3]（图30）。

图30 云盖寺铳城墙体

---

[1]（清）齐翀：《南澳志》卷之二《关扼》，第9页。
[2] 南澳县地方志编纂委员会：《南澳县志》第十九篇《军事》，第518页。
[3]（清）齐翀：《南澳志》卷之二《关扼》，第9页。

（7）长山尾炮台：位于西半岛长山尾。包括上炮台、下炮台和烟墩。今下炮台和烟墩已失迹。上炮台营房已废，台垣大部尚存，1994年修复上座。下端用大石筑砌，上部夯贝灰沙土，长60、宽20、厚2米。据清《南澳志》卷之二所载，清康熙五十六年（1717）建。"上炮台一座，围宽四十五丈，营房二十六间，大炮八位。山岭烟墩一座。下炮台一座，围宽五十七丈二尺，营房八间，大炮六位。（专）防千、把总一员，协防外委千、把总一员，兵八十二名"[1]。长山尾炮台与莱芜炮台遥相呼应，扼控莱长海峡（图31—32）。

图31 长山尾炮台

图32 长山尾炮台修复前

---

[1] （清）齐翀：《南澳志》卷之二《关扼》，第10页。

（8）东炮台：位于深澳东门外。清代建成，由地面平台和六座炮垛组成。炮垛作为掩体，用贝灰沙土夯筑，呈八角柱体，高1.7、宽2.95米，两垛之间相距1.85米，垛间架设大炮。今遗存一垛，余五垛已废。1982年在该炮台出土六千斤大炮一门（图33）。

（9）猎屿新炮台：亦称猎屿水面旋转炮台，位于猎屿铳城下座前侧滩头，二者相距约20米，与海相接。清光绪二年至八

图33　东炮台遗址

年（1876—1882）潮州水师提督方耀建。工将竣而停，炮亦未设。中辟一圆窝，外径82、内径32米。台基用石块填筑，据回忆，台面由每块约长1.6、宽0.8、厚0.2米的大石板铺设。20世纪60年代初，大石板被搬迁他用，炮台仅存残迹（图34—35）。

图34　猎屿新炮台远景

图35　猎屿新炮台近景

叁｜南澳岛海洋文化遗存调查　53

3. 代表祭祀与信仰的建筑

（1）城隍庙：位于深澳金山麓。依山而建，三进，主体进深55、面阔30米。有石联刻有"天知地知神知鬼知尔知我知何谓无知，阳报阴报迟报速报善报恶报终须有报"。主座东厢存有南澳总兵黄龙禄位碑，西厢曾为陆张二忠祠（后圮）。明万历四年（1576）副总兵晏继芳建，三十一年（1603）副总兵黄岗重修造中堂，清康熙二十四年（1685）总兵杨嘉瑞重修。嘉庆四年（1799）总兵林国良重修，光绪二十三年（1897）总兵英顺等重修。清顺治三年（1646）冬郑成功背父抗清、收兵南澳，曾在城隍庙求神问卜。因地震等原因门楼及主座部分已倒塌。1998年至2000年深澳乡众对城隍庙进行了全面修复（图36—37）。

图36　城隍庙外景

图37　城隍庙梁架

（2）深澳天后宫：位于深澳成功大道中段南侧。明万历四年（1576）副总兵晏继芳建，十一年（1583）副总兵于嵩重建，清康熙二十四年（1685）总兵杨嘉瑞修。三进，进深31.80、面阔11.14米。有"龙柱""双龙抢珠""双凤朝牡丹""石狮"等明代石构件。历年多次修建，1995年至2003年分三次按原格局和尺寸先后对后座、中座、前座进行修建。宫外东侧竖有明万历二十二年（1594）的"南澳山种树记"和清道光二十九年（1849）的"严禁加增贩船换证缴费碑记"（图38，碑刻内容将在后文表述）。

图38 深奥天后宫

（3）深澳关帝庙：位于深澳乡东南侧金山麓。关帝庙依山而建，三进，主体进深52、面阔24米。门埕连戏台深15.4、阔39.6米。戏台位于庙正前方，台座深9、阔6.9、高1.3米（其中前台遗存深4.7、高0.2米），后墙壁高3.2、厚0.55米。明万历七年（1579）副总兵侯继高建，祀三国蜀汉大将关羽，原名寿亭侯祠，十一年副总兵于嵩扩建。清康熙二十五年（1686）总兵杨嘉瑞重建，五十年（1711）总兵黄龙修，乾隆四十八年（1783）总兵招成万重修。庙西南侧竖有："文武官员至此下马"警示碑，明万历十一年（1583）立石的"南澳镇城汉寿亭侯祠记"（图39—41，原位于庙东南侧，现集于总兵府内碑廊，碑刻内容将在后文表述）。

图 39　关帝庙正视

图 40　关帝庙侧视

图 41　关帝庙梁架

（4）文庙：原址位于深澳乡南侧金山之麓。清康熙五十六年（1717）总兵周士元建，已失迹。遗存石匾"杏坛"（高1.17、宽0.55米）、"学海渊深"（高0.44、宽1.30米，周士元题）和警示碑"文武官员至此下马"（高1.64、宽0.36米）、碑刻"南澳文庙祭费碑"（高1.58、宽0.87米）。碑、匾现均集于总兵府内碑廊（图42）。

（5）云盖寺：位于云澳荖园村东南侧山腰，前身名"三宝寺"。现寺深20、面阔34.8米。始建于宋，清道光年间重建，以后多次修建。是现存史料记载中南澳最早修建的庵寺（图43—44）。

图42 南澳文庙祭费碑

图43　云盖寺

图44　云盖寺内

（6）隆澳天主教总堂：位于隆澳宫前村西侧，今建设银行北侧。始建于清代末期。法属天主教，法国谭立山神甫创建，1930年陈宗器首任本堂。南澳解放后停止活动，堂址被占他用，2003年于原堂址稍北重建。

（7）赤石湾天主堂：位于云澳赤石湾村。始建于清代末期。法属天主教，法国谭立山神甫创建，解放后堂址被作他用，1994年重建新堂。

（8）下松柏坑天主教堂：位于东山下松柏坑。始建于清代末期。法属天主教，堂址为旧房，因村人多移居县城，教友教事已渐式微。

（9）基督教隆澳堂：位于后宅隆澳大街。始建于清末民国初年。原有"真光""福音"二堂，解放后合为"福音堂"。

（10）基督教深澳堂：位于深澳乡西侧田野。始建于清末民国初年。原址在镇内街。

（11）基督教云澳堂：位于云澳乡溪仔头。始建于清末民国初年。

（三）墓葬

在以往的调查中，对于墓葬的关注多集中在品阶较高的高层军官。低层军官和普通士兵的墓葬，如不是呈区域分布，很少引起关注。但作为海防活动中的绝大多数，基层官兵是海防政策的执行者和见证人。他们生前在驻防地与前线之间轮转，身后的安排也反映出上层对海防的关注程度。对于基层海防官兵墓葬的关注，通过对数量较大的士兵墓葬所透露出的信息来完善海防历史脉络，此次调查将是一个有益的尝试。

南澳自明代开始设立副总兵驻守，但至目前为止，尚未发现明代水师官兵墓葬。现存清代水师官员墓葬，部分水师官员父母墓碑上详细列出了其子孙在海防兵镇中的职位及所获封赠，透露出的信息非常丰富。低阶官兵的墓碑中也会刻有官阶、时间、籍贯等信息。他们有的是南澳人，在外地当兵，最后魂归故里；有的外地人，直接埋骨南澳。这些信息都将他们与海防活动紧紧联系在一起。在调查中，我们还尝试对南澳岛上所存的家谱进行筛选，希望找到这些官兵与岛上居民之间的关系。总之，海防活动的参与者除了高阶官员外还包括广大基层官兵，甚至岛上居民，所以在对这些官兵进行普查的基础上才能建立一个立体的南澳海防史。

下文将根据官兵的品阶将其分成高、中、低三个层级进行描述。当然，这三个层级仅是在南澳岛范围内进行比较，对于中层官员的界定是根据墓碑上所刻的爵位，这些爵位大多是荣衔，并不能作为官职。

1. 高层官员墓葬

（1）林良锦墓道碑：位于南澳县深澳镇西畔山腰鸡心岭。碑高160厘米、宽85厘米，5行，正文每行16字，每字约8厘米，款字约5厘米。碑文为：皇清/乾隆庚午年葭月谷旦/诰赠怀远将军福建台湾水师协标左营副总府带军功纪录四次又纪录一次良锦林公偕元配妙敬蔡氏淑人墓道/不孝男金勇立石。乾隆十五年十一月（1750）（图45）。

（2）陈元宽墓道碑：位于南澳县深澳镇东野。碑高190、宽68厘米，3行，正文16字，每字约11厘米，款字约10厘米。碑文为：皇清/乾隆岁次辛未年季夏吉旦/诰赠怀远将军讳元宽陈公之墓道/署福建水师提督金门镇总兵官男谢勇立。乾隆十六年（1751）（图46）。

（3）陈大坤墓：位于南澳县云澳镇布袋澳畔（为20世纪80年代末其后裔所迁葬）。碑文为：道光丙午年葭月/皇清武德骑尉大坤陈公/茔域/长房子孙永奉祀。陈大坤（约1786—1846），陈功之父。云澳人，行伍。咸丰元年（1851）任南澳镇左营守备，海战骁勇，调台湾艋舺守备。道光二十六年（1846）卒（图47）。

（4）洪名香墓碑：原位于南澳县云澳镇山边村，现置于总兵府内。碑高120厘米、宽60厘米，3行，正文每字高约9厘米，宽约8厘米，款字约5厘米。碑文为：清/同治乙丑年桂月/钦命广东提督商山洪公/诰封一品夫人庆裕邱氏/茔/二房子孙永奉祀。为同治四年八月（1865）二房子孙所立（图48）。

图 45　林良锦墓道碑

图 46　陈元宽墓道碑

图 47　陈大坤墓

图 48　洪名香墓碑　　　　　　　　　图 49　黄进平墓碑

（5）黄进平墓碑：原位于南澳县云澳镇山边村附近，现收集于总兵府内。碑文为：皇清／同治壬申年四月□日立／福建全省水师提督军门／振威将军篆讳仰山黄公／钦命寿域／八房子孙永奉祀。同治十一年四月（1872）。黄进平于同治初升授福建水师提督，驻扎厦门（图49）。

（6）陈功墓：位于南澳县云澳镇布袋澳畔，在其父陈大坤墓东南侧约300米处，墓有翻修。碑文为：清／光绪甲午年葭月／蓝翎代理总镇讳功陈公／诰封三品淑人孝庄杨氏／墓／五房子孙永奉祀。陈功（1813—1887），云澳人。同治十一年（1872）由南澳镇左营游击代理南澳总兵。光绪二十年（1894）卒（图50—51）。

2. 中层官员墓葬

（1）黄元臣墓碑：原始位置不详，现位于后宅宫前村南路黄氏宗祠后空地上。碑高84、宽24厘米，正书，主碑字约5厘米，款字约4厘米。碑文为：皇清／乾隆戊子年四月立／特授武功大夫加一级带纪录三次／元臣黄公／墓／三房子孙永奉祀。乾隆三十三年（1768）（图52）。

图 50　布袋澳陈功墓

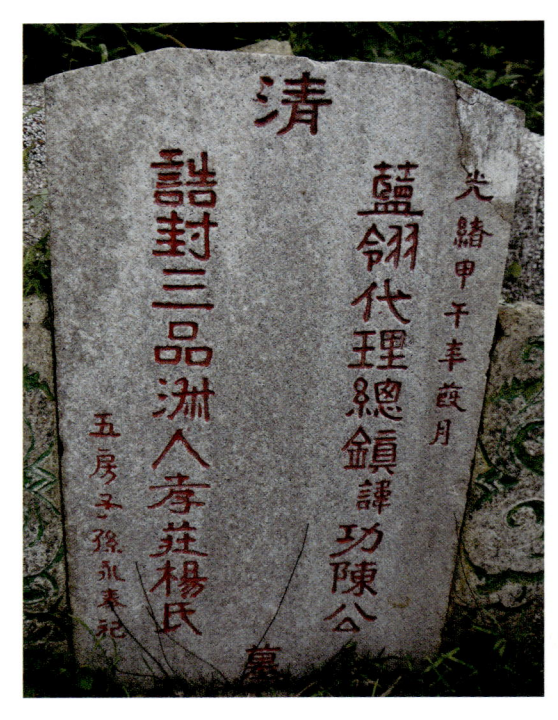

图 51　布袋澳陈功墓碑正面

图 52　黄元臣墓碑

（2）张彩腾墓：位于青澳镇西南部的山坡上，墓葬坐标北纬23°26′35.7″，东经117°07′07.9″，海拔24米。墓碑朝向西北，前部铺有管道，碑高50厘米、宽40厘米，字3行，正文两行，碑文为：清/乾隆甲午年菊月/奋武郎彩腾张（公）/赠孺人淑端谢（立）。主碑每行字高10、宽10厘米，年款每字高5、宽5厘米（图53）。

（3）谢飞凤墓：位于深澳镇吴平寨村后山。墓葬坐标北纬23°27′25.7″，东经117°09′13.1″，海拔20米。墓碑朝南，碑高40厘米、宽20厘米，字3行，碑文为：皇清/道光二十年三（月）/显考奋武郎飞凤谢（公）/长房子孙（立）。主碑每行字高5、宽5厘米（图54）。

（4）陈维腾墓：位于布袋澳村口南部大约20米的山坡上。墓葬坐标北纬23°24′03.7″，东经117°07′36.9″。碑高90、宽40厘米。字5行，正书，碑文为：皇清诰赠/道光二十六年葭月吉日重修/武德骑尉维腾陈公/五品宜人顺敬蔡氏/茔域/五房子孙永奉祀。主碑字高5、宽6厘米，年款每字3厘米。底款每字高5、宽3厘米。在此墓右侧石柱上刻有"乙水会佳城"，座下为"□□□福营水陆参府□侄林得义进赠"（图55—56）。

（5）谢舜臣墓碑：位于云澳镇顶松柏坑，被作为乡间步道石。碑高100、宽48厘米。碑文为：皇清诰赠显祖/同治癸亥

图53 张彩腾墓

图54 谢飞凤墓

年陆月/武翼都尉舜臣谢公/三品淑人克端林氏/墓/长房子孙永奉祀。同治二年六月（1863年）。主碑字正书，高6、宽5厘米，年款每字高4厘米。底款每字高5厘米。其中"皇清诰赠显祖"为篆书，横书，每字6厘米，其余为竖书（图57）。

叁｜南澳岛海洋文化遗存调查

图 55　陈维腾墓正面

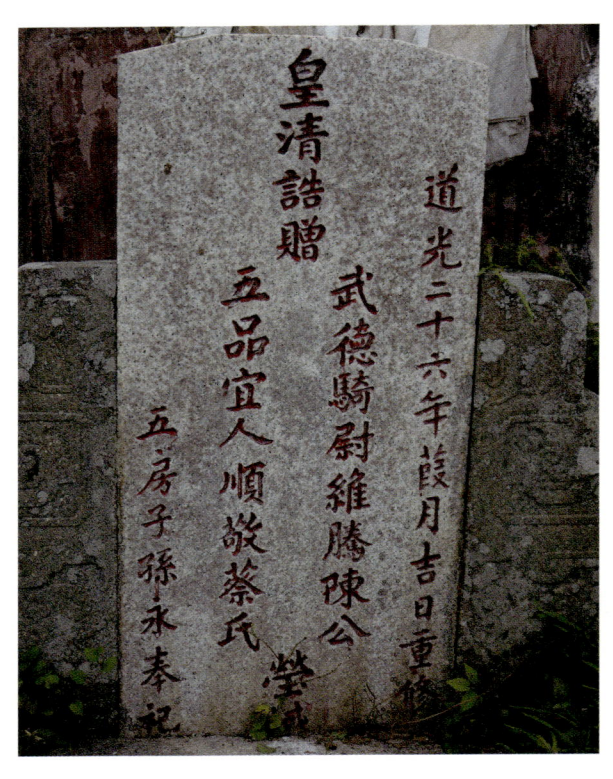

图 56　陈维腾墓碑正面

图 57　谢舜臣墓碑

64　海洋聚落与海防遗存：南澳海洋文化遗存调查研究

（6）柯廷标墓：位于南澳县云澳镇布袋澳山坡，墓葬坐标为北纬23°24′14.6″，东经117°07′22.3″，海拔18米。外部由石料砌筑，呈半环抱型。墓碑朝向东南方向，墓碑高70、宽50厘米，字4行。碑文为：清／光绪戊申葭月立／诰授武翼都尉廷标柯公／诰封三品淑人心福蔡氏／长房子孙永奉祀。每行字高7、宽7厘米（图58）。

（7）陈瑞旭墓：位于南澳县深澳镇东野后山，墓葬坐标为北纬23°27′17.7″，东经117°06′08.9″，海拔48米。墓碑朝向西南方向，墓碑高80、宽40厘米，单行。碑文为：皇清／武翼大夫瑞旭陈（公）。每字高10、宽10厘米。风化较严重（图59）。

图58　柯庭标墓碑　　　　　　　图59　陈瑞旭墓碑

（8）陈大进墓碑：位于云澳镇顶松柏坑，被作为乡间步道石。碑高90、宽40厘米。字4行，正书。碑文为：皇清／咸丰辛酉年阳月／考武德骑尉大进陈公／妣五品宜人全福郑氏／之墓／二房子孙永奉祀。咸丰十一年十月（1861）二房子孙立。主碑字高5、宽6厘米，年款每字高3厘米。底款每字高5、宽3厘米（图60）。

（9）彭光耀墓：位于南澳县深奥南山寺后山，墓葬坐标为北纬23°26′15.3″，东经117°06′08.9″，海拔24米。墓碑朝向南方，墓碑高60、宽40厘米，单行。碑文为：皇恩宠锡（赐）／修职郎光耀彭公墓／乾隆丙子□□。每字高8、宽8厘米。风化较严重（图61）。

图 60　陈大进墓碑　　　　　　　　　　图 61　彭光耀墓

3. 低层士兵墓葬

（1）广东大鹏营故兵刘大进墓碑：原墓位置不详，2006年于深澳镇西门外田野发现，现藏于南澳县海防史博物馆。碑高61、宽23.5厘米，正书。碑文为：广东大鹏营/嘉庆十七年十月/故兵刘大进之墓。主碑字约5厘米，款字约4厘米。"广东大鹏营"横刻，其余竖刻。刘大进无考，但从墓碑发现于南澳来看，推测是南澳籍士兵。大鹏营，为原顺德镇标右营，清康熙四十二年（1703）将顺德镇标右营改为大鹏营，属提标。原设游击，雍正四年（1726）改为参将驻扎东莞县大鹏所城，隶水师提督营辖。此处的"故兵"是否如后述"戍台澎故兵"一样为戍守台湾或澎湖的清代水师士兵仍不得而知。

（2）戍台澎故兵墓：清戍台澎故兵墓原散布于深澳镇吴平寨村之东北部山坡高地，墓葬分布范围约50亩。系清道光至同治年间南澳镇左营奉命戍守台湾、澎湖的亡故士兵骨骸移葬之墓葬群，20世纪80年代初文物普查时被重新发现。埋葬分期分批，每批一横排，每排10多人至20人不等，坐向不一。每排墓葬中央有一主碑，上刻："道光二年蒲月／戍澎万善义墓""道光十三年／戍台澎义冢""万善同归义冢墓"。主碑两侧彼此相连的墓茔中间各有石碑，上刻"故兵×××墓"。1993年后又陆续发现了多批戍台澎故兵墓，都有墓碑和人名，时间分别为同治九年（1870）十月、同治十一年（1872）六月。与以前发现有所不同的是，墓碑分别刻有"头起""二起""三起""四起"和"班兵"等字样。根据多批故兵墓的发现，推测故兵总数应当远超200名。

南澳设镇后，粤东及闽南的海防得到加强，同时增派海上游兵，使海峡更加安全。这些任务主要由南澳镇左营担负。清康熙二十三年（1684）台湾归回清朝版图后，南澳镇左营官兵分批轮流戍守台湾、澎湖、淡水，三年一班，前后历二百余年。期间亡故将士之骨殖被移于南澳吴平寨村东北郊分批列葬。

出于对戍台澎故兵墓葬进行保护的目的，1994年南澳县文博部门将分散颓残之故兵墓迁徙集结，于邻近择地，按原碑并原骨缸依次排成"忠魂"字样安葬。墓后筑台建亭、墓前树碑撰记、造塑像、修路径。现整个墓园占地5 000多平方米（图62—66）。

图62　南澳故兵墓原貌（局部）

图 63　故兵墓近景（局部）

图 64　重修前故兵墓

图 65　故兵墓主墓瓮棺

图66 重修后故兵墓

戍台澎故兵英名

第1列　戍澎万善义墓　道光二年（1822）蒲月

蔡　福　林联生　陈天俊　夏进发　薛国生　陈朝荣　张大敬

叶得雄　陈朝生　林文龙　杨联京　林一胜　黄石龙　崔国宝

吴光照　徐　光　吴天荣　林　盛　周□□　张亮佐

第2列　戍台澎义冢　道光岁次辛卯年四月［注：道光十一年（1831）］

陈许福　郑　瑞　黄得辉　杨　清　戴成高　李　荣　张有得

王　高　王年生　夏进得　吴得祥　朱绍捷　朱刘勇　杨彭成

庄平先　郑文榜

第3列　清戍台澎义冢　道光十三年（1833）

□□□　沈国龙　林杨基　卢志上　郑　笑　詹大高　吴靖波　黄金子　古寿凤

郑国生　陈逢生　陈朝部　何荣春　陈明春　许上咨　萧　荣　林世杨　陈王光

郑连生　郑得高

第4列　清万善同归义墓　道光二十六年（1846）六月

陈宏高　潘雄高　裘得名　许蔡生　卢　来　陈成章　黄连遗

蔡明光　黄友亮　邱大海　张景生　黄进邦　陈得成　洪长春

周凌春　林国茂　林生全　沈何基　吴许得　蔡荣宗　郑名刚

许廷瑞

叁│南澳岛海洋文化遗存调查　　69

第 5 列　万善同归之墓

张永成　黄大荣　刘黄福　许黄生　朱大光　蔡大雄　翁　进
汤英杨　黄钦得　欧国进　陈　杏　詹得高　刘　清　卢大高
吕得生　□□□

第 6 列　万善同归义冢墓

□□□　□□□　□□□　□□□　余连生　苏　兴　郑得高
赖凤飞　林邦顺　□□□　廖　成　朱康高　高　顺　刘国生
黄沈生　黄得意　黄志生　黄和顺　黄茂清　田愚生

第 7 列

赖凤祥　薛志春　陈大进　王再生　陈有高　余成章　周　大
戴得春　严武高　郑振生　陈振得　林国珍　许宏生

第 8 列

林福全　黄圳法　林国贤　池得平　林克清　李成龙　郑　春
杨吉利　□□□　□□□　□□□　□□□　□□□

第 9 列　头起、二起　同治九年（1870）十月

□□□　吴得高　胡连祠　张廷忠　周廷高　翁刘得　严世生
林　吉　许向顺　黄道发　卢春华　许有成　苏大成　陈春得
吴翁顺　曹振焜

第 10 列　三起、四起　同治十一年（1872）六月

柳进兴　李大寿　李大勇　胡俊祥　许雄春　叶同成　许得武
邓允高　汤水生　杨启祥　薛芝琳　张振宏　沈祈生　陈大成
沈廷福　江得生　陈罗云　张文得　余荣光　薛联猷　许国万
洪文光　谢有美　沈定春　黄雄生　陈叶赐　陈鹏志　吴朝福
吴得勇　陈顺喜　叶殿得　吴光玉

（四）摩崖和碑刻

摩崖、碑刻在此次调查中发现较多，内容涉及各个方面，反映出南澳岛上较为浓厚的文化氛围，为我们研究岛上管理、防务和民生提供了翔实的文字材料。根据现有掌握的材料，我们认为南澳的文字石刻类海防遗产可以分为反映南澳海防设施与官方管理内容、纪念性石刻、反映海防官兵生活、反映南澳岛上信仰四类。

第 1 类：反映南澳海防设施与官方管理内容。这类石刻体现了官方对南澳行政与军事的管辖和治理。

（1）猎屿铳城碑记

猎屿铳城碑记位于深澳猎屿铳城下座后侧。碑高 200 厘米、宽 80 厘米，碑额篆书，每字 10 厘米见方。碑文正书，14 行，每行 34 字，每字约 3.5 厘米。明天启三年（1623）筑猎屿铳城时副总兵黎国炳立（图 67—68）。其碑文如下：

> 猎屿铳城之筑，备红夷也。上座高一丈二尺，长围一十八丈二尺，为铳门者五；下座高八尺，长围一十六丈，为铳门者十。中筑屋一座三间，以居城守兵士；敌楼一座，以壮形势；旁为屋三间，以贮军实；城外为屋三间，以充厨窖。下城为屋三间，

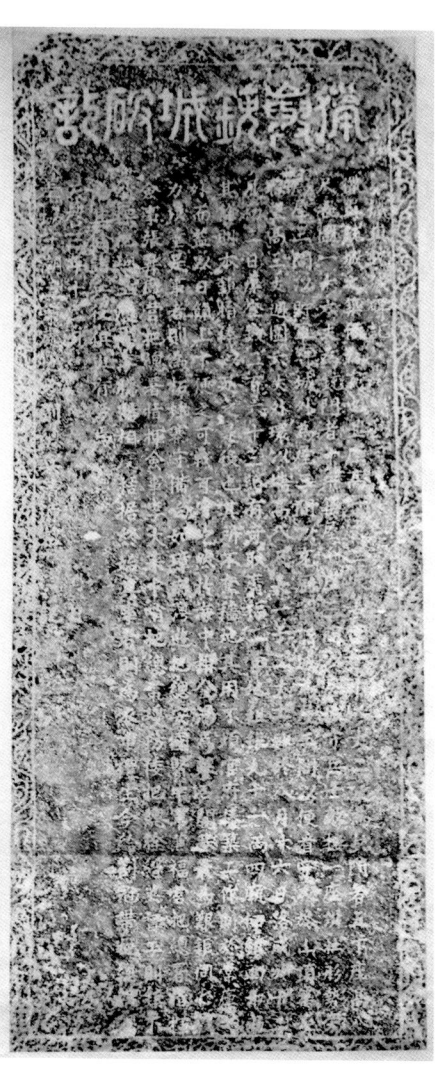

图 67　猎屿铳城碑记　　　　　　　　图 68　猎屿铳城碑记拓片

叁｜南澳岛海洋文化遗存调查

以便看守。又于山顶筑台瞭望,高三丈,周围六丈,外环以墙,高八尺,长一二丈。工兴于八月十六日,落成于十二月初二日。荐金钱二百六十三缗有奇,取广福二营地租银九十一两,四庙佃钱四十两,其余则本镇捐俸以足之。是役也,其所不夺稼地,其用不烦官府。榛筑工作,则于常廪外而益以日饩。上下便之,可战可守,屹然于海中,称金汤焉。凿石开基,最为艰巨。同心协力,以董是事者,则为柘林寨守备白如璋、南澳游把总安国贤、中军兼福营把总署指挥佥事张升、广营把总署指挥佥事李大来、中哨把总韦琼、防倭把总徐缙英。督工则镇下哨探把总王庆忠、李腾阳。相度拮据,终始其事者,则为衣巾礼生、今给扎冠带把总(张宪治)。其余诸兵役俱与有劳焉。

天启三年十二月　日　钦差协守潮漳等处地方副总兵清源黎　记

（2）南澳城门匾

南澳城门匾现存两块。均为石质,现存放于南澳总兵府内。

其一:匾高45、宽93厘米。每字宽24、高28厘米。上书"望霞康熙岁次戊寅谷旦立"。

其二:匾高44、宽88厘米。每字宽24.5、高28厘米。上书"观澜康熙庚辰吉旦"。

"康熙岁次戊寅"为清康熙三十七年(1698),"康熙庚辰"为清康熙三十九年(1700)。据文献记载,清康熙三十四年(1695)四月,南澳总兵杨嘉瑞就旧城址拓建,至三十九年(1700)九月竣工。建门三:北曰观澜,西曰望霞,东曰迎紫。因此可以确认此两块城门匾为康熙年间杨嘉瑞筑城时所作。另一方面,通过该文字石刻,可以更清楚地知道,在康熙三十四年(1695)四月至三十九年(1700)九月的筑城行动中,康熙三十七年(1698)时修筑好了西城门,康熙三十九年时才修好北城门。

南澳城自明神宗万历四年(1576)副总兵白翰纪创建,几修几废。除这两块城门匾之外,至今只存有一段数十米长的残破城墙。因此,这两块城门匾是至今唯一可见的能明确体现南澳建城史并对现有文献有补充作用的实物证据(图69—70)。

图69　南澳城匾—望霞　　　　　　　　图70　南澳城匾—观澜

（3）捐缘雄镇关碑记

捐缘雄镇关碑高195厘米、宽85厘米。无额，碑文21行，序文6行，每行40字，每字4厘米。捐题芳名部分15行，每行字数不等，每字约3厘米。原碑无时间。但考察胡于鉷的履历，其嘉庆十三年（1808）至嘉庆十九年（1814）间任南澳镇总兵。结合碑题"捐缘雄镇关碑记"，可知此碑记载的是嘉庆甲戌（嘉庆十九年，1814）至嘉庆丙子（嘉庆二十一年，1816）年间南澳军民捐资重建雄镇关的事宜。本碑碑文概述了雄镇关沧桑历史和重要的地理位置，记载了南澳总兵胡于鉷倡修经过以及一些官员捐银情况，是雄镇关现存唯一一块碑记（图71）。

碑文前半部分如下：

捐缘雄镇关碑记

　　斯地乃山灵过脉之处，旧设一关名曰：雄镇。建庙置阁□即澳中之一□□□也，乃有阁□田□□从庙亦年久剥落，有岌岌欲倾之势。兹□　镇宪胡公乐种善果，广开□□捐□□□□重修□□□

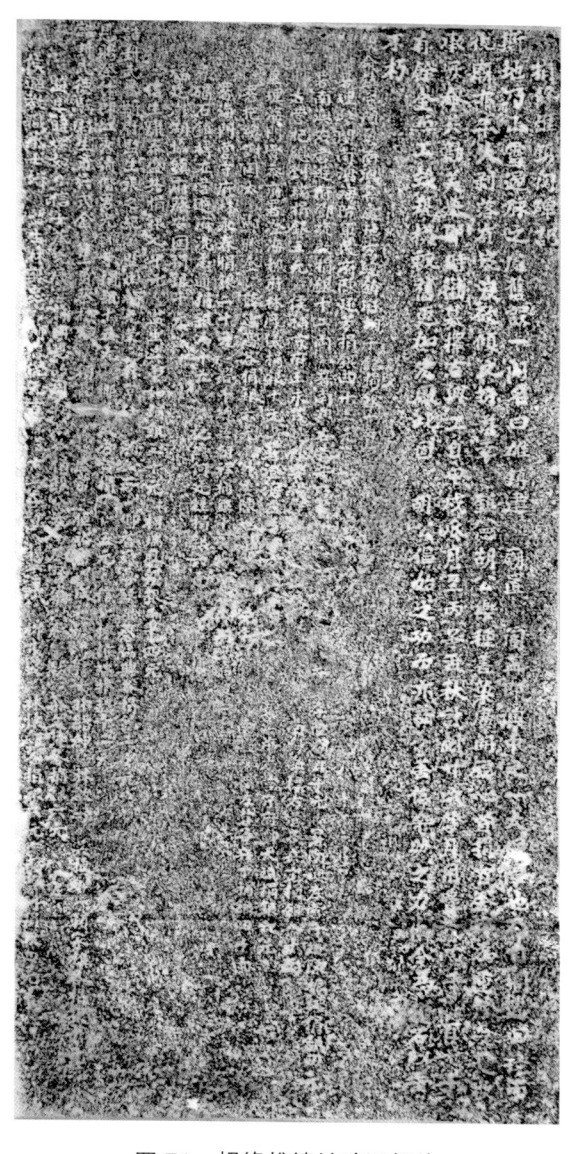

图71　捐缘雄镇关碑记拓片

承厥命矣。□美举□时募择吉兴工，自甲戌□月至丙子孟秋，计开十六余月，用□□□□□□□有余，全□工竣，规模较旧更加宏伟。此因，胡公倡始之功，而亦诸善信乐助之力□，余为勒石以垂不朽。

碑文后半部分的捐题芳名中有大量是清代海防官兵。其中部分人名因风化过甚，已无法辨识。可辨识的内容中属于南澳镇的有：钦命镇守闽粤南澳等处地方总镇府胡于鉷，署理粤闽南澳海防军民府陈廷芳，署南澳右营游府邓旋启，署南澳左营千总陈振□，右营把总刘瑞，候补守府王永茂。属于澄海协的有：兼理海门营参府、署澄海都府林凤仪，署澄海右营守府郑大斌，署把总谢国太、郑腾金、苏□□。属于海门营的有：署海门营守府林永森，署千总吴朝祥。属于澎湖协的有：福建澎湖协镇府蔡安国。此外碑文中还显示，南澳镇右营兵丁及澄海协左营兵丁亦有捐银。

（4）禁示碑记

禁示碑记（自命名）原位置不明，现集于总兵府碑廊。碑高142厘米、宽59厘米，无额。碑文正书，15行，每行40字，每字1.5厘米。清光绪十年（1884）南澳同知潘维麟［据1956年陈沅《粤闽南澳职官志》所载，潘维麟为顺天大兴人，监生。光绪十年（1884）署任南澳同知］奉广东按察院之命立。碑文为广东按察院禁令，规定各州县在勘验盗劫命案时，一切夫马饭食费用由官方自行解决，不得向民间索取，违者严办并追究该地方官责任（图72—73）。

> 广东按察使司沈　为出示严禁事。照得州县勘验盗劫命案，一切夫马饭食，例应自行备用，不准索取民间，迭经各前司通饬出示严禁，至乡民禀送盗贼，州县丁役必索重费，然后官为收审，亦经刊入清讼章程，通行裁革各在案。各属果能留心稽察，实力奉行，弊端何患不除，闾里胥蒙其福。乃上官虽屡颁诰诫，而属吏多视为具文，以致乡曲小民，被其诛求而甘心隐忍，在官人役，无所顾忌而益肆贪婪。亟应重申禁令，以挽恶习而示来兹，合行出示。为此出示严禁，嗣后该地方官相验人命、勘讯盗案，务当恪遵功令。一切夫马饭食，由官自行发给，不许丁役人等向尸亲事主索取分文，以及籍端骚扰。至乡民禀送盗贼，该地方官亦即立时收审，毋任需索重费，有意留难。仍随时随事严密稽查，如有前项情弊，或被告发，该地方官立即切实根究，从严惩办。倘敢阳奉阴违，有心徇纵，许被害之人赴本管上司指控，访查得实，定将丁役人等提案究办，并将该地方官严揭请参，决不宽贷。再，立法固宜周密，而杜弊尤贵有恒。该地方官并将此示勒石，竖立头门前，俾民间有所见闻，不致任其婪索，丁役咸知警惕，不敢复蹈前非。则民害从此而除，盗风亦从此而息矣。夫役由署捐给，为数无多，而民间省累不少，为民父母者当亦乐为造福也。限一月内刊竖，通报以凭。另有差委之员，顺迹查明。倘抗不竖碑，及有心捏报，一经查出，定即详撤。慎毋自误，懔之，切切毋违。特示。
>
> 　　　　　　　　光绪十年五月　　日　署南澳同知潘维麟遵奉刊监

（5）右营界址碑

原位于深澳总兵府前贵丁街东侧，现陈列于总兵府内。碑高48厘米、宽28厘米，

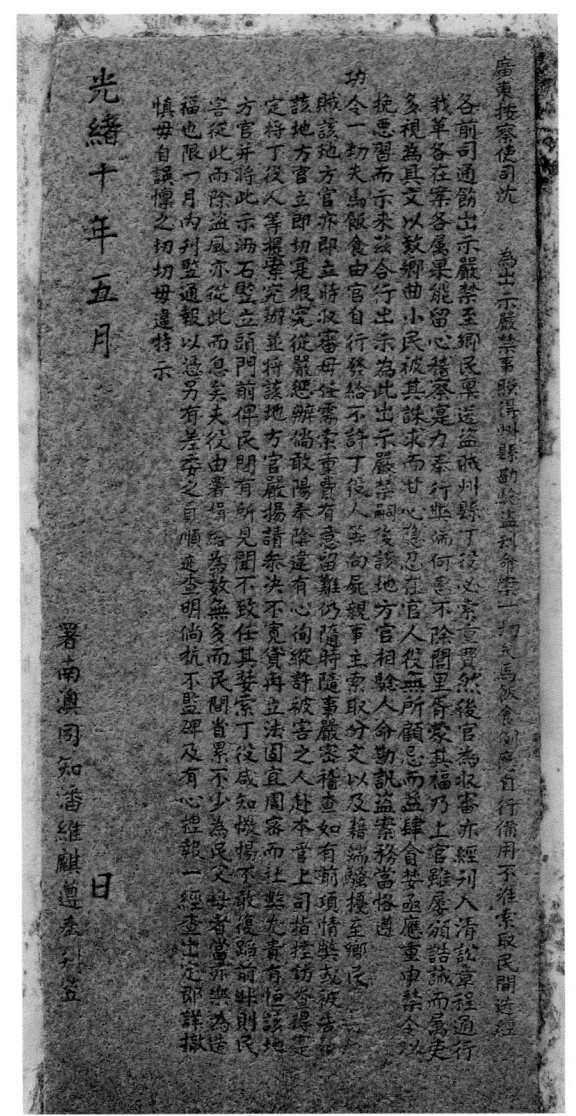

图 72　禁示碑记　　　　　　　　　　　　　图 73　禁示碑记拓片

注：碑刻落款为潘维麒，经多处文献对照，应为误刻，实为潘维麟。

正书，每字高约 10 厘米，宽约 11 厘米。无年月。碑文为："右营界址"（转录）。

（6）港规碑记

港规碑记碑原位于云澳镇渔港边，现集于深澳总兵府内碑廊。碑高 145、宽 59 厘米，碑额横列，篆书，每字约 8 厘米。碑文正书，15 行，每行 30 字，每字 3 厘米。清嘉庆二年（1797）立。碑文内容规定了云澳镇渔港对往来船只的税收定额，严禁各种额外索取，

叁｜南澳岛海洋文化遗存调查　75

确保渔船、商船的合法权益（图74—75）。

  云澳耕海作田，船只往还，所以通商贾而广财利。出入必由汛口挂验，历有成规，但日久弊生。乾隆五十五年以来，站口杨常索取无度。嘉庆二年六月，幸逢府尊宪台莅治，四澳沾恩，仁声洋溢。众衿耆暨商渔人等，呈控杨常，蒙堂讯仓口鱼篓，恩免挂号，礼钱恩必合宜。计开条件，勒石以垂久远。睹碑思然，亦以杜后日之弊云耳。

图74 港规碑记   图75 港规碑记拓片

一　本港单桅船载脯往福建号艮乙元，钱乙百文。　一　龟仔船载脯号艮式元，钱式百文。　一　大船载脯往福建号艮四元。　一　本港五块底船载货出口号钱三百文。　一　本港单桅船出口载扦茅柴篾，号钱乙百五十文。　一　云霄船号钱五百五十文。　一　澄海船号钱式百文。　一　黄岗船号钱三百文。　一　诏安大号船号钱七百文。　一　外港载米粟入口号钱三百文，本埠按月挂号。　一　本港五块底贩艚号钱式百文。　一　单桅钓捕渔船号钱四百文。　一　五块底小钓船号钱式百文。　一　大号艍母小钓船号钱三百文。　一　三块底船号钱乙百五十文。　一　艍艚号艮乙元钱乙百文。

嘉庆二年六月　日立

第2类：纪念性石刻。包括坊、碑碣等。有民间和官方两个渠道对纪念对象进行表彰。

（1）郑芝龙坊匾额

郑芝龙坊位于深澳镇石亭街。明崇祯十六年（1643）知饶平县事万邦俊暨饶澳官绅为郑芝龙表功而建。高约8、阔近10、深约3米。石结构，三间、五楼、八柱。因1918年大地震顶部断落。原匾题"玉关独镇，铜柱永标"已佚。现坊上仅存上述匾额文字。

牌坊内容正面：都督奉旨加署总兵体统/郑芝龙。

背面：前历剿三省山寇钟凌秀/红夷/献俘海寇刘香/萧朝清/林振/李魁奇/钟斌等军功/崇祯癸未建。

正面高64厘米、残宽130厘米，碑文正书，3行，每行3—4字，每字14厘米。背面高55厘米、残宽133厘米。碑文正书，8行，每行4字，每字10厘米（图76—79）。

图76　郑芝龙石牌坊

图 77 郑芝龙坊俯瞰

图 78 郑芝龙坊正面内容

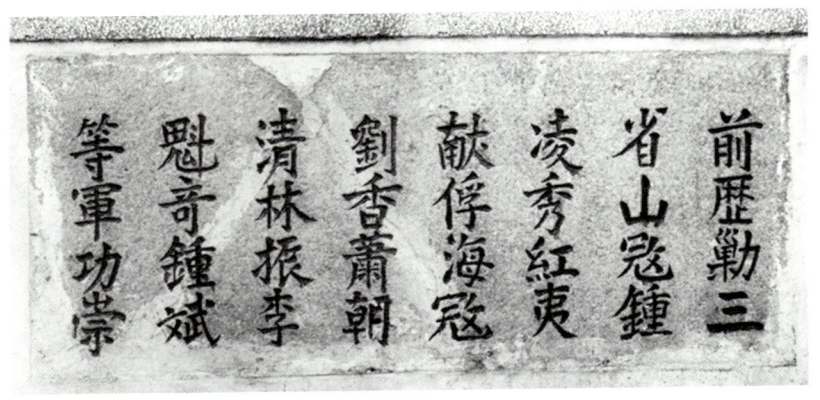

图 79 郑芝龙坊背面内容

78　海洋聚落与海防遗存：南澳海洋文化遗存调查研究

（2）双节坊

位于深澳镇东门外。原有相邻二坊，分别系清嘉庆二十一年（1816）为南澳镇标左营调守台湾阵亡兵丁廖国高之妻周氏和道光十一年（1831）为其女廖森娘（海门营把总吴朝升之妻）所旌建，坊名皆"节孝"，一门双节，故谓"双节坊"。现仅存周氏节孝坊遗迹，原址规模仅存中门。高2.7、阔2.53米。石结构，四柱、三间、一楼。

门梁模刻：为崇祀昭忠祠廖国高之妻周氏立。门柱内外皆刻有对联。正面对联：三十载蘖馈荼茹共仰梅筠操厉 / 百千年风销雨刹惟兹铁石心坚。落款：署理潮州府儒学教授许敖远赠。背面对联：国典天恩卅载贞操云篆纪 / 夫忠妇孝一家名节海邦光。落款：调署闽粤南澳海防军民府同知胡承光拜赠（图80—83）。

图80 节孝坊

叁 | 南澳岛海洋文化遗存调查　79

图 81　节孝坊正面对联　　　　　图 82　节孝坊背面对联

图 83　节孝坊坊额横刻

（3）纪念黄龙的碑刻

黄公遗爱功德碑原位于深澳镇黄公祠内，祠废已久，现集于总兵府内碑廊。碑高202、宽92厘米。碑额正书，每字10厘米。碑文楷书，13行，每行24—26字，每字4厘米。碑额饰双龙戏珠雕刻图案。清康熙五十六年（1717）立。碑中黄公即为南澳总兵黄龙，碑文记述了黄龙任南澳总兵期间的功绩和军民对他的爱戴（图84—85）。

南澳总镇府大都督黄公讳龙，号见侯，温陵华阀，代有闻人。奉圣天子命，莅澳九载，民嬉市井，军安部伍。公有歌雅投壶之致，缓带轻裘之风。而僚属绅衿、军民人等沐公之德，思无报答，乃建祠宇，崇祀禄位，以志不忘。无何大臣以公久

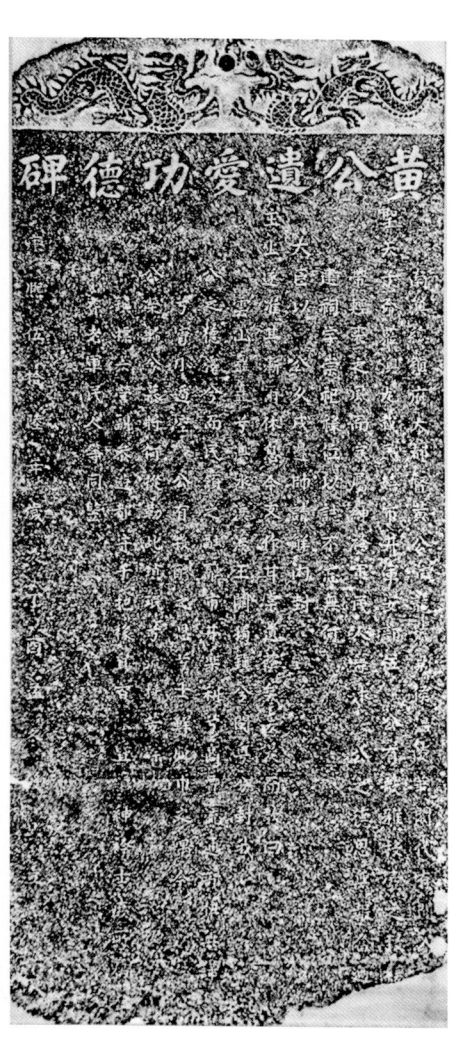

图84 黄公遗爱功德碑　　　　图85 黄公遗爱功德碑拓片

戍边帅,请解内封。主上遂准其渐尔休息,今又作甘棠遗荫矣。爰是而歌曰:云山蠢蠢兮,澳水潨潨;玉关独镇兮,闽粤分封少男。我公之德泽兮,而民领之融融,市井乐利兮,商贾流通。部伍无哗兮,宵小遁空。公有投醪之恩兮,士鲜脱巾之喝。今公荣归兮,慕将何从。勒此贞珉兮,流播芳踪。

镇标六营副参游都守千把椽员百队暨绅衿士庶所属耆老军民人等同竖
康熙伍拾陆年岁次丁酉孟冬谷旦立

黄龙禄位碑位于深澳城隍庙主座东侧房。碑高238、宽99厘米。正书,每字高7、宽13厘米。外边框为缠枝草花纹,内边框及碑额饰双龙戏珠图案。清康熙五十六年(1717)南澳军民为纪念黄龙在南澳任总兵期间的功德而立。后因庙塌墙倒致碑被埋没,1991年5月21日被重新发现(图86—87)。

图86 南澳总兵黄龙禄位碑　　　　图87 南澳总兵黄龙禄位碑拓片

碑文为：钦命／镇守闽粤南澳等处地方总兵官左都督带余功二次／黄公讳龙禄位。

黄龙，字见侯，福建永春人。康熙四十五年（1706）由虎门协副将升授南澳总兵官。四十八年（1708）庚寅连岁告饥，与镇标右营游击洪斌、澄海协副将张天福力请大吏，得买米运济澳民。黄龙"莅澳九载，民嬉市井，军安部伍。僚属绅衿、军民人等沐公之德，思无报答，乃建祠宇，崇祀禄位，以志不忘"。其作为南澳总兵也是爱民如子，有恩泽于民，遂被南澳民众建庙祭祀。

（4）重建石桥公德碑记

重建石桥公德碑记位于深澳镇后宅岭福德庙内右侧。碑高157、宽54厘米。碑额魏书，每字10厘米。碑文正书，10行，每行27—29字，每字4厘米。四周加边框线。康熙五十三年（1714）谢大名、谢钦惠、戴皇恩、黄世香、莫起凤、蔡介士倡修。碑文记述了康熙五十三（1714）年南澳总兵黄龙之夫人捐资重建二板桥的经过（图88）。

  南澳为海表雄镇。康熙巳丑，温陵黄公讳龙奉 天子命，节钺斯土，宽严互著，清静宜民。越明年，八政和，百废兴。而澳城西郊旧有石桥，为全澳军民往来隆澳诸村要［道］，岁久而崩坏，过者兴嗟。众议修之，而艰于财力。［提］倡之缘端，有望于吾镇主。时值公出，于是进簿以请夫人，谕侯镇主旋旌徐议之。众曰：夏潦漫［涨］，恐难为［工］，［当］此雨少水涸，正其［时］也。［迟］则无及。乃曰，此盛事也，使公在澳［必］然［为］之。因谕于众曰，毋庸提倡，公自捐之。今也桥已告成，凡过斯桥者，靡不颂宪天利济功德。乃谋勒之贞珉，以垂永久焉。

  康熙五十三年岁次甲午蒲月谷旦耆民谢大名、谢钦惠、戴皇恩、黄世香、莫起［凤］、蔡［介］士等立石。

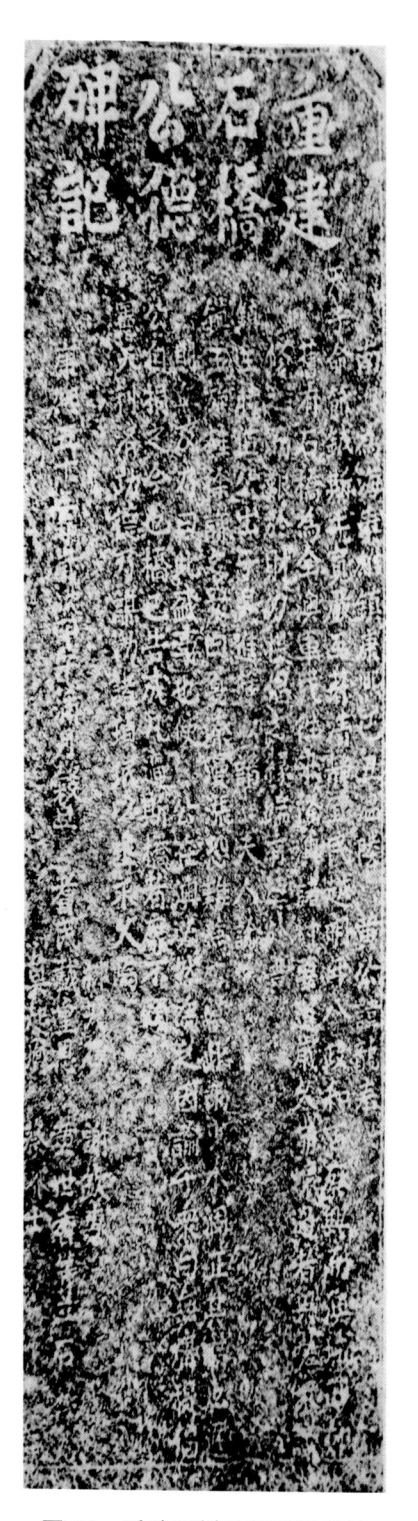

图88 重建石桥公德碑记拓片

叁｜南澳岛海洋文化遗存调查

第 3 类：反映海防官兵生活。这些碑刻主要反映南澳岛驻军官兵的生活面貌，但在当时能有此雅兴、文化和时间来从事此番活动的也是驻军中的军官阶层。南澳设镇后，在很长一段时期内，军事长官（副总兵、总兵）同时也是民事最高长官。即使在南澳设海防同知后，军事长官对于民众的公共生活依旧有着极大的影响力。加之设镇后，数千名官兵生活在南澳，毫无疑问深度介入了当地民众的生活。也因此，南澳现存有大量体现海防官兵在南澳生活情况的文字石刻。

从石刻内容来看，这些官兵对南澳岛上生活的参与程度非常深入。这其中需要指出的是对各个寺庙的捐修，考虑到信仰不仅是官兵这一群体的活动，还有南澳岛民众的广泛参与，因此将专门分类进行表述。故第 3 类石刻文字主要描述官兵在南澳岛上的日常生活和公益事业。根据文字内容我们将第 3 类石刻细化出如下两部分：

第一部分，反映南澳海防官员个人生活的文字石刻。

（1）白玉诗刻：白玉为明万历年间南澳副总兵。所刻内容位于深澳大石牌。

锁钥东南控上游，高标砥柱界中流。六师威震诸夷服，一剑霜寒万里秋。鼙鼓声喧鲸浪静，楼船凯唱阵云收。燕然未勒封功石，且颂升平纪海洲。桂林白玉（图 89）。

图 89　白玉诗刻

（2）陈廷对诗刻：陈廷对为崇祯年间南澳副总兵。所刻内容位于深澳金山顶。

  九日登高处处同，谁从岭表控闽中。搀枪已就星躔落，格泽还凭霜露融。碧海洗兵堪对酒，青山秣马欲追风。丹心不用茱萸佩，叨沐皇灵重化功。三山陈廷对（转录）。

（3）洪斌榜书题刻：洪斌为康熙年间南澳游击署南澳总兵。所刻内容位于深澳东畔山腰。"江山如画"（图90）。

（4）陈良弼诗刻：陈良弼为康熙年间南澳总兵。所刻内容《登金山绝顶》《大中丞法公原韵》位于深澳金山顶。

  《登金山绝顶》：地分闽粤界，人共摄衣观。雾霭岚光小，烟消海宇宽。百年空说剑，此日庆安澜。棠荫留余泽，思君借寇难。辛丑菊月念五日，代□香吏，陈良弼。

  《大中丞法公原韵》：十载驱驰岛上秋，高峰勒马问丹丘。太平不事安边策，一剑霜寒百粤流。古闽，陈良弼（转录）。

图90　洪斌"江山如画"

（5）杨琳诗刻：杨琳为雍正年间南澳镇右营游击。所刻内容位于深澳大石牌。

  山连闽粤水连天，雄镇东南列战舡。四澳晚炊春树霭，三澎晓涨浪花旋。空青太子楼中草，不断侍郎洲上烟。十月经营迁正好，峰云海月袖双悬。时雍正丙午夏金陵杨琳留题（图91）。

（6）陈林每榜书题刻：陈林每为乾隆年间南澳镇总兵。所刻内容位于深澳蒙庵。"瞻　屺"（转录）。

（7）倪鸿范题刻：倪鸿范为乾隆年间南澳镇总兵。所刻内容位于深澳蒙庵，两处。

图 91　杨琳题刻

"梅花村"（图 92）。

"新构数椽列帐窝，亭亭石扇墨挥摩。泉潺不息欢人意，莫美名山僧刹多。庚午春温陵倪鸿范题并书"（转录）。

（8）邓万林榜书题刻：邓万林为光绪年间南澳总兵。所刻内容位于深澳猎屿铳城下座前侧。

"海阔心雄。光绪丁亥年季夏月镇南澳使者邓万林书"（转录）。

第二部分，体现海防官兵参与公共事务的文字石刻。

（1）南澳镇城汉寿亭侯祠记碑

明万历十二年（1584）副总兵于嵩立，潮州府同知何敦复撰文。原位于深澳关帝庙（即寿亭侯祠）东南侧，现集于总兵府内碑廊。碑高232、宽96厘米。碑额篆书，其字剥蚀严重，字迹残缺不全。碑文正书，30行，每行53字或54字，每字2.5厘米。四周加缠枝草花边框。碑文概述了南澳重要的地理位置，记叙了关羽将攻克吴平的方略托梦于

图 92　梅花村题刻

戚继光而使戚俞联军大获全胜的经过。除撰文为"潮州府同知何敦复"外，其余署名者为：协守潮漳副总兵于嵩，守备都指挥陈经翰，悬钟游兵把总吴一封，守备康九皋，把总徐标，署指挥佥事王燮，千户李道基，千户刘佩，百户刘玉成，名色把总王文，名色把总陈以谦、刘可贤，听用武举李恂，哨官林廷器（图93—94）。

碑文如下：

夷考闽粤，在汉季始入舆图，而海外岛屿不与焉。迨我皇帝龙飞汛扫，混一区宇。于是薄海内外，罔不宾服。而南澳越在南海外，当二省之交，盖汪洋中一培塿也，故为鲛人渔子之宫。顷疆围不靖，逆党往往据此以抗王师，遂视为盗薮焉。嘉靖间，命都督俞大猷、副总兵刘显率舟师三万人讨吴平。吴平走匿南澳，若虎负嵎，相持三月，罔绩。事闻，复命都督戚继光提婺兵五千自浙来援。都督夜梦赭面美髯伟丈夫决策曰：若从后攻贼，靡不破矣。诘旦如其言，留二千人殿后，潜率三千人，从澳之云盖寺芟刈林莽，且息且进，三日道开，布列已定，铳炮齐发，军声震天。贼众大惊，披靡，以为王师从天而下也。一日夜俘斩三千级，贼自杀死无算。吴平获小舟，遁外洋，仅以身免。然自是挫损，寻亦扑灭。

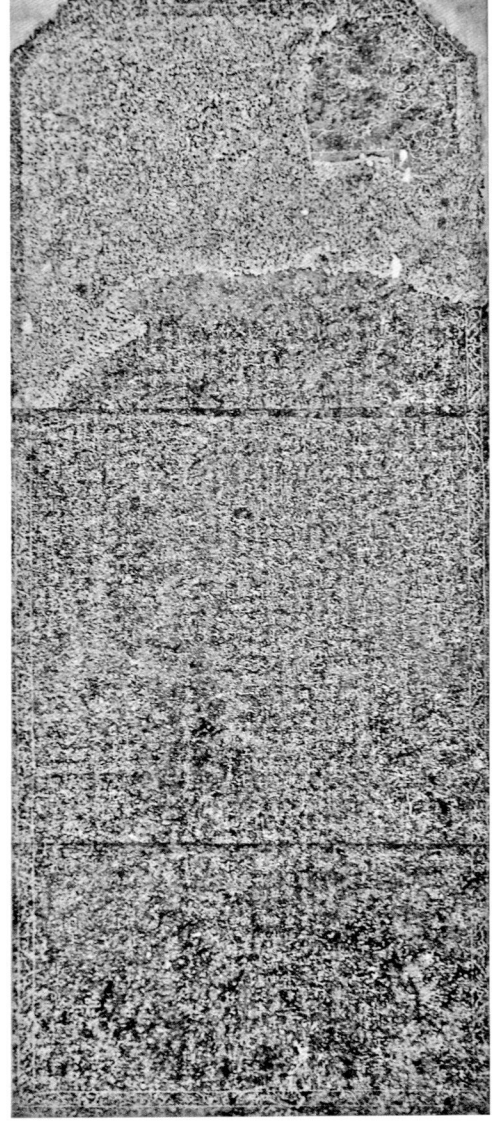

图93　汉寿亭侯碑记　　　　　　　　　　　图94　汉寿亭侯碑记拓片

迹者，两省抚臣会请于朝，谓委险予敌非便。乃相地而城，守之以副总兵一员，统两省舟师建牙焉，屹然海上雄镇矣。首被命则白君翰纪，继之者晏君继芳、侯君继高，今则于君嵩也。前二三君者咸以大将军功伐，繄寿亭侯宣威效灵之助，议建祠报祀，属草创未遑。自于君莅镇，先声制胜，海氛屏息，轻裘缓带，诸务毕举。若辟土田以赡兵食，开市集以通贸易，葺庐舍以奠民居，种种可述。而寿亭侯祠建创区画，尤殚厥心力。遗像俨然，赫奕在上，使人瞻视，恍若侯怒气横戈助兵灭贼时也。夫岭海去中原万里，侯生年未尝一履其地，乃显相王师，破此黠贼，不啻摧枯拉朽。侯忠义之气，殆如日月在天，容光必照，河海行地，无浚不通者欤！其血食兹土也，有由然矣。予不谷，滥竽防海之役，尝偕于君视师海上，闻其事，甚骇。会祠成，于君征文以记，予故得论述之如此。因系迎、送神词二阕，俾报赛者从事焉。于君，杭州人，太保肃愍公后，文武忠孝，克世其家，其敬礼侯也，视法祖之意一辙云。督工则千户李道基，而水陆官兵咸效劳勩，例得附碑后。

吁嗟侯兮，赭面美髯。有赫其威兮，乘风御天。显相决策兮，鲸鲵悉歼。翼翼新庙兮，奠海之埏。坎坎伐鼓兮，以迓云骈。降陟洋洋兮，海静波恬。吁嗟侯兮，血食万年。右迎神。

侯之来兮乘赤兔。飘若风兮骤如雨。止中庭兮寂不语。三军欢兮奏钟鼓。齐稽首兮仰天路。侯既醉兮倏归去。驰电光兮不停驻。留福泽兮及黎庶。酒三酹兮空延伫。右送神。

明万历十二年岁次甲申季春吉旦

□政大夫潮州府同知前驾部员外郎兴业何敦复撰文

协守潮漳等处地方副总兵于嵩立石

□□陆路守备都指挥南海陈经翰篆额

□□悬钟游兵把总今升湖广都司佥书吴一封

□□□守备今升两广坐营都司佥书康九皋

□□□□兵把总以都指挥体统行事指挥佥事徐标

□□□□□□地方以都指挥体统行事署指挥佥事王燮

中军掌号官兼管广营把总广州右卫前所千户李道基

福建福营把总汀州卫中所千户刘佩

大城所百户刘玉成

管中军事名色把总王文

中军哨领兵名色把总陈以谦　刘可贤

中军听用武举李恂书丹　　监工哨官林廷器督刻

（2）南澳山种树记碑

明万历二十二年（1594）立。位于深澳天后宫东侧。碑高225厘米、宽96厘米，碑额篆书，分3行，每行2字，每字约15厘米。碑文正书，21行，每行47字或48字，每字3.5厘米。四周加缠枝草花边框。碑文简述南澳历史、地理、风光、造林绿化的意义和在南澳山（深澳金山一带）开展的一次空前的植树（松苗四万、杉苗三万）行动。立碑者为钦差协守潮漳等处地方副总兵官前奉敕提督蓟辽保定山东等处防海御倭中军都督府署都督佥事陈璘（图95—96）。

图95 南澳山种树记

图96 南澳山种树记拓片

碑文如下：

圣明御宇，四海熙恬。皇风汤穆，无远弗届。其綦隆之治，即殷周盛际，蔑以尚之。惟东南一隅，去辇毂万里，重滨浩瀚，渺无浦涯。外邻诸岛，夙称要荒。而南澳一山，则又蜿蜒磅礴，亘数十里，屹然起巨浸中，介闽粤闽余地。为诸夷贡道所必经，萑苻弄戈所出没处也。先是，许吴二土酋窃据为穴，流毒滨海，致奉天讨而禽狝之。万历丙子岁荷，圣天子睿断，采内外经略诸臣议，设重镇而控扼焉。于是树兵列舰，海防肃矣；崇垒深沟，城守固矣；垦田构室，民趋众矣。昔之鲸鲵作祟，今则海波不扬，而为商旅之坦途矣；昔之狐鼠恣睢，今则载芟载柞，而为民生之乐土矣。岂不杰然称东南一大关钥，而有禅我国家金瓯之固，畴曰鲜小乎哉。万历癸巳冬，余奉命出守兹土。将渡澳城，至中流而骋目焉，乃金山巘嶪，云盖插天，屏障迤逦，左右环绕。遂喟然叹曰："美哉形胜乎！第惜彼其濯濯也。"既渡而周览焉，又喟然叹曰："佳哉风土也！第惜彼其乏材也。"迨任后再阅月，乃一日公暇，命驾往焉，既陟在巘，复降于原，谛视熟审，慨然思曰："古人有谓种树之术类为政，余今得请事斯语矣。"时标下漳州卫指挥侯子锐、澄海所千户袁子庆臣、潮州卫镇抚杨子汪咸在焉。余因召而谓之曰："澳中佳山，土膏最良，岂不有蓄材之法。若诗之所谓'树之榛栗，梓桐椅漆，爰伐琴瑟'，以豫他日之用者乎！又岂不有种植之方，若郭橐驼所谓'莳之若子，置之若弃，以顺其性，以蕃其生'者乎？又岂不有刍茏者往，斧斤时入，若子舆氏所谓'材木不可胜用'者乎。盖自拱把而养之合抱，出自萌蘖而驯致干霄，此有待而成材者，非假之数十年及数百年计不可也。若曰急利于目睫，商功于尺寸，则余说穷矣，又何能施诸今日耶。"三子皆唯唯是余言，相率而前，揖曰："是得其道矣。"庸是捐廪，余购松苗四万，杉苗三万有奇，命三子督各营卒分布于城后暨左右各山麓，皆遍植之。是役也，借力于士卒，则人众而易集；以义而役众，虽劳而不怨。又况此一种树也，工不终日而利溥百世。夫谁不乐趋，又谁曰余之迂哉！时岁在甲午春壬正月谷旦也。三子因请余志其时日，以告后之同志者，良厚意也。遂于是乎书。

钦差协守潮漳等处地方副总兵官前奉敕提督蓟辽保定山东等处防海御倭中军都督府署都督佥事陈璘立石，镌刻匠翁柱。

（3）文庙石匾

清康熙五十六年（1717）刻。现集于总兵府内碑廊。行楷书，高44、宽130厘米，"学海渊深"每字约20厘米，款字约10厘米。题匾人为南澳总兵周士元（图97—98）。

图 97　学海渊深碑

图 98　学海渊深拓片

（4）奉广东督抚两院会禁云澳网桁碑记

清康熙六十一年（1722）南澳镇标右营游击陈朝正立。位于云澳中柱天后宫内。碑高193、宽80厘米。碑额正书，分8行，首行"奉"字宽约7厘米，略长；余每行2字，每字约7厘米。正文24行，每行49字，每字2.5厘米。四周加边框线。碑文用来规定云澳网桁生产的船户、人数、税收及渔场抽阄轮流制度等（图99）。

碑文如下：

广东潮州府为全恩给□立石以杜□□□据福建漳浦县民胡春状诉前事称主副使胡□明□□□孙承□□□□南澳云盖寺海桁蒙审立石□由详允□□未立群□生计叩乞明示立石等备案照先□□□□□□□万历四十一年九月初六日蒙　巡按御史□批□饶平宣化都民吴昭等呈前事蒙批仰府查禁　都五□民胡栋□□为势夺大冤事并蒙□据南澳渔民林智等连名状呈为烛□便民事俱蒙批　钦差总督两广军门张批据胡德状告为势□大□□□□爷潮州府究报遵依提吴昭等□□□□□此□□□□四僧系福建诏安县已故乡官胡江□□□□□万历十八年用价二百两买之张初□寅初□者又二十一年用价二百五十两又九两买之朱诚者又九十二两买之朱夏朱□□又□□□□□之李进陈仁者又四十八两九分买之黄秋□□□□又四十二两买之又赖厚者又于二十四年用价二百七十两买之杨□□者价□一千有零　桁约二十四槽原主报□□□□连桁业□胡乡官之佃刘宗承买之唐李四屿具载分明

桁户则□□款合吴宾等亦已多每年
纳饷一百二十六两十串库收不缺与
饶平县吴昭等绝无一毫相涉也吴昭
□山之□□□□□于鹿□□相习
于泽渔□□胡乡官于□□吴昭等
买之何人乎胡德纳福营广营之饷
一百二十六两七钱伍府库矣吴昭纳
分文于何衙门乎胡德纳饷年年季季
于今为公呈乎亦□空奉欲得志于千
金之桁业□与□□□□耳乃一呈
之后逃躲无迹屡次□构多□□□□
固亦□□□之□吴昭□□□□□
占□当□惩林德黄□陈成□黄陈敬
无知附和成疑以□□良林□李茂谢
贤荣偕黄福□□踪□□练□□胡
德□业请立碑永绝□端具□□详
奉　巡按监□□□周　批胡官□桁
□主输饷□□吴昭何□□泼乃□为
□□□业无□矣乃□□□□林德□
□□□□□□□□资三千拨发
□□□□站满放□如□库收　缴
不到提结□此际□□□□□□□
□□□□□□□□□□□潮州府总
兵余　须依事理即使或于□□□处
□碑□□□□□□□□□□□□□
此□业指名赴府告凡不□须立碑者
　　　万历四十二年八月　　日奉

图 99　奉广东督抚两院会禁云澳网桁碑记拓片

（5）南澳文庙祭费碑

雍正九年（1731）立。原立于深澳文庙，现集于总兵府碑廊。碑高160、宽86厘米。碑额篆书，每字径11厘米。碑文正书，24行，每行42字，每字2.5厘米。碑文涉及文

图 100　文庙祭费碑　　　　　　　　　　图 101　文庙祭费碑拓片

庙祭祀经费来源及祭费收管等内容。立碑人为署镇闽粤南澳镇标右营游府事虎门右营都司府陈（按：此位官员具体人名未详）。碑文中提及"奉总镇府张命牌"，该总镇府张即雍正八年（1730）起任南澳总兵的张起云（图 100—101）。

碑文如下：

　　署镇　闽粤南澳镇标右营游府事　虎门右营都司府陈　为吁天饬还文庙祭祀等事。雍正八年九月十四日，奉总镇府张　命牌。据署饶平县周　咨呈，蒙　潮州府正堂胡　布政司宪牌。雍正八年六月二十二日，奉　署理巡抚部院傅公批本司呈详查看得，先据潮州府详覆（复）南澳生员邱克明等呈请饬还　文庙祭桁一事。宪台批司查议通详察夺，依经檄行潮州府再加确查，有无籍祭抑勒情弊，详覆去后□，据覆称，行据饶平县生员周一士、渔户蔡姬碧等咸供，桁租出自渔户乐输，并无抑勒。前因营官催收致祭简亵，是以呈请饬还，今旧归还生员轮流收租办祭，并勒石垂示久远，以光俎豆等由前来。查南澳孤悬海岛，自沐盛朝雅化，人文振兴，是以众建文庙。向在土名石狮头史堀四槽渔户桁租办祭，虽非经制所定，但由来已久，且出于渔户乐输，似非私抽可目□。该府所议，将桁租并新添共银四十六两，逾年着本澳生员轮流收管办祭，勒石以垂永久。倘有侵渔众及籍名抽剥渔户，该县指名详究。是否允协，统侯 宪台核夺批示，饬行遵照可也等由。奉批，据查明，桁租银两渔户乐输，并无抑勒情弊，如详转饬，着令该澳生员轮选笃学廉介之人，收管办祭，勒石永垂久远，以光祀典。如毫侵渔籍名抽剥，立即指名详报，严加究处。仍侯 督都院批示缴，奉此，又奉 总督广东部院郝 批本司详同前由，奉批，仰侯 抚部堂批示报缴，奉此，备牌行府，仰具遵照 院批事理，镇营仍令具遵依。勒石碑模并轮选收管生员姓名，通缴 两院藩司暨本府查核等因到县。蒙此，案查前事抚宪批饬本府秉公查覆，经蒙议详在案，随奉批 潘司确查妥议，通详察夺，转发卑县查议详核，遵即移提周一士、渔户蔡姬碧等前来，讯据生员周一士等俱供 文庙祭桁年输租银四十两，从前俱系营官催收生祭，近周营官简亵，是以呈请饬还 文庙祭桁等语。据渔户蔡姬碧等咸称原输祭桁租银四十两，与余所添 崇圣祠银六两，悉系碧等乐输，生员并无抑勒等情，当经卑县查议，将 文庙桁租银两，勒石存庙，年着本澳生员收管办祭缘由审详，本府蒙批仰侯核转在案，兹蒙饬待前因，合就咨呈镇台察照，檄饬右营照依 宪批事因到镇，牌行到本署府。奉此，合就示谕生员、渔户等知悉。即将 文庙原设石狮头史堀四槽桁租连新添银四十六两，递年于本澳生员轮选笃学廉介之人，收管办祭，勒石永垂久远，仍将勒石碑模印刷八张，并轮选收管生员姓名一并缴报前来，以凭分别缴送，毋忽。

雍正玖年伍月　谷旦　立

（6）各庙缘田碑

乾隆十七年（1752）立。原碑位置不明，被辟为四块分散于深澳恩主庙后公路旁，现征集于总兵府内。碑高240、宽98厘米。碑额正书，每字径约12厘米。碑文正书，20行，每行53—56字，每字3厘米。碑中记载了三官堂住僧开性勒索佃银案件的审理情况，并因此将南澳十二座寺庙田亩来源、亩数、位置等情况勒石立碑。案件审理结果咨明时任南澳镇总兵的倪鸿范一体存案。通查清理十二座寺庙田亩情况并将结果勒石的决定者亦为倪鸿范。此外，碑文中还提及明代和清代数位副总兵、总兵、游击舍田给寺庙的情况。立碑人包括：南澳镇总兵倪鸿范，署左营游击洪福，右营游击徐士桂，左营中军守备欧阳捷，右营中军守备施协等（图102）。

碑文如下：

乾隆壬申春仲衿监等以 三官堂住僧开性遍索佃银，将废寺产联名呈究。当即集讯各佃，果被开性勒借银两，多寡不等，各缴田批，验明确凿。开性自认不讳，俯首伏罪，即时斥逐。随准衿监等公举僧加叶住持三官堂，不许容留开性在庙潜踪，取其耳结。并咨明 镇台倪公一体存案。倪公向余称善，并云：三官堂一处如此，他处岂无相类者，盖再通查清理，亦一垂以善事。因谕令衿监等，将城内外各寺庙所有遗留田园、房产，挨查公覆。兹据覆，通澳十二庙，各有从前施舍相传田业，逐一开呈，当即批明存案，并咨 镇府。但恐纸墨流传或有散失，倪公曰：惟有公所勒石，事可不磨。即嘱余述其概，书于石，将各寺田产细数，并刊于后，明若列眉，使见者咸知，僧人佃户，俱丕得私相授受矣。

南澳军民同知印光任书。 今开城隍庙田改池一口。

城隍庙田三亩九分，系展复 镇台拨配，坐址城内分府衙前。五福庙田一亩二分，园三丘系 原赣州协郑章 喜舍，坐址青澳乡。

关帝庙田二亩二分，系 原南澳分府徐慎拨配。一坐址乌岩头田二亩。一

图102 各庙缘田碑记拓片

坐址较场后田二分。化龙岩田三亩，系林东泉喜舍，坐址本岩前后。

三官堂田二十亩，园一亩，铺地六间。一坐址三澳田八亩，系 原镇台解公喜舍。一坐址西门外田四亩，系 原镇台刘公喜舍。西门河沟边园一亩。一坐址隆澳

田二亩，系　原镇台杨公喜舍。一坐址云澳田四亩，系　扬夫人喜舍。一龙眼坑顶田二亩，系僧朗月自置。一本庵后铺地二间。

北帝庙田十亩，系展复　镇台拨配，坐址东门洋。

将军祠田四亩七分，系　原右营游府洪斌喜舍，坐址隆澳九仔头。

天后宫田十一亩。一坐址东门洋田十亩，系展复　镇台拨配。一坐址云澳田一亩，系　原分府徐慎拨配。关帝庙田四亩，坐址羊屿坑，系王雄万喜舍。

真君庙田二亩五分，系展复　镇台拨配。一坐址东门洋田一亩五分。一坐址竹栖田一亩。另东门城脚园一所。观音堂田二亩王雄万喜舍。

南山寺田十八亩二分。一坐址北帝庙前田一亩，系原分府徐慎拨配，一坐址古老山下西坑田七亩，（系）姚升喜舍，一坐址金山后田四亩，系沈章喜舍，一坐址竹栖澳田五亩，系沈石、沈二喜舍，一坐址洋屿田一亩五分、园一片，系王知机喜舍。金山寺田十亩、园二亩。一坐址西阁田八亩，系杨夫人喜舍，一坐址吴平寨田二亩，系孔文奇喜舍，一坐址云澳园二亩，系　原游府洪斌喜舍。金山寺铺地三间，坐址寺桥东，系孔文奇喜舍。

屏山岩田十九亩。一宾山畲田十亩，系黄宾山喜舍，一乌岩头田三亩，一云澳田四亩，系僧知镜自置，一本岩后新垦田二亩，系僧泗香永岩自垦。

南澳总兵官倪鸿范，署左营游击洪福，右营游击徐士桂，左营中军守备欧阳捷，右营中军守备施协许文珍、杨连□、王龙□，新升庆远府知府印光任，署南澳军民同知年彭年，南澳巡检司诸广烈，生监魏芝宇、颜正色、谢纯、林葵、□□□、□□□、谢承俸、□□□、□□□。

乾隆十七年岁次壬申二月谷旦立

（7）魁星楼碑

乾隆五十六年（1791）立。原碑位置不详，2005年10月发现于后宅镇山顶乡，现集于南澳县博物馆内。碑额篆书，每字约7厘米。碑文正书14行，残存82字，每字3厘米。碑残高93—83、宽70厘米。四周加草花边框。碑文追叙了康熙年间南澳总兵建魁星楼的事迹，记述了时任南澳总兵的李南馨倡议重修魁星楼的事迹。虽然碑残缺不全，但还是可见捐款人名中包括南澳总兵马龙、海门营参将林起凤及守备胡国泰等（图103）。

碑文如下：

康熙间　杨公开镇南澳所建
文昌阁倾圮多年岁庚戌　李公讳南馨视篆相金□□（下缺）

图 103　魁星楼碑记

杨公祠像而　文昌之碑记亦出食德
袗耆呈鼎复（下缺）

公惧溃于成也余曰吁谁莅斯土者不
追前徽造（下缺）

大魁新像楼前东向护屋三间庖厨悉
备门路碍于□（下缺）

功勋此举其食报之大者也昔也阁前
祠后今则（下缺）

全城登科发甲大启文明余与　李公
尤所深（下缺）

捐银各官　南澳镇马龙另喜香资银
六两朝珠（下缺）

海门营参府林起凤守备胡国泰共喜
花银三（下缺）

呈建袗耆　黄臣　陈琦　刘俊　薛
□（下缺）

谢安邦　柳腾彬　蔡元登　吴朝贤　洪（下缺）
柳志雄　李秀旭　周希仁　黄鼎吉　周（下缺）
陈兴俊　田朝斌　林其英　蔡奕钟　柯□（下缺）
乾隆五十六年岁次辛亥瓜月吉旦□□□（下缺）

（8）重修城隍庙碑记

嘉庆四年（1799）立。原位于深澳城隍庙内，现集于总兵府内碑廊。碑高212、宽76厘米。碑额篆书，每字3厘米。碑文正书，21行，每行37字，每字3厘米。

碑文追述了康熙年间总兵杨嘉瑞重修城隍庙的事迹。并记述了时任总兵林国良带领两营游击守备等官员捐俸倡修该庙宇的事迹（图104）。

碑文如下：

易垂设险守国之文，礼著置都立邑之祀。历郡州县有城隍庙，亦坎象祭法之遗义也。况藐尔南澳，界连闽粤，挚童马之相歫，虞飓台之间发。甚以航帆鼓泊，奸匪易乘则失，保护呵禁，使民乐业安居，尤于神力是赖。其为险之时用，民之瞻仰，较郡州县所系之重，为何如哉！丙辰冬，余奉命来莅兹土，目击庙貌倾颓，辄念是不可以不修葺。而又虞澳地户少人贫，未易一时轻重。嗣诸绅耆有向余亟请者。余知为民所欲，而苦于莫开其先，因允所请，商之镇宪林公暨两营游府、守府诸公均有同志。爰各捐廉俸，为之首倡。而我四澳衿士军民咸欣欣然，殚厥心力，各输己资，而事以相与有成也。遂择丁巳十一月二十五日经始其事，越己未十二月而工竣。庙枕金山，面□海，坐巳向亥兼巽干。一进三座，前大门，中厅堂，后大殿。殿下两廊，位列四司，中堂像列神差鬼使，后列则敬祀尊神偕夫人。佥称堂奥周备，规模宏整，尽如其旧，而轮奂丹臒，翚飞鸟革，固已焕然更新矣。诸衿耆欲勒石以垂永久，复向余请。余思夫澳之有城隍庙也，肇自前明万历四年。我朝康熙乙丑岁，都督杨讳嘉瑞者，从而新葺之，迄今百有余载矣。国家冠宗敉宁，四澳奠安，民生其间，饮和食德，沐浴神庥，匪朝伊夕。即今日军民安堵，比户丰盈，得争先恐后，踊跃从事者，何莫非鉴观中默默有以佽之耶？自是风调雨顺，时和年丰，浪静波恬，民安盗息，

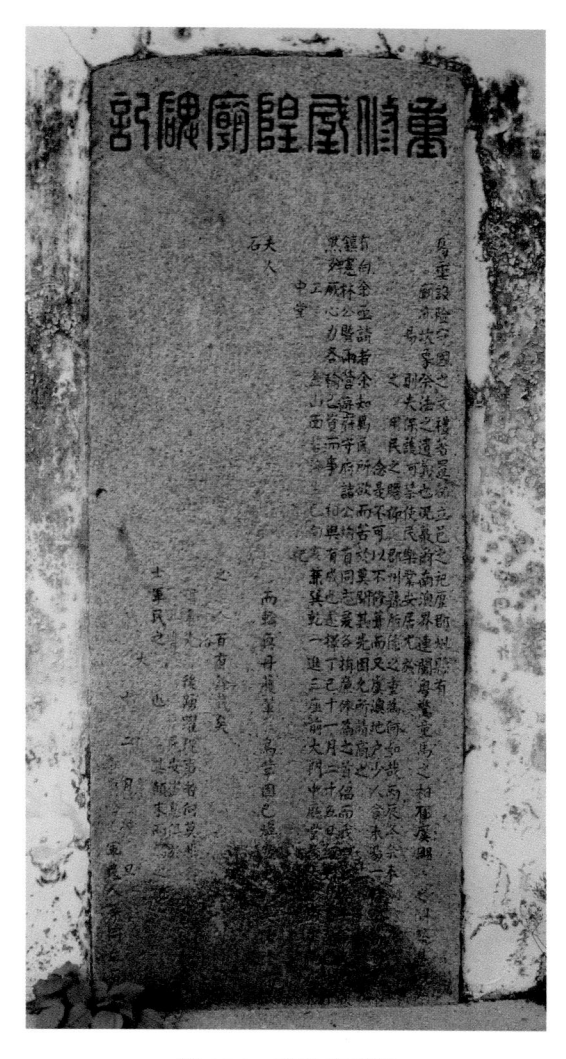

图 104 城隍庙碑记

俱于神有虞祀焉。则余与同志，诸公逮衿士军民之本意也。爰溯其颠末，而为之记。

赐进士出身、奉政大夫、粤闽南澳海防同知魏榆、李大根敬撰。

大清嘉庆四年岁次己未冬十二月谷旦
合澳董事衿士军民人等同立石

（9）官地盖铺收租碑记（自命名）

官地建铺面收费公示碑（自命名），嘉庆十四年（1809）十二月总兵胡于銋立石。原位置不明，碑断为两段，现集于总兵府内碑廊，碑高148、宽50厘米。无额，碑文9行，每行约26字，每字4厘米，第4、第5行残。碑文主要追述前任南澳总兵杜魁光批准在

废弃官地上盖铺收租，以供各祠祭祀、香灯之费的往事。记述时任南澳总兵胡于鉉将建好的铺屋绘图附卷案，存交本辕工书收掌，并立碑将已盖铺屋数、宽围丈尺开列于碑上的事迹。文中"总镇府军功加二纪录二次又加一级胡"为总兵胡于鉉；"前任杜"为总兵杜魁光。石碑四周加边框线（图105）。

碑文如下：

钦命镇守闽粤南澳等处地方总镇府军功加二纪录二次又加一级胡　为查清本辕废地业□□□□□□批给盖铺收租，以供各祠祭祀、香灯之费，惟恐日久湮没，官地作为民居用□□□□载以杜侵占，而垂永远。今将已盖铺屋数、宽围丈尺开列于后：□□□□□□□□□□□□□□□□□□□□□□□□□□□□□□□以上共铺屋七间，每年统共收租钱五十二千八百文，系交左右营守备轮年收管登记，修葺各祠以及祭祀动费所用。前任杜　批准将废地起屋，并本任前后饬查，绘图附卷案，均存交本辕工书收掌，以备查考。

嘉庆十四年十二月　　日立

图105　官地盖铺收租碑记

（10）（道光）龙门塔碑记（自命名）

该碑为清道光十六年（1836）南澳总兵沈镇邦和军民府同知邓存咏率南澳绅士倡建龙门塔时所立题记。位于深澳镇北面海中虎屿岛上龙门塔，距吴平寨村约1千米。无额。碑高112、宽46厘米。首行每字4厘米，中间每字8厘米，尾行"四澳乡绅士立石"每字6厘米（转录）。

碑文如下：

道光丙申年梅月谷旦

总镇府沈讳镇邦　军民府邓讳存咏　同倡建

四澳乡绅士立石

（11）万世流芳碑

该碑于清光绪四年（1878）十二月由粤闽南澳海防同知熊凤仪暨绅董蔡中翰、刘一骏、林作栋、张炳珩、林开榜、江学澜、康寿崧、洪裔采同立。由四块碑石组成，每块高150、宽48厘米。碑额"万世流芳"四个字，分别刻碑石上方中央，篆书。2000年5月下旬，"万""芳"二碑石在深澳总兵府建设工地出土，而"世""流"二碑石未被发现。"万"字碑13行，每行37字，每字3厘米，"芳"字碑13行，每行28—34字，每字2.5厘米。文中"广东陆路提宪方"应为广东陆路提督方耀，"闽粤南澳镇宪林"应为南澳总兵林本。

"万世流芳"碑碑文由"育婴缘序""题捐姓氏开列""新置租产开列"……（缺）、"公议章程开列"和"续捐姓氏"等部分组成，主旨是为了反对重男轻女，倡导保护女婴。由时任南澳镇总兵林本牵头向南澳官绅兵民倡议，发动捐款，筹措资金解决生女和抱养遗弃女婴所需经费，并制定出经费使用的具体方案。捐款名单中除南澳镇总兵外，还包括澄海营参将、游击，海门营参将，达濠营守备等（注：因缺失两块碑石，其余捐款人名不详）。

育婴堂，在县城（即深澳）武庙左，今废（图106）。

碑文如下：

育婴缘序

　　盖闻上帝好生，虫蚁亦蒙化育；人情本善，骨肉岂忍相残。不意愚妇蠢夫，重男轻女，恶习渐染，杀溺频闻。夫今日之女，后日之母也；今日之女之母，前日未溺之女也。乃生意甫萌，杀机遽起。或交手于项，或塞絮于口。呼号暗室之中，宛转血盆之内。言之心伤，闻之发指。又或甫经落草，即置通衢，血气方新，风寒易入。既牛羊之或践，亦狐犬之堪虞。忍心若此，与自溺相去几何！乙亥岁，总镇府务堂林公，海防厅芸士易公，念王道本乎人情，立法期于可久，各捐廉俸，为澳中官绅兵民之倡。经自丙子岁五月，起行给养。其捐题姓氏，并登收田亩租税，以及立定章程，均未勒石。丁丑春暮，余莅斯土，见育婴立局，功已过半，事未竟成，私心自揣，虽无倡始之能，敢矢继兴之念，爰拨冗而理繁，督镌工以铭石。举一切事宜，俱各勒碑，以垂久远。漫言创首，已分五斗之精；攸赖同心，共造千秋之福。是为序。

　　题捐姓氏开列：

　　广东陆路提宪方　　捐银陆佰员；澄海营参府杨　捐银拾员；澄海左营守府郑　捐银捌员。

图 106 万世流芳碑拓片

闽粤南澳镇宪林　捐银陆拾员；海门营参府冯　捐银拾员；达濠营守府曹　捐银捌员。

（中缺碑石两块）

一金山后石厝田壹亩伍分，年收谷叁石陆斗；一金山后竹仔林田壹亩，年收谷贰石陆斗。

新置租产开列：

一白沙湾田六亩，银伍佰玖拾肆员，年收谷贰拾石伍斗，仰银贰拾肆员。官租陆斗，折式壹钱壹分。

一白沙湾田叁亩，银贰佰柒拾员，年收谷玖石，仰银拾员。官租叁斗，折式陆分柒厘。

一西门外田柒分，银佰肆拾员，年收谷肆石陆斗，仰银肆员。官租柒升，折式壹分肆厘。

一青澳田壹亩，银陆拾伍员，年收谷贰石玖斗，仰银叁员。官租壹斗，折式贰分。

公议章程开列：

一生女来报者，即给净钱仟文，余拾壹个月，每月给伍佰文。如非生母，愿抱女抚育者亦如之。

一住局乳母不拘数，但看女婴多少，雇倩抚养，其工资亦看母婴若干数，公同从丰议给。

续捐姓氏：

光绪四年戊寅腊月粤闽南澳海防同知熊凤仪暨绅董蔡中翰、刘一骏、林作栋、绅董张炳珩、林开榜、江学澜、康寿崧、洪裔采同立。

第4类：反映南澳岛上信仰的石刻

（1）（道光）重建武庙碑

道光十年（1830）立。原位于深澳关帝庙（即寿亭侯祠）东南侧，现集于总兵府内碑廊。由三块碑石组成，中间一块下缺，因而部分捐银者姓名缺。碑高221、宽101厘米。碑额正书，每字约10厘米。碑文正书，26行，序文6行，每行62字，每字约3.2厘米，捐题芳名部分字数不等。碑文追述了南澳武庙创自明季，废于海风后，南澳总兵杨嘉瑞、招成万先后重修的事迹。记述了道光年间，时任南澳游击的傅清河倡建重修，南澳总兵潘汝渭率左右营及所属协营官兵捐俸修建的事迹。捐银者包括福建水师提督刘起龙，多位曾任或署任南澳总兵以及南澳所辖各协营官兵（图107—108）。

碑文如下：

南澳屹立海中，为漳潮锁钥。嘉靖间剧贼吴平不靖，踞为巢穴，漳潮之人靡有宁处矣。戚都督继光率舟师讨之，感帝君威灵阴为决策，由是克捷，南澳得为内地，置官守焉。前明副总兵于公嵩创建庙典崇祀，所以报也。顾历岁已久，虽屡加修葺，而地处滨海，风雨剥蚀，倾圮日甚。余奉　简命来镇是邦，目击关心，思所以鼎而新之。咨诸　司马齐公䎃、五营文武僚属各乐捐廉俸以成厥事。但经费浩繁，又须寺僧募化，共襄盛举。兹庙貌告成，井然大观，诸善信与有力焉，董事暨两营官兵，咸效

图107　重建武庙碑记　　　　　　　　　　　　图108　重建武庙碑记拓片

劳勋。爰列捐助姓名，勒之于石以志不朽，俾得仰荷　圣庇于无疆云耳。是为序。

乾隆四十九年冬十月　　吉旦

钦命镇守闽粤南澳等处地方总兵官纪录一次招成万撰

闽粤南澳总兵官招成万捐银五十员。南左游击李威光捐银十员。守备蔡承恩捐银二十员。千总黄璈、李光辉、把总曾攀桂、吴勇、吴准、李松共捐银二十四两。外委蔡安国、陈升、陈志忠、郑廷栋、陈锡侯、许升、张裕、周振共捐银一十六两。叶全忠捐银四员。额外颜宜、沈鳌山、林士高、许飞凤共捐银四两。

南右游击陈天琳捐银二十员。署游击陈大勋捐银十四员。署游击林世春捐银八员。署游击苏雅韬捐银二两。署守备郑上捐银十员。千总谢元、翁盛、武举人余大盛、把总邓士通、胡山、刘标共捐银二十四员。武举人陈树基捐银四两。把总吴清、外委蔡维智、李朝雄、吴启高、柳志雄、刘廷义、黄士钦、蔡国良、谢富共捐银一十八两。额外谢威、刘日高共捐银三两。

澄海副将黄胜捐银十员。署副将林国良捐银八员。都司麦瑞捐银五员。署都司刘振唐捐银十两员。澄左守备李士荣、署守备余飞鸿共捐银八员。署千总郑大成捐银四员。把总许任伟、王士共捐银八员。澄右署守备郑名高捐银四员。署守备何廷显捐银六员。千总马绍唐、把总吴飞扬共捐银八员。

海门署参将利振纲捐银五员。把总徐招、刘成伍、林国材共捐银六两。

达濠守备许廷进捐银七员。千总方琪捐银四两。把总林凤、王名升、外委李英勇、吴凤、余时胜共捐银五两。

捐（额）外林启志捐银一员。

福建水师提前千总许禄捐番头银四员。台左千总陈知光捐银六员。外委王泽高捐番头银二员。刘世明捐银一员。

粤闽南澳同知齐翀捐银二十员。署同知蔡枝华捐银一十五员。巡检司俞棠捐银八员、番头银二员共十员。署澄海县胡　捐银五员。潮阳县毛沂捐银十七员。漳林司武彰捐银二员、内番头银一员。招宁司金潘番头银一员。儒学李捐银一小员重一钱八分。儒学欧功焕、河东场顾瀛、河西场吴廷奎共捐银一十二员。海山场徐章捐银六员。

综事南澳左营守备今升福建金门左营游击蔡承恩。

（2）（道光）重建恩主公古庙碑记

道光十二年（1832）立。原位于深澳贵丁街东侧港墘恩主公古庙内左侧，2000年重修庙宇时被毁。碑高200、宽97厘米，由四块组成。碑额正书，单列，每字径约9厘米。碑文正书，30行，序文4行，每行54字，捐题芳名部分字数不等，每字2.5厘米。其庙为清康熙五十九年（1720）南澳总兵蓝廷珍创建。道光十二年（1832）南澳总兵庄芳机等重修时立碑记。门匾"恩主古庙"及其背"恩波广被"石刻，行书秀美，为道光十二年（1832）重修时，邑人秀才廖振芳捐款并书（林俊聪：《慈济善堂》）。碑中记载了恩主公庙创建时间、重修经过及捐银情况。碑文追述了康熙五十九年（1720）南澳总兵蓝廷珍创建恩主公庙的事迹。记述了道光十二年（1832）南澳总兵庄芳机等人重修的事迹。捐俸人员除庄芳机外，还有南澳左右营官兵，广东大鹏营、碣石营、海门营官员。

今据拓片过录。该庙曾在民国时期当作育新小学，1958年作深澳青年盐场发电厂，两年后作为深澳米粉厂，旋为制饼厂，由于在碑前筑建灶台，其中部字迹漫漶，遗缺甚多（转录）。

碑文如下：

恩主王爷为濒海福神，凡来往商哨多被其泽。我澳立庙崇祀自康熙庚子年开。前镇宪蓝　鼎建以来，经今百余载，屋瓦墙壁均多坍塌倾圮。□□以诚欲□□，禀请文武各宪捐廉倡修，而　善信人等亦俱乐为□□当于率□盛□□□鸠工□□□建计用工料银□百余员□数月工竣，规模较前华□大观。神灵安□，阴荫默持锡惠祉福当必有加，为□勒石以垂永□云。

钦命闽粤南澳总镇府庄讳芳机捐银□□□

粤闽南澳军民府崔讳炘捐银□□□□□

南澳左营游府陈讳朝良捐银捌员　南澳左营守府□□□□捐银□

□□□□□□

左营兵丁共喜银肆拾柒两柒钱伍分

南澳右营游府杨讳建杰捐银捌员　南澳右营守府□□□□□□□　右营兵丁共喜银伍拾叁两壹钱

广东大鹏营参府黄吉捐银拾壹员　南澳右营分府□□□捐银贰员

广东碣石中营游府曹飞扬捐银拾员　海门营分府吴朝升捐银叁员

广东碣石右营都府吴殿光捐银拾员

信士江仰熙喜银拾员　周景烈喜银柒员并喜锡□□□□两对　黄荣裕喜灰肆拾担　沈合昌喜银陆员　康裕□喜银□员

姚源利喜锡香炉壹个并喜银壹员　江光辉　林□瑞　陈奕光　蔡光辉　李□□　谢开云　陈成利上各喜银肆员

喜□□拾担　施在仁喜大砖肆百块　□源□喜银叁员　王林平　张金盛　林合□　□□□　廖合兴　廖丰盛　黄顺兴　赖远兴　□协兴　□□□　□□盛

蔡崇峻　王经烈　□招兴　陈璋瑞　杨顺盛　□□□　施□□

曾国顺　张英合　洪永盛上各喜银贰员　□□□喜银贰两　陈□□　□员　□谢协昌　□□□　陈□光

陈锡铃　江利兴　陈锡丰　陈合丰　张金盛　戴万利　林□昌　陈□　□□顺　永□　林□盛　吴□□

刘捷盛　杨永利　王新泰　李□绵　林合利　吴利发　王□□　□□□　□□□　□□□　徐□盛　□□□　刘□春　□□□　周□□　黄祥　刘春　陈茂盛

□彬彩　□□□　□起□　□□□　□□□　柯士利　李允□　□□□

□□□　□□□　李陈□　□□□　□□□　□□□　□□□

□□□　□□□　□□□　□□□　□□□　□□□　□□□

□□□　□□□　□□□　□□□　许□□　□□□　林□□　□□□

□□□
□□□□□□□沈氏陈门喜银陆员　安人傅□氏偕男文忠喜银肆员□□□
□□□□□□□□□□□□□□□□喜银肆员
　　刘门邓惠顺李门陈顺福江门□贞慈黄门林□□□上各喜银贰员□□□
□□□□□□□赖门林氏□门
　　洪门□张门沈氏蔡门□□福蔡门范□□杨门陈氏黄门曾徐□□门谢氏林门
□□□□□薛氏周门□□□
　　庄门曾寿福蓝门普顺蔡门黄克成郑门廖寿□门陈□□□门曾氏□门□
□□□□□□□□□□□□□□□□□□□□□□□□□□□□□□□□□□□□□□□
□□□□□□吴门陈□□曾门陈□□
　　陈门蔡□敬黄门余氏上各喜银□员　徐门□端□□□百块　洪门李氏□□□
百块　□门黄氏戴门林□□
　　蔡门郑顺德喜大砖贰百块　林门□□□喜钱贰千　□门郑□□吴门偕男
□□□□□
　　道光岁次壬辰梅月　日吉　董事　傅文忠　王林平　谢开盛　江光辉　蔡
□□　吴殿耀　□奕范　蔡□□　廖□□　李连高　□□昌

（3）天后宫重建碑

道光十四年（1834）立。位于深澳天后宫二进西侧。碑高224、宽101厘米。碑额篆书，高11厘米，宽8厘米。碑文正书，19行，序文9行，每行约43字，捐题芳名部分每行35—42字，每字3厘米。碑中追述了康熙二十四年（1685）南澳总兵杨嘉瑞修建天后宫事迹。并记述了道光十二年（1832）开始总兵庄芳机重新修建天后宫，以及道光十四年（1834）修建完毕时前后任南澳总兵庄芳机、沈镇邦及南澳左右营官兵、澄海协官员、海门营官员的捐款情况（图109）。

碑文如下：

　　圣母声灵赫濯护国庇民。
　　朝廷祀典特赫优隆，自应庙貌尊崇以昭诚敬。我澳自展复以来，前镇宪杨　于康熙二十四年间依旧址修建，供奉圣像。厥后历次修葺，未臻美备。越今年久，势就倾颓，欣幸总镇宪庄　会同军民府宪崔　捐廉首倡，率属修建。□等承命兼理厥事。

而阖澳绅士诸善信等罔不敬心输诚，乐襄盛举。于是，逢期择吉拟将毗连之潮音寺前近之水仙宫一并经营，即同时举事。继而 接任文武各宪及来往商艘亦皆乐善好施，次第输捐。计自壬辰年十月兴工经始至癸巳年三月落成告竣，共费银三千 百 十员，而庙貌较前备觉增辉。匀此，神灵永妥则海宇奠安，而福履之绥亦申锡无疆矣！爰谨勒石以垂不朽。

　　道光甲午年桂月　 日董事江光辉、廖振芳、薛梦全、蔡莳蟾、吴殿耀、陈奕光、张克猷、傅文忠、王林年、杨志珍同立石。

　　南澳总镇府调浙江定海总镇府庄印芳机捐银一百员

　　闽粤南澳总镇府沈印镇邦捐银一百员

　　署闽粤南澳军民府易印长华捐银四十员　南澳巡政厅朱印复观捐银六员

　　澄海协镇府赖印英扬，署澄海协镇府卢印必沅暨都司、左、右营守备各官兵捐银一百零二两八钱

　　署海门营参府协镇府成印杰捐银五十员　署海门营守备洪印名香捐银十四员　□□□□捐银六十两、□□□□银七十七两

　　南澳镇标中军游府汤印荣标，署镇标中军游府、左营守府谢印国标暨左营千把各官兵捐银一百两

　　署南澳镇标右营游府谭印龙光捐银二十员，右营守府杨印廷杰捐银二十一两

图109　天后宫重建碑记

（4）重建天后宫喜捐碑

　　位于深澳天后宫二进东侧。碑高152、宽65厘米。无额，碑文正书，12行，每行约40字，每字约3厘米。为道光十三年（1833）众善信捐银重建天后宫芳名录。碑文记述了各善信为重建天后宫所喜捐金额及物品（图110）。

　　碑文如下：

澄海陈潮顺喜艮（银）三十元。厦门船户源助、源财各喜艮二十四元。海阳杨万发喜艮二十元，烛台一对、香炉一座。监生杨志珍喜捐龙头石屐一支、流母石载四枝、锡花矸一对。厦门黄雀、郎利、雀观、黄四□、漳浦郑德顺喜艮一元、林典利喜艮一元。晋江蔡光降、李顺盛、金泰兴、二万兴、林盛发、李源宝、李得源上各喜艮二十元。厦门黄九贯、李泰和、吴裕兴、陈玉顺上各喜艮十二元。陈鸿源、陈成发、陈得记、福建新荣利、泰和上各喜艮十元。同安金永安、黄双合、金兴源、金荣发、元如盛、李振盛上各喜艮四元。同安金源盛、金永泰、金元合、漳浦金振高上各喜艮二元。东□金昌□□元、赖门郑智全、康门□妙贵上各喜艮十元。薛门张氏喜艮六元。傅门吴氏、薛门张氏上各喜艮五元。林门陈顺孝、薛门柳碧玉、黄门林孝顺、郑门林廷孝上各喜艮三元。江门朱贞慈喜艮二元。蓝门为氏、曾门郑慈福、韩门曾氏、王门林秋明、汤门林秋泰、林门吴□福、洪门姚氏、张门曾氏、陈门林氏、方门王氏、徐门薛慈勤、芦门吴崇贵、黄门李慈福、谢门林克端、

图110 重建天后宫喜捐碑拓片

何门王氏、李门刘氏、黄门李智益上各喜艮一元。张门林氏喜钱八百文。康门王克盛、林克裕、徐克钰、吴克禄、陈谋敬同捐喜尪。

道光十三年二月　吉立

（5）题捐重修五福古庙姓字银两碑记

清道光二十八年（1848）立于深澳五福古庙外西侧围墙。碑高149厘米、宽139厘米，由四块宽度不等的碑石组成。无额。碑文正书，40行，每行字数不等，每字约3厘米。捐款人包括南澳镇总兵、左右营游击、守备、兵丁。另有广东琼州镇总兵、

阳江镇总兵、龙门协副将、澄海营参将、阳江营游击、砀州营都司、福建烽火营参将、澎湖协左右营游击、铜山营守备等（转录）。

碑文如下：

  谨将题捐重修　五福古庙姓字银两开列
  护闽粤南澳左营游府陈乔柏捐银十三元
  署闽粤右营游府李亮捐银十五元
  赐进士出身护闽粤南澳总镇府马玉麟捐银十元　署广东阳江左营游府廖振起捐银十元
  署闽粤南澳军民府陈含光捐银十元　护福建澎湖左营游府郑开科捐钱八千
  钦命镇守广东琼州总镇洪名香捐银三十元　广东砀州营都府谢庆燕捐银四元
  署广东阳江总镇府黄庆元捐银三十元　署闽粤南澳左营守府刘绍勋捐银十元
  署广东龙门协镇府泊承升捐银二十元　署闽粤南澳右营守府蔡得高捐银十元
  福建烽火营参府黄进平捐银十四元　署福建铜山营守府陈世章捐银十元
  护广东澄海营参府韩进忠捐银三十元　南澳左营兵丁同捐纹银一佰两
  赏戴蓝翎署福建澎湖右营许日高捐钱八千　南澳右营兵丁同捐纹银一佰两
  康裕德堂捐银四十元　信士柯登第捐银五元　诰弁□□□捐银四元　监生蔡桂荣捐银二十元　信士叶义放捐银五元　廪生傅□□捐银四元　信士管兆能捐银十元　信士陈茂生捐银五元　廪生□□□捐银四元　□□□□　赖荣盛　黄永□　康□□上各捐银四元　监生蔡植堉捐银十元　广府赵友捐银三元　生员□□慕捐银四元　监生蔡植垗捐银十元　千总黄祯祥捐银四元　□□□□蒙捐银四元　监生陈科得捐银七元　千总沈大超捐银四元　监兰王邦献捐银四元　监生杨志珍捐大梁一支　把总傅维恭捐银四元　监生余□□捐银四元
  吴登荣　周永昌　蔡□□　王□盛　康广源上各捐银一元
  信官陈振升捐银六元　把总邱日亮捐银四元　监生吴□□捐银四元
  铺户黄荣裕捐银六元　把总沈廷安捐银四元　饷当苏裕捐银四元
  诰弁陈大进捐银六元　把总林飞生捐银四元　饷当王□成捐银四元　贡生许邦伟　把总王振盛　生员林开榜　监生王永春　许能□　吴起全　陈振家　陈奕合　信绅廖斌　把总洪仁德　生员谢友德　外委曾廷昌　方耀　杨嘉盛　陈茂源　信绅陈忠　把总吴忠　监生丁廷臣　□生江子哲　林维彰　陈兴顺　李裕盛上各捐银二元
  诰弁杨继成　把总郑耀祥　监生王儒珍　信士吴惠梁　林成仪　游庆春　傅英谦　信绅李焕英　刘朝用　江修德　周鸣春　□□□　傅如龙　郑升修　林捷振

林吽　千总沈延□　李伟　凌黄升　吴殿忠　林生修　徐雄□　□□高　杨大安
和春居　生员蔡植梅　王林平　张洪□　蔡硕德　李廷和　廖□□　卢振锡　曾贤
济生齐　外委王登标　黄芳滋　曾光雄　颜志荣　田大盛　范□顺　林猛　谢崇
金泰发　外委黄家驹　蔡聘儒　张奇　许邦治　蓝开生　谢沛霖　蔡君□　陈存义
金蓝合　额外张炳嘉　沈茂合　谢祥馨　李添盛　林永兴　谢关诚　□□　攒典
杨懿美　林昌裕　廖合兴　陈勤盛　陈泰源　李盛合　吴义发　李万兴　江溢盛
铺户洪永盛　杨顺发　庄同发　朱和源　王庆□　李裕合　谢□□　吴义兴　吴协□
黄彩　余振顺上各捐银一元

　　柯门陈克和捐银四两

　　淑人张门林懿仁捐银十元　夫人曹谢氏　李门陈顺福以上各捐银三元　孺人陈门江顺和　陈门卢铭义　蔡徐氏上各捐银三元　林徐氏　邓黄氏　林戴氏　恭人黄门陈□诚　夫人黄何氏　蓝门叶□氏　王门吴妙财　柯门莫孝顺　林门严克勤　宜人傅门康全禄　宜人薛莫氏　叶门苏克慈　王门萧惠珍　王门赖□诚　蔡门曹妙福　安人莫门叶信和　孺人杨吕氏　叶门陈克孝　王门吴惠明　徐门□庆贞　蔡门张尊实　孺人王门洪惠振上各捐银一元

　　藩门廖裕禄捐银三元

　　一题明捐石器者此不仍勒

　　　　道光二十八年岁次戊申季秋之月
　　　　　　众董事同立石

（6）立碑议定两乡神游碑

同治七年（1868）乡宾谢大光、黄绵年、余忠进、监生黄如龙、贡生谢汝诚、监生吴时正等立。1989年于后宅镇龙地村交警大队附近修筑公路时发现，现碑在山顶圣王庙。碑高160、宽60厘米。碑额正书，每字约5厘米。碑文正书，9行，每行24字，每字3.5厘米。议定山顶乡、山边乡每年正月十六日和十七日游神，一年换先后顺序以避矛盾（图111）。

图111　立碑议定两乡神游碑拓片

叁│南澳岛海洋文化遗存调查

碑文如下：

> 窃为该处地方系正月十六日两乡神游必经之处。前有不肖子弟，屡因迓神相遇之时，藉此生端滋事。是以两乡袷耆齐到前江庙帝君座前，焚香拈阄。山顶乡阄受己巳年正月十六日神游，山边乡阄受十七日神游。庚午年山边乡轮十六，山顶乡轮十七。以后照前次等轮流，不得恃强混争。倘轮十六日期偶遇风雨，不得出游，欲与十七日同游，必须让轮十七者为先。或有相遇，轮十六者当驻轿避之。此系两乡拈阄已定先后，嗣后不得逾约争先，致伤和气，违者议罚大戏四台。
>
> 同治七年十二月　日乡宾谢大光、黄绵年、余忠进、监生黄如龙、贡生谢汝诚、监生吴时正等立。

第三节　对本次调查工作的自我评估和思考

（一）自我评估

任何工作只有不断总结经验教训才会进步，对于海洋文化调查而言更是如此。作为一个较新的研究领域，工作才刚刚开始。对于本次南澳海洋文化遗产调查，我们认为总体上是成功的。这主要体现在如下几方面：

1. 基本完整掌握了南澳岛上现存文化遗产的情况，对所有的文化遗产进行了图像记录。对其中的绝大部分金石类文物，采取了各种方式提取其上文字。对于海洋文化遗产的概念界定也提出了不同的观点或见解。

2. 对于与南澳地区相关的文献资料，努力进行全方位的搜集，并取得了一定成果。作为海洋考古学而言，与陆地考古一样，历史时期考古在文献运用的方法上与历史学并无二致，但考古在文献的基础上更注重对所发现材料的解释。海洋考古受所处位置偏僻、遗迹保存现状较差等因素影响，对文献精度要求更高。所以在文献搜集和整理等方面难度也更大。

3. 通过上述两方面的工作，我们认为，如果有充足的经费和时间，对南澳的文物和文献进行全面整合，完全可以撰写出高质量的一至数本学术著作：例如《南澳金石研究》《南澳海洋文化史》《南澳海防史》等。这些著作应当从多个角度来阐述南澳海洋文化的内涵。当然，就目前的客观现实，我们认为在今后的时间里可能围绕沉船、航路等方面梳理出以下研究成果。

（1）对南澳地区文献中关于气候情况的记载，特别是海啸等可能造成船只沉没的记载进行完整搜集。

（2）对南澳周边海域所有的海战记录进行搜集。

（3）对南澳周边海域所有的海难记录以及清代南澳镇戍台班兵在往来南澳与台、澎之间的海难记录、阵亡记录进行搜集。

（4）对南澳地区的庙宇历史与文物进行全面搜集，比如天后宫、城隍庙等。

（5）尽可能搜集与南澳有关的海图、针路图。除了以往习见的诸如《筹海图编》《郑和航海图》等图纸外，近年学术界在这方面又有了一些新的发现。比如民间的针路图以及2008年新发现于牛津大学鲍德林图书馆的《雪尔登地图》（此图的年代，现在学术界基本都认为是明万历年间，是现存最早的中国手绘航海地图）。

（6）对以往南澳及周边地区发现的沉船材料进行搜集。

也正是因为此次调查有着试验的性质，很多工作也是在不断摸索中前进，毋庸置疑也有不少不足之处：

1. 由于没有经验，且没有可参照的先例，本次调查在财力、人力、物力的配置上尚存在欠缺。

2. 对文献搜集的难度估计不足，使得文献搜集工作完成情况还不能完全令人满意。

3. 从文化圈及沉船出水物的角度考虑，除了对南澳岛进行调查外，还应该对其他地区，例如潮汕地区窑址、漳州窑各窑址进行专题补充调查。

（二）对今后类似调查工作的建议

今后可考虑将海洋文化调查正式纳入水下考古工作任务中。具体开展方式可以采取以下两种：

1. 常态性工作。海洋文化遗产的调查工作任重道远，还需要有许多基础材料作为研究的基石。即将沿海地区根据文化圈划分出几个工作区域，每年立项开展调查工作。每完成一个文化圈的调查工作，根据材料多寡，撰写一本或数本《XX文化圈海洋文化专题报告》。

2. 结合沉船考古工作。近年来，我国开展的沉船考古工作大多为多年项目。可以在第一年发掘时开展全方位的调查（建议按照文化圈来做整体调查）。第二年，若全方位调查还没完成，则继续进行，若调查结束，则开展补漏式的调查，并根据第一年沉船考古中的发现，开展瓷器窑口、船只样式及其他船货来源的调查。

调查工作是一项基础性的工作，应有相对充分的时间，以便保证调查工作的完整性。为此，需要在接受过专门培训的人员和经费方面也有一定的保证。

后文将在本次调查材料的基础上进行研究与分析。由于经验有限，也希望方家指正，不吝赐教。

肆 南澳海洋性聚落的讨论

从聚落考古相关概念看南澳岛
对南澳岛海洋性聚落的概述
从调查材料看南澳岛的历史发展过程
小结

根据第一章中所提及的海洋聚落与海岛的关系，本次调查就是将聚落考古中所使用的区域系统调查方法移植到南澳岛的一次实验。作为此次调查工作的基本指导思想，我们尽可能地对南澳岛进行全覆盖的调查。通过调查我们发现了南澳岛上在各个时期留存下来的遗迹。这些信息形成了整个南澳岛历史发展的线索，如何将这些线索编织起来，构成逻辑严密、论述严谨的历史发展轨迹，成为整个调查队必须直面的问题。在建构整个论述的基本框架时，基础理论就是根据聚落考古和由此引申出的海洋性聚落的相关概念，将南澳岛这一海洋性聚落的发展历程进行论述。当然，看待事物的角度是多维度的，所谓的研究也仅是一家之言。因此根据调查所得，笔者不自量力进行初步阐释，希能有抛砖引玉之效。

第一节　从聚落考古相关概念看南澳岛

聚落考古学的方法是研究人与环境或景观关系最有效的方法之一。从戈登·魏利第一次定义聚落考古学，就把聚落作为人与环境关系的一部分来认识，但长期以来聚落考古和环境考古实际上是分开的，所探讨的课题重点和利用的技术都不相同。聚落考古学者多关心社会和人口问题，而环境考古多从地质考古和古生物考古的角度来探讨环境的变化，二者并没有很好地结合起来。这一局面在过去十年中，有了较大改变。景观考古学的兴起，使聚落考古和环境研究有了一个新的结合点。而作为一个海洋性聚落的南澳岛，在讨论其形态发展的过程中，就要结合这些理论作一个综合论述。从聚落考古与景观考古的概念来看，要成为我们定义的聚落，其前提必须成为一个景观。景观考古学强调的是人对环境的改造和人对周围环境的理解和认识。景观不是静态的、被动的自然物体，而是人为的景观。随着人类认识的变化，景观的含义也发生变化。景观考古学反对环境决定论，强调人与环境的互动，景观是有意义的，其意义受制于人所处的社会环境和精神信仰，景观考古就是要探讨景观的人文含义。而海洋景观概念所要探讨的，根据焦天龙教授的观点可以总结成："居住在海岛上的人如何构建他们的社会边界或族群边界，也包括他们对周边环境和海洋的认识，以及有关的宗教信仰等。这种边界的建构同时还受制于人群的造船技术、航海技术以及与其他岛屿文化亲缘关系的制约。"

聚落（Settlement）是指人类活动赖以衣食住行等经济、文化生产活动的最重要场所。是考古学家根据时间和空间界限界定的"稳定态"下在野外可以观察到的全部考古资料构成的考古单位。其形态也是我们能够发现的古代人类文化的基本要素。聚落考古学（Settlement Archaeology）则是通过利用考古学的方法来研究古代聚落形态的变化过程及其相关社会问题的学科，是考古学的一个分支或专门的研究领域[1]。根据当代聚落考古创始人戈登·魏利对聚落的定义"人类将他们自己在他们所居住的地面上处理起来的方式。它包括房屋，包括房屋的安排方式，并包括其他与社团生活有关的建筑物的性质与处理方式。这些聚落要反映自然环境，建造者所实用的技术水平，以及这个文化所保持的各种社会交接与控制的制度。因为聚落形态有一大部分为广泛保有的文化需要所直接形成的，它们提供了考古文化的功能性的解释的一个战略性的出发点"[2]。聚落是指人类对他们自己所居住的地面上的处理方式。按照严文明先生所总结的那样："所谓聚落考古，就是以聚落为对象，研究其具体形态及其所反映的社会形态，进而研究聚落形态的演变所反映的社会形态的发展轨迹。"[3] "聚落考古实是考古学引进社会学及人文地理学原理以聚落为单位进行的考古学研究，目的是探讨居住于同一聚落中的人与人之间的关系和聚落社会之间的相与关系与聚落社会的时空变异，以及聚落社会同自然环境的关系。"[4] 可见聚落考古所要做的工作总结起来就包括：对遗址的时空描述；建立遗址功能和序列；重建聚落结构所反映的文化形态；做跨区域的比较研究。而具体的工作则可以通过对"地面"的调查研究去了解。即通过地层学方法解决聚落内遗存的共时性问题，相对于用器物类型学来构建同一时期的堆积单位，由地面联系起来的成组遗迹的共时性显然要客观和精确得多；特别是对无遗物的堆积单位来说更是唯一途径[5]。而且"地面"的引入也加深了我们对遗址形成过程和人的行为方式的认识，这正是聚落形态研究的基础。

从目前我国已知的有关聚落考古的工作来看，主要内容是通过对相关遗址的调查发掘，寻找各种可以和聚落发展相关的线索，并建立起可以解释的各种变量。就陆地史前聚落考古而言，通过对区域系统调查所获得的陶片进行分类整理，确定是否为一个可认知的聚落。我们在调查的理论和方法上也广泛借鉴了赤峰地区的区域系统调查[6]。但考虑到海岛本身的独特性，如何辩证地对待这些经验，本身也值得思考，相信这也是聚落考

---

[1] 张光直：《考古学——关于其若干基本概念和理论的再思考》，辽宁教育出版社，2002年，第47页。
[2] Gordon R. Willey, *Prehistoric Settlement Patterns in the Viru Valley, Peru*, Bureau of American Ethnology, Smithsonian Institute, Bulletin155, 1953. 译文见张光直：《谈聚落形态考古》，《考古学专题六讲》（增订版），生活·读书·新知三联书店，2010年，第73页。
[3] 严文明：《关于聚落考古的方法问题》，《中原文物》2010年第2期。
[4] 张忠培：《聚落考古初论》，《中原文物》1999年第1期。
[5] 参看赵辉：《聚落考古工作方法的尝试》，载于张忠培、许倬云主编：《中国考古学跨世纪的回顾与前瞻》，科学出版社，2000年，第166—172页。
[6] Robert Drennan et al. 2009. "Approaches to regional demographic reconstruction", 赤峰中美联合考古研究项目编：《内蒙古东部（赤峰）区域考古调查阶段性报告》，科学出版社，2003年，第152—165页。

古的一个有益实践。不过此类调查也具有一定的风险，其本身所调研的对象能否成为可靠证据还有待检验，但是通过对聚落房屋和聚落形态研究则可以对当时人类社会的发展做一个完整的证明。毕竟在聚落形态没有根本改变的情况下，它所反映的社会面貌或社会组织结构也应当没有本质的改变[1]。虽然在岛上尚未发现新石器时代或商周时期具体的房屋遗存，但人类活动范围的确定和岛屿相对封闭的环境，相信在不远的将来会有更明确的证据佐证南澳岛上聚落的演变发展。

房屋是聚落考古的重要内涵。严文明先生就提出房屋和聚落形态研究可分为四个方面：单个房屋的分类和每类房屋的结构与功能的考察；同一聚落中房屋的组合关系；聚落的总体布局及其功能的考察；聚落的分布和各个聚落之间的关系[2]。据此我们在对南澳岛进行调查时，针对性地对岛上居民住宅区内的古建筑进行调查。岛上最大的古建筑当属位于深澳的南澳城遗址。《南澳志》卷之一中的"城郭公署图"全面展现了南澳城的规模及城内总兵府和左、右营各公署的布局。这种以军事首脑机关作为城建核心，民事部门相伴随的结构与内地一般军民分开，民事衙门作为城内中心的布局有所不同。从侧面反映出南澳岛当时作为海防前线的基本功能，并在此功能基础上和原住居民在日常生活中的融合，形成一个海防军事聚落。

第二节 对南澳岛海洋性聚落的概述

从上文所述的聚落考古理论与方法来看，该方法更多侧重于史前时代，因为这一时期没有文字记载。在当前大多数的研究中，学者们更多的是对史前遗址的复原，他们希望通过对史前遗址聚落形态的复原，完成对古代社会演进的重建，学者们相信聚落能够反映出人们对当时自然环境和社会制度的选择。将聚落考古方法运用于历史时期的研究较少[3]，那我们能否对历史时期的聚落做出如下的复原呢？通过此次调查，可以得出肯定的答案。中国传统史学以中原为中心，以南澳岛为代表的中国东南一带长期被视作边鄙之夷，常为官方正史所忽视，被载入正史见诸文字也晚至明代。所以在研究本地区社会进程时，聚落考古学的研究方法则显得尤为重要。而本地区的地理特征为"背山面海"，

---

[1] 严文明：《关于聚落考古的方法问题》，《中原文物》2010年第2期。
[2] 严文明：《仰韶房屋和聚落形态研究》，载氏著《仰韶文化研究》，文物出版社，1989年，第180页。
[3] 方辉、文德安、加里·费曼、琳达·尼古拉斯、栾丰实、于海广：《鲁东南沿海地区聚落形态变迁与社会复杂化进程研究》，《东方考古》第4集，科学出版社，2008年，第253—287页。Anne Underhill et al, *Regional survey and the development of complex societies in southeastern Shandong, China*, Antiquity 76, pp.745-755, 2002.

在研究本地区聚落形态时就不得不考虑到海洋对其的影响，也就引发了关于聚落海洋性问题的研究，这对于探讨以中国东南沿海为中心的"环中国海"区域的海洋文明意义深远。通过对海洋性聚落历史进程的发展进行梳理，建立起以本地区经济发展为中心的海洋文明编年史，就是为了克服所谓王朝史观视野下的话语偏颇，进而为研究中国海洋历史的发展奠定坚实的考古学基础。

聚落的海洋性或者说是海洋性聚落的探讨，正是聚落考古思想在海洋文化研究方面的延伸。就中国而言，海洋性聚落是有别于中原内陆大陆性聚落的中国东南以至环中国海地区的聚落形态。他一般指位于海岸和海岛的聚落，其经济活动中具有不同程度地开发和利用海洋资源的成分，并由此造成了其生活方式的海洋性倾向，创造了与海洋有关的文化。研究海洋性聚落的产生和发展是探索海洋文化发展的关键。海洋性聚落是反映人类适应海洋和开发海洋的最直接证据。从广义的角度来讲，海洋性聚落是人类聚落的一种模式，所以聚落考古学的方法和理论是可以用来探索海洋聚落的一般问题的[1]。当针对中国海洋性聚落问题时，就不得不关注华南地区的土著族群，因为较为典型的中国东南地区的海洋性聚落就是由居住在长江下游以南的土著居民创造[2]，更多地体现出本地先民在悠久的海洋开发经验基础上的一种海洋经济互动，是汉唐以来东南海洋社会经济发达的重要基础[3]。20世纪30年代就有学者提出"越地交通率由海道舟船，故其治所必既沿江河又为海港"[4]，这就是海洋性聚落的具体写照，这一理念则在《闽越国都城考古研究》[5]等著作中就已得到展现并升华。蓝达居先生的《喧闹的海市：闽东南港市兴衰与海洋人文》则是通过对福建地区历史上四个主要的港市进行海洋社会经济史构建，描述了以福建为核心的东南地区港市的兴衰历程，这也对后续海洋文化的探讨提供了重要借鉴。具体到南澳岛，岛上的居民生活和信仰中对海洋活动的反映比比皆是。从新石器时代到有明确文献记载的明代，南澳岛上的先民在生产与生活过程中与海洋进行了深入而有效的互动。当把南澳岛看作一个聚落时，周边的居民以此为基地，对岛屿附近海洋环境进行了开发，用以维持本岛社会结构的稳定。虽其发展的总体时间并不很长，但是所有环节都具备，并且保存有相应的遗迹，故而成为研究本地区海洋经济文化发展的一个重要海洋景观标本。

---

[1] 焦天龙：《史前中国海洋聚落考古的若干问题》，《海洋遗产与考古》，科学出版社，2012年，第9页
[2] 吴春明：《中国东南土著民族历史与文化的考古学观察》，厦门大学出版社，1999年，第224页。
[3] 曹峻：《百越都城海洋性的探讨》，《东南考古研究·第三辑》，厦门大学出版社，2003年。
[4] 劳干：《汉晋闽中建置考》，载于《"中研院"历史语言研究所集刊》第五本第一分册，1935年。
[5] 吴春明、林果：《闽越国都城考古研究》，厦门大学出版社，1998年。

第三节　从调查材料看南澳岛的历史发展过程

统观南澳海洋聚落形成的各个历史时段的材料，其发展历程大体可以分成四个阶段：聚落发展的萌芽阶段；作为中国东南航线中转点的发展阶段；民间海商游离于中央政权边缘的开发阶段；被纳入中央海防统一政策下的形成阶段。

（一）聚落发展的萌芽阶段：新石器时代

根据现有考古材料，南澳发现的史前遗址包括距今 8 000 年的象山遗址和距今 3 500—4 000 年的东坑仔遗址。东坑仔遗址属于商周时代，但在文化面貌上依然与内陆地区新石器时代类似，以磨制石器、陶器等作为主要文化内涵，在文化面貌上保存了相对滞后的特点。但从生产工具中大量的网坠、凹石以及地层中出土的大量贝壳遗存所反映出的文化面貌可见，南澳岛上古代先民是以海洋生物作为主要食物来源。通过环境适应，南澳岛上形成了早期人类聚集区，这也开启了人类开发南澳岛的先声。

另外，象山遗址的文化内涵与漳州地区发现的众多细小石器遗址文化内涵相似，东坑仔遗址大抵为一处略早于浮滨文化的遗址。这类遗址的主人，目前学术界普遍认为属于百越民族先民[1]。这些百越先民在其后的汉人文献中皆以"善于用舟""以船为车，以楫为马"著称。此外，还应该特别指出的是，地理学家根据考察和钻探，确定了韩江三角洲区域距今 6 000、5 000、4 000 年的各期海岸线，这三个时期的南澳岛与粤东古大陆的相隔较之近现代的海岸线要远得多。因此，在南澳岛发现的这两处古遗址，除了说明史前人类对海岛的开发、移民外，从另一个侧面反映了距今 8 000—3 500 年间，南澳岛外的宽阔海域上存在着一定规模的海上交通和水上活动。滨海地区的原始人类凭借着简单的独木舟、木桴或编制的竹筏等交通工具浮海，沟通着海岛与大陆、海岛与海岛间的文化联系。

通过对考古材料的分析可见，南澳岛的先民在人类文明的最初阶段就已经开始对该岛进行开发。这种以海为田的生业模式是因地制宜的必然产物，也是先民对本地区环境的适应。所以在探讨本地区海洋文化的形成过程时，须知本地区早已存在的海洋文化因子是海洋文化形成和发展的文化内核，本地土著居民是建立海洋文明的基础。

（二）作为中国东南航线中转点的发展阶段：商周至元代

当中原王朝的发展进入春秋战国时期，百越地区不断被南下的中原文化浸染，这一

---

[1] 曾骐：《南澳岛两处古遗址研究》，潮学研究 1994 年第 2 辑，第 64 页。

地区也逐渐进入中原王朝的视野当中。但在这一漫长的发展过程中直接提到南澳的材料阙如，我们可根据以下线索做一些合理的推论。

首先，从周至五代，虽然不断有外来移民特别是来自中原的移民来到潮汕地区，但这一地区并未经历像东越、东瓯那样的原住民大规模迁徙事件。因此，我们有理由认为，当时生活在南澳地区的土著居民能够延续他们自古以来的生活方式，广泛从事海上交通和水上活动。

另一方面，在海丰县离海岸不远的田墘村贝丘中曾出土良渚文化的玉琮、玉环，而在揭阳东周墓出土的原始瓷器，与江浙地区的原始瓷器如出一辙，这说明周朝时已有江浙地区与潮汕地区的文化交流活动。汉代，闽越国余善曾率兵犯南越，海路从福建至揭阳境"以海风波为解"，说明其时广州至福州之间的航海线路已经存在。澄海龟山汉代遗址出土的玛瑙珠、耳珰等饰物，一般认为是从海外输入。两晋南北朝时期，潮阳铜盂孤山东晋墓中有砖铭"太元十二年"（488），墓中出土的一件青瓷羊，造型、釉色均与江浙所见完全相同，很可能是从江浙地区沿海路输入。东晋后期卢循起义，率余部从晋安（今福州）浮海南下至番禺（今广州），此后，孙处击卢循时亦曾领兵从海路至番禺（今广州）[1]。隋大业四年（608），武贲郎将陈棱率兵乘船从义安郡（郡治在今潮州）渡海攻澎湖、琉球。《东里志》云："其自义安浮海，即必维舟岛屿，隆南青深四澳，皆所经历。"唐代陵州刺史周遇曾经从青社登船赴闽。陵州州治在今越南南部归仁附近，从此处至福建，只能走海路[2]。韩愈在《潮州刺史谢上表》里说："臣所领州，在广府极东界上，去广府虽云才二千里，然来往动皆经月。过海口，下恶水，涛泷壮猛，难计程期"[3]。由此可知当时潮州与广州间，有赖海上交通。而从文物资料上看，潮州唐窑遍布南关与北关，虽然对其外销情况我们还知之甚少，但韩江流域的梅县水车窑口器物在泰国暹罗等地已有发现。这些产品应是通过梅江流入韩江，进入潮州后从海路外运的[4]。五代时期，闽人经营海外贸易者，其中一路就是"泛粤以转市于夷"，由闽入粤或自粤返闽的航程中，南澳自然是必经之地[5]。在当时的海洋贸易环境下，南澳岛作为一个航路坐标而广受关注，根据王冠倬先生统计，一些前往南洋的航线如浯屿至马六甲往返、太武至彭亨往返、太武至咬留吧往返等，记载虽未明确提及南澳，但说"往前昆仑针铭"，或曰"至昆仑"，那么这些航线也必然经过南澳，只是条文中省而未记而已。上文中有"见南澳

---

[1] 《宋书》卷二《本纪第二》，中华书局，2018年，第29页。
[2] 王冠倬：《南澳岛在古代的航海地位》，《文史知识》1997年第9期。
[3] 马其昶校注，马茂元整理：《韩昌黎文集校注》第八卷，上海古籍出版社，2021年，第881页。
[4] 邱立诚、杨式挺：《从文物考古资料探索潮汕地区的古代海上"丝绸之路"》，潮学研究1994年第2辑。
[5] 王冠倬：《南澳岛在古代的航海地位》，《文史知识》1997年第9期。

山""外过",可见南澳岛虽是海船必经之地,但其作用为望山,是航行中途采用地文导航的标志之一。海船"过外"南澳者多通过南澳岛澎山下的黑水外洋,"中澎,上有泉,海舶过者必取汲于此,其下即黑水外洋,商船必由之处"[1],不过一般说来,大船、大型船队以南澳为望山从其侧通过,中等以下的船就可能在南澳驻泊。另外南澳至澎湖航线,南澳是真正的启航或返归港,金门往泰国航线的规程说"船到南澳",才是航船真正在此驻泊。有说道"取南澳"含义不明,但不同于"见""外过",可能也是在此停靠。驻南澳之船主要是停在云澳,此处港况较好,"澳内远通漳泉,商舶往来不绝"[2]。

凡此种种,无不昭示,周代到五代十国时期,途经南澳岛的海上航线已经建立并得到了不断的发展。尽管目前尚无海洋考古的物证来证明当时航行于这条航线的船只曾经在南澳停泊,但从本地方志和各种航线图可以得出此时的南澳岛已经为这条航线上的水手所知。

随后到宋太平兴国年间,就有三佛齐商船首航潮州南澳贸易,所以岛上留有历朝番舶所建的天妃宫。北宋海防即置忠敢、澄海两指挥进行有效管辖,指挥下辖若干营,每营统兵100至300人不等,称为巡海水军;南宋增置广东水军2 000人,潮州摧锋水军200人,由以渔盐为业的"蛋丁"充任。故迄宋一代,东起潮州,西至琼雷,都立寨防海。而在此期间正值潮州笔架山窑的兴盛期,所产瓷器远销日本、东南亚、中西亚以至非洲和欧洲。南澳岛位于韩江出海口外,是海船进出韩江的必经之地。位于南澳岛西山的大潭石刻上留有政和年间两次舍井的记录,反映的就是当时海船停泊南澳,并在南澳挖井解决淡水需求的情况。在海外交通日渐繁华的同时,宋代潮汕地区的海寇活动也屡见于史籍。宋神宗元丰二年(1079)海夷入寇潮、循二州;南宋高宗绍兴三年(1133)海寇黎盛犯潮州;绍兴三十年(1160)潮州知州招抚海寇;宋孝宗乾道四年(1168)潮州始置水军;孝宗朝林诞知潮阳时有旨造舰。至淳熙年间,海寇沈师犯南澳,广东常平提举杨万里合诸郡兵讨之等等。说明当时南澳已有一定数量的常住居民,否则海寇没必要"犯",并且说明南澳当时已在官方管辖范围内,否则官方也不必举兵讨海寇。南宋景炎年间,宋帝赵昰辗转从福建南下,驻南澳[3]。与此同时,陆秀夫也带着家眷、随同来到了南澳,至今南澳尚留有陆秀夫母亲及儿子的墓葬[4],且陆秀夫的后人亦从此定居南澳。

---

[1] (清)齐翀:《南澳志》卷二《疆域·屿》,乾隆四十八年刊本,第8页。
[2] (清)齐翀:《南澳志》卷二《疆域·澳》,第7页。
[3] 饶宗颐:《潮州志·大事志·宋》,汕头潮州修志馆副本,1949年,第11页。
[4] 饶宗颐:《潮州志·大事志·宋》,第12页。另外《潮中杂记》卷八《艺文志》载"同澳山青径口碑陆秀夫墓,元总管丁聚撰";卷九《郡邑志补》"陆丞相墓辩"(下称墓辩)载元至元十七年(1280)三月,丁聚在南澳青径口立一通碑,郭子章在"墓辩"里引录了此碑一段文字:"陆君实甲于文天祥榜,与陈宜中议不合,谪潮数载,母夫人卒于潮,不能归葬,聚为择地封其墓,坐北向东五峰前。秀次子九郎俊雅能文。予甚爱之,不幸继卒。附于太母之侧。聚知君实颠沛流离,随龙没波,遂给官田五顷,以赡遗孤。"

这些记载都体现了南澳地区外来人口迁入的事实。更为重要的一点是，据《东里志》记载，宋朝时番舶在深澳修建了天后宫，天后宫的修建无疑标志着非南澳原住民原有的海神信仰随着人口的迁徙进入了南澳。在宋元鼎革之际，南澳岛又成为宋元双方争夺的战场，据史料载："庚寅，张弘范以降臣陈懿兄弟破贼有功，且出战船百艘从征宋二王，请授懿招讨使兼潮州路军民总管。"[1]

元朝至元十七年（1280），潮州路总管丁聚渡海来到南澳，营建陆秀夫母亲及次子墓，同时"给官田五顷，以赡遗孤"。"官田"之说，表明元初南澳已在官方管理体系内。而且，元政府还曾经在南澳"设兵戍守"，但由于"戍兵即据以叛"[2]，推测元政府其后放弃了在南澳驻军。

明代隆庆（1567—1572）初年，明朝福建巡抚徐泽民在督民征讨闽广海寇商人的同时，"为因势利导之举，请开市舶，易私贩而为公贩。议止通东西二洋，不得往日本倭国，亦禁不得以硝黄铜铁违禁之物夹带出海。奉旨允行。"由于南澳地处漳潮海中，介于闽粤两省之区，上通日本、吕宋等东洋诸地，下达交趾、暹罗、爪哇等西洋诸国，扼于当时东西洋针路分道要冲，是东西洋船出入海澄月港的必经之地，因而成为漳州海澄月港的附属口岸之一。

在这个漫长的历史发展阶段，南澳岛留下来的历史文献非常有限，也许从侧面说明当时南澳岛在开发上尚不如内地。但通过史籍的记载可以看出南澳岛多是在海洋活动中被提及。南澳岛作为韩江流域南下与北上航线中的必经之地，此地文导航坐标应当在经常往返这条航线的水手中广为流传。此阶段对南澳岛的开发应当是民间与官方的共同行为，只是岛上的格局尚未形成。随着海上活动的频繁，南澳岛的地理位置开始吸引一批批居民从陆地迁徙而来，他们带来了先进的农业生产模式，再融合本土海洋生产模式，提升了岛内经济的发展。这也为南澳岛在今后发展为重要的海洋聚落提供了物质基础。

（三）民间海商游离于中央政权边缘的开发阶段：明代

自明代开始，环中国海海洋社会经济形态发生了重要变化，"海防"日益加强，海禁与朝贡贸易、弛禁抑商、限口通商等限制性海洋社会经济体制形成。明初由于"海疆不靖"，张士诚、方国珍残部不归等，开始实行严格的海禁，及倭寇相继侵扰，先后"禁濒海居民及守备将卒私通海外诸国"[3]"禁民间用番香、番货"[4]。同时实行严厉的朝贡贸易体

---

[1]《元史》卷十《本纪第十》，中华书局，1976年，第209页。
[2]《明史》卷二百二十三《列传·吴桂芳》，中华书局，1974年，第5874页。
[3]《明史》卷八十一《食货五》，第1980页。
[4]（清）顾炎武：《日知录集释》附录二，中华书局，2020年，第1695页。

制，在官方层面与外界保持有限的联系。"洪武初，（市舶司）设于太仓黄渡，寻罢。复设于宁波、泉州、广州。宁波通日本，泉州通琉球，广州通占城、暹罗、西洋诸国"[1]。"掌海外诸蕃朝贡市易之事，辨其使人表文勘合之真伪，禁通番，征私货"[2]。这个时期的中国沿海呈现出官方厉禁民间海洋活动与官方指定通商口岸并行的态势。在厉行海禁与朝贡贸易的同时，明朝在海运要害处加强海防建设，当时所谓的"海防"具有对内、对外两个职能，内部用以管控边民出海与外界交往，避免资敌通敌；对外则阻隔外来商贸，避免内外勾结，威胁政权。在这样一个严苛的环境下，整个中国的海外贸易受到了很大冲击，但这却给了南澳一个极好的发展机会，南澳迎来了其历史上的黄金时期。

尽管郑和下西洋的航海路线中，南澳依然只是作为望山，为其航行中途采用地文导航的标志之一，并无登岛记载。但其实自明初南澳便已是重要的民间海外贸易港口，自外于官方的贸易管理体系。

明朝活动在南澳地区的主要有以下几股势力。这些非官方体系下的势力以南澳为基地，开始了明朝东南沿海的风起云涌。

首先是海寇集团。洪武二十年（1387）徙南澳居民至内地，原因便是此时南澳已"为匪渊薮"。根据各种文献记载，先后以南澳为根据地或在南澳活动较多的海寇集团有许栋、许朝光、如吴平、曾一本、谢策、洪迪珍、林国显、徐碧溪、林道乾、杨老、袁进、李忠、魏朝义、刘香等，其中以许朝光、吴平、曾一本、林道乾四人最有名。嘉靖三十二年（1553），许栋从日本归，许朝光杀其养父而拥众自立，遂在南澳建立营寨，并自称澳长[3]。据《粤大记》之"广东沿海图"所载，许朝光之营寨建在南澳岛东部的隆澳与长沙尾之间[4]。据姜宝言，许朝光曾在南澳修宫室、建敌楼，筑新旧二城[5]。刘尧诲亦言："南澳中有石城，乃近时贼人许朝光所造，雉堞濠堑，屹然雄镇。"[6]许朝光以南澳为根据地，严密控制粤闽海域，对往来商船进行抽税，"朝光拥众桀骜，分遣其党，据牛田、鮀浦诸海口，商贾往来，给票抽分，名曰买水。朝光居大舶中，击断自恣，或严兵设卫，出入城市，忘其为盗也"[7]。嘉靖四十三年（1564），福建总兵俞大猷招降吴平，命其据梅岭，"平未几复叛，造战舰数百，聚众万余，筑三城守之，行劫滨海诸郡县"[8]。后

---

[1]《明史》卷八十一《食货志》，第1980页。
[2]《明史》卷七十五《职官四》，第1848页。
[3]（清）周硕勋：《潮州府志》卷三八《征抚》，台北成文出版社，1967年，第931页。
[4]（明）郭棐：《粤大记》卷三十二《政事类》，广东人民出版社，2014年，第916页。
[5]（清）周硕勋：《潮州府志》卷三八《征抚》，第931页。
[6]（明）郭子章《潮中杂记》卷五《请设南澳副总兵疏》，载于《潮州善本选集》，香港潮州商会印，1993年。
[7]（清）周硕勋：《潮州府志》卷三八《征抚》，第931页。
[8]《明史》卷二百十二《俞大猷传》，第5606页。

被戚继光率兵袭击，吴平遂率战船百余艘进据南澳，在深澳之东筑寨，并在岛上"造宫室，起敌楼，于娘娘宫澳口之前后，泊蒙冲巨舰于澳前深处"[1]。据《潮汕文物志》载，吴平寨遗址在今南澳县深澳东村东侧，寨墙用土木石垒筑，还设有海底石墙，海陆寨围总长约三千米[2]。

曾一本集团隆庆元年（1567）占据南澳，"聚众数万""连舟数十里""夺舶海上"，遂不可制。俞大猷使人诱降，曾诈降以愚大猷，"挟大艘六十直趋大鹏……大猷始仓皇修战备阵未定，而贼发投火炻，官船俱尽，一本遂纵掠直抵广州"[3]。曾一本从广州返归南澳时，其势极为猖獗，"浮海数百艘，夜燃灯系帆竿，累累如贯珠，长可数十里"[4]。林道乾集团嘉靖四十五年（1566）率部进据南澳，三月，从云澳发舟五十余艘进犯诏安，被俞大猷击败，逃遁入澎湖、台湾，后又返潮州。《粤大记》中"广东沿海图"所载林道乾之营寨设于广澳，其战船百余艘泊于靖海港，其党魏朝义据鮀浦，诸（朱）良宝据南洋寨，莫应敷据东湖寨[5]。不过需要指出的是，这些海寇与海商在当时的官府眼中是同一批人的两个身份而已，此即所谓"寇与商同是人也，市通，则寇转而为商；市禁，则商转而为寇。始之禁禁商，后之禁禁寇"[6]。这些人能够在当时纵横海上，与其根据地的民众能够获得海上活动的收益进而支持他们是分不开的，在当时即使是"三尺童子，亦视海贼如衣食父母，视军门如世代仇雠"[7]。这种接济不仅是沿海之民为之，甚至连防海军士亦竟相参与。如盘踞在南澳的海寇商人多数由守港哨船进行接济，包括南澳周围的东陇港、南洋港、漳林港等，这也从侧面反映出海洋活动对根据地开发的助力。

其次是日本人。永乐二年（1404），明政府曾徙南澳居民回籍耕种，但短短几年后，便又因"时倭数为患，南澳，倭之巢穴"，再次将居民徙至苏湾[8]。成化年间，南澳已是"私番船只，寒往暑来，官军虽捕，未尝断绝"[9]。嘉靖二年（1523），由于葡萄牙战船武装入寇广东，被明军击败，加之同年日本贡使在浙江宁波发生"争贡之役"，明朝开始全力阻断对外贸易。在正常"官市"被阻隔后，南澳更成为国内和国际走私团伙进行大规模交易的市场。这时来往于南澳者，不仅有吴平、许朝光、曾一本、林道乾等出生于

---

[1]（清）周硕勋：《潮州府志》卷三八《征抚》，第937页。
[2]（明）于嵩：《南澳镇城汉寿侯祠记》，载于黄迎涛：《南澳县金石考略》，广东省地图出版社，2008年，第13页。
[3]（清）杜臻：《闽粤巡视纪略》卷三《南澳山》，《景印文渊阁四库全书》，台湾商务印书馆，1986年，第460册，第1022页。
[4]（明）林大春：《井丹先生集》卷一五《上谷中丞书》，天津图书馆藏影印本，第14—18页。
[5]（明）郭棐：《粤大记》卷三十二《政事类》，第919页。
[6]（明）郑若曾：《筹海图编》卷十一《经略一·叙寇原》，中华书局，2007年，第91页。
[7]（明）陈子龙等选辑：《明经世文编》卷二五〇《朱中丞甓余集一》，中华书局，1962年，第2629页。
[8] 饶宗颐：《潮州志·大事志·明》，第20页。
[9]（明）陈子龙等选辑：《明经世文编》卷八十《边防大体事疏》，第710页。

潮州而闻名遐迩的走私团伙，还有在此泊舟、建屋、开设市场的国籍混杂的"倭人"，除日本人，便以葡萄牙人为多。他们"定期于四月终至，五月终去，不论货之尽与不尽也。其交易乃搭棚于地，铺板而陈。所置之货，甚为清雅"[1]。因为汇聚南澳的外国船只和四方货物是如此之多，致使当时主持平倭大计的工部右侍郎赵文华也深叹无力驱除，只得说："潮州南澳，番舶货萃，猝难尽诛，惟官府处置得宜，严为稽察。"

第三为欧洲殖民主义者。《粤大记》载："时弗朗机违禁潜往南澳，海道副使汪柏从臾之。以忠力争曰：此必为他日东粤忧，盍慎思之。柏竟不从。今则深根固蒂矣。"[2] 在西方探险者的记录中，广东沿海岛屿、港汊交错密布，所以葡萄牙冒险家们能够在邻近闽粤交界的一些地方偷越封锁线。然而，他们在回航马六甲之前无法卖完自己所有的货物，因此，留下两艘船载着那些未售出的货物，在走马溪这个位于汕头和厦门中间的深水港湾外抛锚泊船[3]。据1554年葡萄牙航海图，在汕头北部南澳岛上有葡萄牙商人的贸易点。

葡萄牙人在南澳附近活动时，荷兰人也直接参与了南澳的国际贸易活动。当时明人防海知设水寨于柘林，而不知南澳之不可弃，迁其民而墟其地，遂使倭奴、红彝盘踞猖獗[4]。明《指南正法》中载"南澳往澎湖"的专门航线。……万历三十五年（1607）荷兰武装海商集团派遣七艘船只到南澳一带，要求通商，由于封锁严密，没有取得结果。天启二年（1622）荷兰三艘巨舰又一次进逼南澳，准备以武力打开南澳的贸易市场，但由于南澳之深澳新建猎屿铳城，兵力雄厚，荷人"眈眈三日，无敢犯境"[5]。崇祯六年（1633）六月，荷人再次进犯南澳，焚明水师船五艘，打死官兵十七人，把总范汝樛重伤，荷船亦被焚毁哨船六艘，双方损失相当[6]。

嘉靖二年（1523）明朝在驱逐葡萄牙人的同时，将海外诸番舶也一并阻绝。由是那些"例应入贡诸番，鲜有至者"，大多为民间海商所纠引。另据嘉靖二年（1523）给事中夏言所奏："市舶既废，番舶无所容，乃之南澳互市。期四月终至，去以五月，不论货之尽与不尽也，于是凶党勾煽，私市益盛。"[7] 嘉靖八年（1529）提督两广侍郎林富上疏明廷，力陈番舶之利，明朝遂于当年重开广州市舶，以待例应入贡诸国前来朝贡互市。

自嘉靖三十一年（1552）"壬子之变"以后，浙海市门已为明朝官军所闭，于是日

---

[1]（明）郑若曾：《筹海图编》卷三，第247页。
[2]（明）郭棐：《粤大记》卷九《宦迹类·丁以中传》，第248页。
[3][英]C·R·博克瑟：《佛郎机之东来》，《中外关系史译丛》第4辑，上海译文出版社，1988年。
[4] 南澳县志编纂委员会：《南澳县志》第十九《军事》，中华书局，2000年，第518页。
[5] 南澳县志编纂委员会：《南澳县志》第十九《军事》，第518页。
[6] 南澳县志编纂委员会：《南澳县志》第十九《军事》，第518页。
[7] 饶宗颐：《潮州志·实业志·商业》，第1页。

本富实之商，"乃与福人潜通，改聚南澳"。以此为私市贸易之所。当时著名的闽广漳潮海商，诸如洪迪珍、严山老、李华山、许朝光、沈南山等人，不时诱载日本商人前来南澳私市交易，并于此出入漳潮诸地购置货物。当时在漳潮"滨海之地，广、福人以四方客货预藏民家，倭至售之"[1]。据朝鲜《李朝实录》记载，李朝明宗九年（嘉靖三十三年，1554）因风漂至朝鲜全罗道的"倭人丝二老供称，日本铜兴居人与唐人蔡四官，以买卖大明事，同博多人、铜兴人、平户人，到章（漳）州府买卖"[2]。又《日本一鉴》亦载："于时南澳倭夷常乘小舟，直抵潮州广济桥，接买货财，往来南澳"[3]。所以，从嘉靖壬子至戊午（嘉靖三十一年至三十七年，1552—1558），"五六年来，因浙、直攻捕之严，倭舶无所容，俱于此（南澳）互市。福建捕急，则奔广东；广东捕急，则奔福建"[4]。从地图上亦可见，南澳地处漳潮海中，处于闽粤各方海商势力结合部，是民间海商理想的私市贸易所在。

自嘉靖三十七年（1558）起，明朝在平息了浙直倭患之后，大集重兵进剿闽广私市之商，迫使闽广海商悉数转入海寇活动。如当时在漳州月港一带活动频繁的"通番巨寇"洪泽珍"初止通贩，嘉靖三十四、五年（1555—1556）载日本富夷泊南澳得利，自是岁率一至，致富巨万，尚未有引倭为寇实迹。或中国人被倭掳掠，辄以物赎之，遣还其人，人颇德之。戊午（1558）复来浯屿，诸恶少群往接济，络绎不绝。官府不能禁，设八桨船追捕，竟无一获，又妄获商舶解官，于是泽珍始轻官府。又拘其家属，迪珍自是无反顾之期"。此后"漳泉福兴之祸连绵不已，皆洪泽珍为之也"[5]。又如南澳港"自戊年（1558）前皆海市者，戊年后乃为贼窝。而许朝光等负固其间，倭寇闽广，则归此澳，掳得财货人口，许朝光等必预造大船，市与贼众装载以归；劫得金银，与之伢市而去"[6]。继洪迪珍、许朝光之后，严山老、林朝曦、张琏、吴平、曾一本、林道乾、林凤等闽广漳潮海寇商人，先后起事。始嘉靖戊午（嘉靖三十七年，1558），终万历乙亥（万历三年，1575），十八年间（1558—1575），攻福宁、陷福安，攻长乐、陷福清，攻惠安、陷兴化，犯饶平、围揭阳，陷玄钟、犯高雷，焚五羊、杀参将廖珇，据赤澳、夺吕宋，皆此辈所为。而泽珍、吴平、曾一本、林道乾为最者[7]。这些漳潮著名的海寇商人集团，大多以南澳为其据点。万历、天启年间，荷兰人占据澎湖期间，亦曾来南澳等沿海岛屿互

---

[1]（明）郑若曾：《筹海图编》卷四，第278页。
[2] 吴晗辑：《朝鲜李朝实录中的中国史料》，中华书局，1980年，第1475页。
[3]（明）郑舜功：《日本一鉴·穷河话海》卷六《海市》，影印本，1939年，第4页。
[4]（明）郑若曾：《筹海图编》卷三，第247页。
[5]（清）沈定均修：《漳州府志》卷四十八，中华书局，2011年，第2129页。
[6]（明）郑舜功：《日本一鉴·穷河话海》卷六《海市》，第5页。
[7]（清）周硕勋：《潮州府志》卷三八《征抚》，第931页。

市，在这三年时间里，荷兰人所需粮食基本上由潮州供应，荷兰殖民者还在万历三十二年七月（1604）为此而侵占澎湖，《天下郡国利病书》记叙道："海夷有别种，号红毛番（荷兰人），饶财宝……利中国罗绮、缯布、器皿诸货。诸奸人啖以利，谓漳之南澳、澎湖岛可以市舶，红夷者以为信，至凡数船。"[1] 万历三年（1575）林凤从外洋突入广澳，为官军所败，"复追至淡水洋，贼船飘遁，兵随击之，沉艘二千余只，凤走遁外夷。其后林道乾突入南澳，期月，官兵击之，寻逃窜如林凤云"[2]。

可见自明初以来的183年间，南澳基本上处于明朝正式行政区域的管理体制之外。其间虽然明朝官兵经常进岛搜剿，但并未根除强大的武装走私团伙。因为"澳跨闽粤之交，向日分疆而守，分将而营，彼此推诿，贼人得以乘其隙"。所谓"御潮急则贼退遁漳之澳中，御漳急则贼横逸潮之境上"[3]。从这些文献中可解读出南澳当时的社会状况，海寇集团将此岛作为一个根据地寇扰四方。通过对本地区方志的通览可知，海防、御倭是官方与地方精英阶层的必论之题，这也反映了在此时期海寇对地方的滋扰之大。

这个民间行为主导南澳岛的时代也正是南澳岛开始大规模开发的时代，这一时期南澳岛及其主要腹地潮州城市的发展都围绕着频繁的海洋活动展开。潮州府"当闽南西越之界，西北接赣汀漳三郡，限以高山叠嶂，合赣汀漳所处之水会绕州治之东以趋于海。内包沃野，川原广衍，实广惠之襟喉，岭东之巨镇"[4]。从广州途经潮州前往福建漳州府的商路，全长1920里，沿途有24个水陆驿站码头。其中通过潮州府境内的有长达570里属于程乡、大埔、饶平和海阳等县的8个水陆码头。另一条是始自江西赣州府经福建汀州至潮州府的商路，全长1060里，贯穿三省近十个府县。嘉靖间福建走私团伙为躲避官府搜查，在"广东之高、潮等处造船，浙江之宁、绍等处置货，纠党入番"[5]。潮州之重要地位于此可进一步得到印证。再如万历时谢肇淛所述："浙之宁、绍、温、台，闽之漳、泉，广之惠潮，其人皆习于海。造小舟仅一圭窦，人以次入其中，暝黑不能外视一物。任其所之，达岸乃出之。不习水者，附其舟，晕眩几死。至三日后，长年以篙头水饮之始定。盖自姑苏一带，沿海行，至闽广，风便，不须三五日也。"[6] 潮州最为发达的手工业部门则是与航海有关的造船业及采矿冶铁业。关于潮州为造船业中心，前述浯屿、南屿（澳）"土著民醵钱造舟，装土产，径往东西洋而去"[7]。当时南澳岛上违背官府意志

---

[1]（明）顾炎武：《顾炎武全集·天下郡国利病书·福建备录》，上海古籍出版社，2011年，第3095—3096页。
[2]（明）郭棐：《粤大纪》卷三二《政事类·海防》，第920页。
[3]（清）周硕勋：《潮州府志》卷四十《艺文》，第1007页。
[4]（明）姚虞：《岭海舆图·潮州府图说》，商务印书馆影印本，1937年，第29页。
[5]（明）郑若曾：《筹海图编》卷十二，第776页。
[6]（明）谢肇淛：《五杂俎》卷四《地部二》，中华书局，2021年，第117页。
[7]（清）梁廷枏：《粤海关志》卷四《前代事实三》，广东人民出版社，2014年，第53页。

的私商行为已经非常发达。茅元仪曾指出："广、福人以四方客货预藏于民家，倭至售之，倭人但有银置买，不似西洋人载货而来，换货而去也，故中国欲知倭寇消息，但令人往南澳，饰为商人，与之交易，即廉得其来与不来，与来数之多寡，而一年之内事情无不知矣。"[1]据此可知在这一时期南澳作为民间贸易情报枢纽的地位。

（四）被纳入中央海防统一政策下的形成阶段：明末至清代

至明朝末年，明政府在东南沿海开始了大规模的清剿倭寇战役。处于"台风眼"的南澳岛自然不能独善其身。嘉靖四十四年（1565），戚继光、俞大猷便统兵围攻南澳岛，"剿斩万五千人"。隆庆五年（1571），广东佥事梁士楚与海防同知罗拱辰对停泊在南澳港的杨志发动攻击。到万历年间，南澳岛上开始修建云盖寺、深水澳和城墙，并设置了瞭望台等军备设施。官方经营南澳岛就此拉开序幕。万历三年（1575）福建巡抚刘尧海在《请设南澳副总兵疏》中认为："漳潮之间以海为限，其海洋之南澳，地险而沃，百谷所生，百货所聚，惟以地非分土，事非两邻，故往往为贼逋逃薮，而修船制器，市药裹粮，百无所忌，至于抚林奇才、魏朝义徒众则皆出入于贼中，居者专积蓄，行者工掳掠，今欲为两省久安计，必先治南澳。欲治南澳，必先总事权，今宜得一总兵领水兵三千人专守南澳，而兼领漳潮三府兵事。"[2]

鉴于南澳在闽粤海防上的重要地位，南澳在建制上也得以提升，设立了南澳副总兵镇守。"万历四年，（闽粤）两省大吏相度其地议设参将统兵屯扎筑三城，一在深澳，一在云盖寺，一在龙眼沙，互相联络，立墩台瞭望，调兵哨守澳内，田约五万余亩，给牛种屯军耕种以扼寇盗之险，而免输将之劳。后又题设协守漳潮副总兵专驻此地，无事则坐镇弹压，有警则督兵穷剿，洵海上一重镇也，所辖南澳游兵、柘林守备二寨，防倭中哨二游，福广二营陆兵标下额设中军把总、旗牌掌号、哨探队目、兵丁塘健共一百四十一员名"[3]。在调查中所发现的建于深澳的"南澳镇城"就是在这样的背景下于万历四年（1576）修建。自此南澳在军事防御上一分为二，受左营"福营"、右营"广营"所属的闽粤两省总兵节制。而民政部分也如此，隆澳、深澳属当时的广东潮州府饶平县，云澳、青澳归福建漳州府诏安县管辖。南澳岛上的军事意味逐渐浓郁，原有的商旅气息消失不见。岛上的建筑景观也随着城墙、军营、瞭望哨、军港等一系列军事设施的建立而有所改变。

明清鼎革之际，活跃于中国东南沿海的郑芝龙及其背后的海商集团，纵横捭阖于南明、清、西方殖民主义者之间。以南澳为基地开始筹粮募兵，此时的南澳呈现出军事和

---

[1]（明）郑若曾：《筹海图编》卷四，第278页。
[2]（清）周硕勋：《潮州府志》卷四十《艺文》，第998页。
[3]（清）周硕勋：《潮州府志》卷四十《兵防》，第860—861页。

经济双重格局。但毋庸置疑，郑氏集团对南澳的开发将南澳岛推上了新的高度。至今留存的郑芝龙牌坊以及郑氏建设的用以占卜成败吉凶的城隍庙和关帝庙等设施也反映出当时岛上的局势及居民的心态。

清朝始建，南明朝廷及明郑势力相继割据海上。此时的南澳成为中央禁海政策与民间通商博弈的风口，只是此时的民间私商行为组织者由原来的官变成民。因为这个时段南澳在清政府的掌控之中，成为对台的重要军事基地，顺治十三年（1656），清政府要求浙江、福建、广东等省严禁商民船只私自出海。随后这项海禁政策进一步从严，在顺治十八年（1661）八月十三日下令"将山东、江、浙、闽、广滨海人民尽迁入内地，设界防守，片板不许下水，粒货不许越疆"[1]。"自是上至山东，下至广东，所有沿海三十里居民，尽迁内地居住，并禁渔舟商舶入海，发兵戍守，犯令者罪至死"[2]"官员兵民不许出界贸易并在迁移海岛盖房种地，违者该管文武各官俱革职，从重治罪"[3]。这一系列严厉的禁海政策给经贸发达的沿海地区造成了毁灭性破坏。

康熙二十二年（1683），随着台湾的统一，执行多年的海禁政策在之后停止，开始实行限口通商，限定广州、漳州（雍正六年即1728年移厦门）、宁波、云台山四处口岸对外贸易，康熙二十四年（1685）设立闽海关福州分口，福州港市的海洋社会经济有所恢复。但是，清代通商口岸仍实行严厉的限制性海洋政策，禁止私商发展远洋航运，康熙废海禁的同时还规定"如有打造双桅、五百石以上违式船只出海者，不论官兵民人，俱发边卫充军"[4]。一直到乾、嘉年间，"新造、折造商船梁头，均以一丈八尺为率，毋许再行私造宽大"。"造竣之日，该地方官亲赴验明油饰刊书、舵水年貌，方准给照行驶"[5]。

围绕着南澳岛的各项守备政策也在不断完善，此时的南澳更是成为各方势力争夺的焦点之一，谁掌握了这个交通十字路口就控制了咽喉。在此历史背景下，清政府设南澳总兵。并在原来基础上扩大防区，将台澎纳入防守范围，派兵轮流戍守台湾、澎湖、淡水，每三年换防一次，共有水师弁兵5 237名。平南王尚可喜就曾为此上疏："许龙自投诚以来，屡建功绩。已奉谕旨、以总兵官用。查南洋与南澳相对，最为要地。请授许龙为潮州水师总兵官。驻扎南洋、以资弹压，从之。"[6]康熙五十七年（1718）四月庚寅十二日，兵部等衙门议复广东广西总督杨琳疏言"粤东沿海要地，以广、惠、潮三府为重。而三府之内，惠、潮尤甚。敬陈防守巡缉之法，一统巡职任之宜分路也。南澳为闽

---

[1] 夏琳：《海纪辑要》卷一，载于《台湾文献史料丛刊》第6辑，台湾大通书局，2009年，第29页。
[2] 余宗信：《明延平王台湾海国纪》，商务印书馆，1937年，第73页。
[3] 《大清会典·康熙朝》卷九九《兵部职方司·海禁》，文海出版社，1995年，第4981页。
[4] 《大清会典事例》卷七七六，中华书局，1991年，第518页。
[5] 台湾银行经济研究室：《福建省例》卷二十三《船政例》，中华书局，1964年。
[6] 《清实录》第四册《圣祖仁皇帝实录》卷六，第103页。

粤交界，应令南澳总兵官、琼州水师副将为统巡，派出标员为分巡，专巡本营洋面。外自南澳而西，平海营而东为东路；自大鹏营而西，广海寨而东为中路；自春江协而西，龙门协而东为西路。各令总兵官、副将为统巡，标员、营员为分巡，每年轮班巡查"[1]。雍正十年（1732）根据广东总督郝玉麟疏请，置海防同知，设南澳厅（军民府）。下分四澳为行政区：云澳、青澳隶属福建诏安，隆澳、深澳隶属广东饶平[2]。时任广州知府的蓝鼎元在《上南澳施总兵书》中指出，南澳镇为"天南第一重地，闽粤两省门户也"，并条陈六项守御之法[3]。这些举措客观上造成了南澳在军事上的特殊地位。

这一时期清政府的海禁之策也是出于应对庞大的郑氏海上力量的无奈，在无制海权的情况下采取的"杀敌一千自损两千"的自残换胜利之举。此时的南澳在台湾被收复之前就是双方反复争夺的战场；在台湾被收复之后又成为稳定台湾的军事基地，岛上的经济完全成为输入型经济，无法像以前一样通过商贸活动完成全部的补给。此时的戍岛官兵对外来补给的需求更为迫切。正如福建南澳总兵官许良彬疏言："南澳为闽、粤要区，地悬海岛，产米有限，全赖于内地买运入澳，接济兵食。臣所辖亲标，右营属于广东，已经督臣孔毓珣，发银一千二百两，买谷二千石，备借给兵丁之用，左营属于福建，尚未举行。臣思两营兵丁，自应一体筹划，请将臣之俸金，及随丁项下银两，捐买谷二千石，并建设仓廒、发交左营将备收贮，青黄不接借给兵丁。散饷领银，仍令照数买补，概免利息，于兵丁大有裨益。得旨：南澳远隔海岛，自应预筹积贮。今许良彬奏请捐俸买谷，伊所有俸金，原以供其食用，何能办理公事。着动支闽省藩库银一千二百两，买贮谷石，以备左营兵丁借给之用，一切经管盘查之处，悉照右营之例行。"[4]

所有围绕南澳运行的海防政策，以及在严密的官僚体制与庞大的守备兵力统御下，南澳岛成为一个不折不扣的海防军事岛。正常的贸易除了维系岛上生活所需，其往日繁荣在当时的严密监控下已不可能。这种闭关锁国的状态直到西方列强的东来，影响了中国近代史的面貌之后，南澳岛对于中国东南沿海闽、粤、台三地的意义又焕然一新。

在1840年鸦片战争爆发之前，英国人就已经开始在东南沿海一带进行鸦片贸易的渗透。南澳因其地理位置自然被英国鸦片走私者觊觎，林则徐也没有放弃对南澳的控制。道光十七年（1837）夏，英国公司在广州买妥鸦片后运到南澳海面，买通南澳总兵沈镇邦在南澳交货。据统计仅道光十七年至十八年（1837—1838），英国鸦片走私者在南澳进行的交易就有十四艘次。这种内外勾结、官商合谋的走私，使当时鸦片贸易异常猖獗，

---

[1]《清实录》第六册《圣祖仁皇帝实录》卷二七八，第729页。
[2] 南澳县地方志编纂办公室：《南澳县志》，第24页。
[3]（清）周硕勋：《潮州府志》卷四十《艺文》，第1023—1026页。
[4]《清实录》第八册《世宗宪皇帝实录》卷七八，第12—13页。

极大地恶化了国内打击鸦片危害的局势。时任钦差大臣的林则徐等决定大力整治南澳等地吏治，希望能够通过自上而下的整顿来禁绝鸦片危害。他在《钦差大臣林则徐等奏请将因循不振之镇将分别勒休降补折》中提出一系列的人事安排，希望能够从内部堵住走私鸦片的漏洞。他说："臣林则徐、臣邓廷桢跪奏，为粤省南澳洋面甫经清理，复有外洋驶到夷船，任其停泊累日，应将因循不振之镇将，请旨分别勒休降补，以示惩儆……粤省海洋，向分中东西三路，……西路之高、廉、雷、琼，东路之潮州、南澳，皆夷船例不应到之区。前因南澳镇所辖长山尾等洋屡有夷船游奕，经臣邓廷桢节次奏明，檄饬该镇统带舟师，联舻堵截。……因即乘势清理东路，责嗖咭唎国领事义律，将分往南澳各船招回中路虎门，一体呈缴烟土。……南澳一镇最为闽粤两省关键，若此时稍一松劲，则后来又恐蔓延。是以会札叠饬南澳镇总兵沈镇邦亲带舟师，配足弁兵炮械，堵截外洋来船……讵该镇于四月初十日来禀：转据署参将谢国泰禀称，三月二十六日有双桅夷船一只，由西南外洋驶至长山尾寄碇，……谢国泰，年力就衰，巡防渐懈，相应请旨勒令休致。其南澳镇总兵沈镇邦于两省交界洋面莫展一筹……请旨降为游击都司，以示惩儆。道光十九年（1839）五月初四日。"[1]并在《著将巡防鸦片外船疏懈之参将勒令休致并总兵降用事上谕》中对当时的南澳总兵沈镇邦提出弹劾："林则徐等奏，外洋驶到夷船，停泊累日，请将因循不振之将分别勒休降补一折。南澳地方为闽、粤两省关键，现在甫经清理，所有外洋来船自应认真堵截，毋任停留。……谢国泰……著即勒令休致。南澳镇总兵沈镇邦……著降为都司，仍留粤省水师，酌量补用，并责令随船出洋，以观后效。道光十九年（1839）五月二十八日。"[2]随后还专门作《札饬严办东路烟卖夷船由》给南澳镇，严禁鸦片走私。在道光二十年（1840）五月，英船"希腊号"在南澳附近海面公然抗拒水师查缉鸦片公务，被水师官兵击退[3]。这时的南澳成为抵抗外来侵略的最前线。

第四节 小　　结

通过以上论述，我们可以看到南澳岛作为海洋聚落的发展轨迹。南澳的开发一直与海洋活动紧密相连，依仗着背靠潮汕，左闽右粤的航线要冲。得天独厚的地理形势让他在中国古代中西海上航线中占有一席之地。中国沿海海洋活动不断改变着岛上的景观。从新石器时代开始，古代先民对南澳岛的开发就没有停止。以南澳岛作为航线上的

---

[1] 中国第一历史档案馆：《鸦片战争档案史料》第一册，上海人民出版社，1987年，第591—593页。
[2] 中国第一历史档案馆：《鸦片战争档案史料》第一册，第627页。
[3] 徐明德：《南澳岛在明清中外关系史上的重要地位》，《杭州大学学报》1995年第1期。

望山开始，其便被纳入海洋文明的洪流中。随后在岛上出现了船只补给体系、修造船设施，还有洗船等特有的保养船只设施，有记载显示："虽商船之开行者，亦必泊岛燂洗，不能过两月也。"[1] 此时的南澳开始在中国海洋活动中崭露头角。随着以农耕经济为基础的中央集权国家的形成，中原王朝俯视下的沿海往往被视作化外之地，与农耕文化不同特质的海洋文化成为异端并被限制，沿海居民的商业行径成为对正统文化的逆反。"海寇""海盗"大多是中国沿海的私商集团，这个群体是对南澳岛之类的离岛开发的主力，毕竟南澳岛上的耕地和淡水资源并不够用作农业生产，维系这类岛屿生计的就是海上贸易。而这些私商在受大陆文化排斥的背景下只能与岛相伴而生，耕海为田。这种环境与生产活动的模式迥异于陆地，也形成了海洋文化流动、开放、交流的基本特征。

到了清代，此时的南澳已被完全纳入中央王朝的控制下，成为维护大陆安全的屏障。岛上的一切行为以海防为第一要务，南澳由过去的航线节点变成了一把锁，海洋活动的活力自此被禁锢，此时南澳岛上的活动只可以视作陆地活动的延伸，其本质似乎已无太多海洋特性。此时岛上的自然景观就是以岛为兵营；人文社会的风貌则是被严格规范的士农工商的社会身份。管理体制也被纳入中央统一安排的流官体系，南澳岛成为"王化"的一部分。

本章主要将此次南澳岛海洋文化遗存调查的材料与南澳岛相关史料结合，梳理出南澳岛作为一个海洋聚落的历史发展过程。将这个岛屿放在整个中国东南沿海的大格局中来审视，可以发现南澳岛的海洋文化发展历程非常具有典型性。与大陆适中的距离、相对适中的面积、较为充足的淡水，使得南澳岛的发展能够接受一定数量的大陆移民来进行早期开发，同时又不至于因为移民数量暴增而导致本地区文化被取代。在整个东南沿海波澜壮阔的海洋活动中，南澳岛自然而然被纳入其中，并在整个过程中展现出海洋文化的特征。

---

[1] 王冠倬：《中国古代南澳岛的航海地位》，《潮学研究》1995年第3辑，第67页。

伍

海防因素对南澳海洋聚落的影响分析

南澳本岛海防建设

班兵制度与南澳岛戍台故兵墓

调查所见南澳军官墓葬和其他相关遗迹

明清南澳总兵、副总兵宦迹考

小结

海防这一概念的出现并不早，因为中原王朝的传统威胁往往来自北方游牧民族所建立的政权。中国东南沿海在经历长期开发后成为中央政府的财赋命脉，到明代"倭寇"开始袭扰江南一带，对国家赋税、政治安定造成了直接威胁，"海防"遂成为重要议题，并且自此开始贯穿中国古代历史后期直至近代。明洪武帝朱元璋在明朝建国后不久便命汤和在东南一带筑城、设置卫所以便防倭，形成了早期海防制度。明清鼎革之际，清朝水师与郑氏集团围绕福建、广东、台湾一带的海域展开拉锯。清朝建立后，如何戍守台湾也成为清代海防的中心工作之一。

近几十年来，随着我国在南海、东海等海域与多个邻国在领海主权及海洋权益方面冲突加剧，海疆史、海防史的研究成为热点课题。明清时期，南澳岛附近海域复杂的内外局势，加之南澳自古以来就是海上交通要冲，这种险要形势刺激南澳岛形成了官兵云集、各路人马汇聚、军事设施众多的历史画卷。关于南澳地理位置的重要性，古往今来论述者众多。如明人郭子章曾称"守金陵者不守淮泗，则长江失险；守雷廉者不守琼崖，则门庭受寇。南澳亦漳潮之淮泗琼崖也"[1]。军事意味浓厚成为南澳岛的主体文化特征，因此在探讨该岛文化属性时，海防成为核心内容。也正因为南澳地理位置的重要性，从古至今留存下了大量的海防遗产，这包括海防官署、城寨、烟墩、官兵墓葬等。在对南澳岛进行海洋文化研究时，大量的海防史迹是不容忽视的内容。但是需要注意的是对海洋文化的研究不能仅停留在遗迹、遗物的表面，需要"透物见人"，看到海防史迹背后的海防策略与人群。

通过此次南澳海防调查，我们可以将南澳岛海防遗迹分为两类。第一类为本岛防守遗存；第二类为对台防御遗存。第一类遗存主要立足于本岛要害地位的戍守，巩固南澳岛这一海防堡垒，其中班兵制度是围绕南澳岛海防运行的一项最重要政策，各层级海防官兵是这个政策的主要执行者。而第二类遗存不仅在数量上明显占有更大比重，并且对戍台有着更大意义。下文将主要通过发现的海防遗存、戍台官兵墓葬和一些官员墓葬对南澳岛海防部署、班兵制度、兵制进行初步研究。

第一节　南澳本岛海防建设

南澳岛发现的防御设施可根据其不同特点可分为 A、B、C 三种类型。

A 类型是民间建立的城寨。这其中又可以分为 Aa、Ab 两个亚型，Aa 型主要表现为

---

[1]（清）周硕勋：《潮州府志》卷四十《艺文》，台北成文出版社，1967年，第1007页。

水寨形式，Ab 型则为山寨。

Aa 型以位于深澳吴平寨村至北角山一带的吴平寨为代表。此寨是明嘉靖四十三年（1564）海盗吴平盘踞时建，用以对抗官兵围剿。吴平寨建有码头和城墙，具有海上军事堡垒性质，在嘉靖四十四年（1565），被戚继光、俞大猷联军剿灭。现遗存石基数段，根据遗存可以推算出寨围总长约 3 000 米。

Ab 型以位于隆澳东部鲤鱼山下的许公城为代表。此寨明嘉靖三十八年（1559）前后海盗许朝光盘据南澳时建，也是海盗为对抗官兵围剿而建。城外与城内同时修建的有两个烟墩作为警戒之用。"东烟墩"与许公城同时筑建，位于隆澳山顶村东偏南山麓，离山顶村约 1 000 米，离许公城约 2 000 米。其位置既可望南面辽阔海洋，又可见许公城。"西烟墩"位于西半岛龟埕龙颈山，离龟埕 200 米，离许公城约 6 000 米。其位置既可望北面海域，又可见许公城。现遗存城基断续数十米，高米余，厚近 3 米，城围约 2 000 米。

A 类型的设施是南澳最早建立的海洋防御设施，虽然防御目标是用以对抗来自官兵的围剿，但客观上这一类设施的建设反映出当时南澳岛海盗势力的强大。并且从其功能可以看出当时对海防御的基本模式。

B 类型为官修城寨。这其中又可以分为 Ba 型、Bb 型两个亚型，Ba 型是官署官舍之类建筑；Bb 型则是军事要塞。

Ba 型以位于深澳南澳城正中的闽粤南澳总镇府（亦称总兵府）为代表。明万历四年（1576）副总兵晏继芳建，历年多次修建、扩建。现存的建筑是在原址根据清康熙三十七年（1698）总兵周鸿升的"祝寿屏风图"参照古制重建，总兵府主体建筑由主座、两厢、前座、门埕、两廊、帅旗、钟楼、鼓楼、东辕门、西辕门等组成。占地面积 4 000 平方米，建筑面积 3 300 平方米。

Ba 型的另一个代表形式为位于深澳与云澳交界处山坳，深澳镇之南约 3 千米之山脊的雄镇关。明万历十三年（1585）副总兵刘大勋建关，万历四十八年（1620）副总兵何斌臣拓筑，复圮。清康熙二十八年（1689）总兵杨嘉瑞重建。雄镇关由条石构筑，城墙已残，现遗存关体长 24、宽 7、高 4 米。此关在建成后主要在遇到海上警情时派兵驻守，敌情解除后撤离，平时交由僧人来管理。如今此城墙只存向南关门一座，门上石额有"云深处"三字指向云、深两澳交界，亦颇有诗意，关门内有佛寺及真武庙。雄镇关历经多次修建，变化较大。

Bb 型的军事要塞以位于深澳湾猎屿岛的猎屿铳城为代表。城为明天启三年（1623）副总兵黎国炳为"备红夷"而建。城垣基本保存，呈长方形，残长 54.2、宽 18、厚 1.8 米，包括上座、下座、瞭望台、碑记。上座位于猎屿岛北侧山腰，下部由条石筑砌，上部夯贝灰沙土。下座位于猎屿岛西侧明代滩头，西距海约 30 米，东北距上座约 600 米，呈圆窝形，夯贝灰沙土。城垣大部尚存，外径17、墙厚2.5、高2.5米。瞭望台筑于猎屿顶峰，西北距上座约80米，西南距下座约300米，呈八角形，夯贝灰沙土。现上部已倒塌，遗存台座，外径7.5米。猎屿铳城碑记位于下座后侧，阐述建造猎屿铳城的时间、目的、规模、经费来源和领导机构等。

根据《猎屿铳城碑记》所载可知明代铳城"上座高一丈二尺，长围一十八丈二尺，为铳门者五……中筑屋一座三间，以居城守兵士；敌楼一座，以壮形势；旁为屋三间，以贮军实；城外为屋三间，以充厨窨"。据清《南澳志》卷之二所载清康熙五十六年（1717）改建为猎屿炮台。"上炮台围宽四十丈，营房十八间，大炮八位""下座高八尺，长围一十六丈，为铳门者十，为屋三间以便看守"。猎屿铳城"于山顶筑台瞭望，高三丈，周围六丈，外环以墙，高八尺，长一十二丈"。清康熙五十六年（1717）将铳城改建为炮台，"下炮台围宽一十八丈二尺，营房四间，大炮十二位。设专防千把总各一员，协防外委千把总各一员，兵五十二名"。[1]

现今能看到的所谓"猎屿铳城"为清代建筑结构，再加上数百年来风吹日晒，该炮台多处崩塌。20世纪80年代以来又有过几次维修，已经完全不见明代痕迹。因此《猎屿铳城碑记》实际上已成为明代猎屿铳城仅存的实物证据。

Bb型还包括位于云澳澳前村东南侧（太子楼遗址前）的云盖寺铳城。该城在明天启三年（1623）由副总兵黎国炳、绅士胡廷宴、中军张鼎建。现大部已废，遗存南侧残堆，据此推算城围约30米，夯贝灰沙土，间以条石。根据清《南澳志》卷之二所载[2]"上列大将军（炮）二位、大神飞（炮）二门，敌楼一区戍兵防守"。清康熙五十六年（1717），改建云盖寺铳城为泰字楼炮台。"围宽二十八丈，营房一十三间，大炮一十二位，兵二十名"。

B类建筑是在A类之后建成，是官方通过南澳经略周边海域的具体表现。表现出南澳岛为政府夺回后的营建管理。是与A类型相对的一种海防模式，也代表了中国海防活动的主要形式。

C类型是炮台。主要包括长山尾炮台、东炮台、猎屿新炮台三个。

长山尾炮台位于西半岛长山尾。包括上炮台、下炮台和烟墩。今下炮台和烟墩已失迹。上炮台营房已废，台垣大部尚存，1994年修复上座。下端用大石筑砌，上部夯贝灰沙土，长60、宽20、厚2米。据清《南澳志》卷之二所载，[3]清康熙五十六年（1717）建。"上炮台一座，围四十五丈，营房二十六间，大炮八座。山岭烟墩一座。下炮台一座，围宽五十七丈二尺，营房八间，大炮六位。专防千、把总一员，协防外委千、把总

---

[1]（清）齐翀：《南澳志》卷之二《关扼》，第9页。
[2]（清）齐翀：《南澳志》卷之二《关扼》，第9页。
[3]（清）齐翀：《南澳志》卷之二《关扼》，第10页。

一员,兵八十二名"。长山尾炮台与莱芜炮台遥相呼应,扼控莱长海峡。

东炮台位于深澳东门外。清代建成,由地面平台和六座炮垛组成。炮垛用贝灰沙土夯筑作为掩体,呈八角柱体,高1.7、宽2.95米,两垛之间相距1.85米。垛间架设大炮。今遗存一垛,余五垛已废。1982年在该炮台出土六千斤大炮一门。

猎屿新炮台亦称猎屿水面旋转炮台,位于猎屿铳城下座前侧滩头,二者相距约20米,与海相接。清光绪二年至八年(1876—1882)潮州水师提督方耀建。工将竣而停,炮亦未设。中辟一圆窝,外径82、内径32米。现炮台仅存残迹。

炮台设立得较晚,主要是为应对西方殖民者的入侵。这些炮台在保卫中国海上主权的战斗中曾发挥了重要作用,从遗存属性上来看属于海防遗存主体设施。

通过对南澳岛上海防遗存的分类,可以发现南澳海防遗存的历史发展轨迹。这和南澳岛整个历史格局的变迁吻合,岛内海防遗存是南澳岛海洋文化的有机组成部分。

第二节 班兵制度与南澳岛戍台故兵墓

清朝初年,郑成功以台湾为根据地抗清,对清政府造成极大的威胁,经过康熙帝的一番苦心经营,以及施琅在澎湖海一役的血战,才得以解除清政府的心腹大患。因此在收复台湾之后,如何对台湾行使有效的管辖是一个重要课题,朝廷内部对台湾的弃留及防守问题产生很大争议,班兵制度应运而生。班兵制度的产生有着重要意义,是研究台海历史的重要内容,下文将对班兵制度做简要概述。

(一)班兵制度的建立

班兵制度是针对台湾防务的一项专门制度。原本满清政府在大陆推行沿袭自明代卫所制的绿营兵制度。清政府在险要之处实行"设营置兵,其兵皆招募土著之人,语言既同,险要亦熟,故一兵可收一兵之用"的策略。这些戍守要地、永久定居、吃粮拿饷的绿营兵是有军籍的职业军人,甚至在他死后,其子可顶其缺。这就是所谓的"兵民分籍分业,兵既为父死子继",故又称"世兵"。但是由于台湾处于海岛,孤悬海外,特别是郑成功据台抗清,清政府在付出巨大牺牲后才将其收复,在此地募兵驻守就有土著居民与军合流,重新聚众反叛的风险,在这种可能的威胁和行使管理权的现实需求冲突中,清政府内部也有过一番争论。

施琅曾向朝廷建议兵不加饷,通过轮流戍守、屯田充饷的方式来"以万人永戍台湾"。他主张"镇守之官"三年一易;但李光地主张连同"戍兵"也三年一易。李光地的主张是

"宁不辞劳费",他的这一见解出发点正是担心戍台官兵在台过久形成势力而反叛,使台湾再度成为清廷在海外的威胁。其内容主要是戍台兵丁不用台民,在福建各地绿营中抽拔,选调之人既要求"年力精壮,有身家",又不许携带妻室,"更迭往戍,期以三年"。同时利用漳、泉两地居民"聚众械斗不合"的传统,将漳、泉两地兵丁与在台漳、泉两籍移民分开,隔离戍守,即漳州籍兵丁分拨到泉州移民区,泉州籍兵丁到漳州移民区戍守,目的是防备戍台兵丁"岁久各立家业,恐意外致生他变",担心兵民合一,滋生事端。

在清廷内部对台湾是守是弃两派争论不休的时候,施琅鉴于台湾的重要战略位置向康熙皇帝提出一种戍台方略。康熙二十二年(1683),他在《恭陈台湾弃留疏》折中对台湾的重要作用和守御之法提出了自己的看法,他在折中说:"以斯方拓之土,奚难设守,以为东南数省之藩篱,且海氛既靖,内地溢设之官兵,尽可陆续汰减,以之分防台湾、澎湖两处。台湾设总兵一员,水师副将一员,陆师参将二员,兵八千名;澎湖设水师副将一员,兵二千名。通共计兵一万名,足以固守,又无添兵增饷之费。其防守总兵、副、参、游等官,定以三年或二年转升内地,无致久任,永为成例。"[1]这一主张提出从内地抽调士兵戍守,二至三年轮换,基本确立了班兵制度的雏形。康熙帝认可了这一策略,并令福建督抚详议,并最终确定的方案是"总兵官一员,副将二员,兵八千,分为水陆八营,澎湖应设副将一员,兵二千,分为二营,每营各设游守千把等官"[2]。

施琅所谓的兵源来自"内地溢设之官兵"就是指从内地的绿营中抽调官兵组成戍台部队而不再新设编制员额,班兵的组建主要是从福建、广东两省的绿营抽调。其中"陆路者皆由漳州、汀州、建宁、福宁、海坛、金门等六镇标,及福州、兴化、延平、闽安、邵武等五协标抽调而来;其水师则由福建之海坛、金门、闽安三协标,及广东、福建合辖之水师——南澳镇标抽派而来,此外尚有水师提督,烽火营(闽、浙共管)。又以金门、漳州、南澳三镇势居下游,故抽调之兵名曰下府兵;其他汀州、建宁、福宁、海坛、福州、兴化、闽安、邵武等镇协抽调之兵,势居上游,谓之上府兵"[3]。为防止官兵据台反叛,清政府严格规定出派的原单位须有固定的员额和固定的驻防区域,不可随意更动。譬如:广东南澳镇标驻台戍兵为一百名,三年满期,这一百名戍兵照例回归原南澳镇标,再由南澳镇标重新改派其他一百名戍兵到澎驻防,不得改由闽安协派兵替换或将这一百名戍兵改派别处驻防,如此固定员额和区域的轮流驻防,永为定例。当时调台之兵来自内地五十余营,抵台后每一台营皆由内地数营乃至十余营之兵所组成,以达错杂相维、彼此牵制的目的。这就形成了所谓的"班兵轮替制度"。

---

[1] (清)施琅:《靖海纪事》下卷,福建人民出版社,1983年,第122—123页。
[2] 《清实录》第五册《圣祖仁皇帝实录》卷一一五,中华书局,1986年,第192页。
[3] 台湾省文献委员会编印:《重修台湾省通志》卷五《武备志·防戍篇》,第4页。

（二）班兵制度的作用

自康熙二十四年（1685）康熙帝确定成台班兵制度起，至1895年甲午中日战争爆发清朝战败，《马关条约》签订割台湾给日本止，清朝统治台湾211年。按照当时班兵制度的规定，额兵一万计，平均三年一轮换，共换防70次。期间台湾所发生的叛乱有"三年一小反，五年一大反"的说法。根据相关文献的具体记载可以看到，"自康熙二十二年平台以来，迄今一百五十余年，奸民倡乱数十起，大半起于嘉彰，而南路响应""自康熙二十二年入版图，于今百五十余年矣，乱者凡一十有五，皆闽人也""或数年，或十数年辄一见，其自相残杀，则间岁有也"[1]"台湾入籍一百四十年，奸民十一起"[2]。从文献所载可以大略地看出当时台湾社会整体治安状况异常复杂。这些民变大体包括有"叛逆"、盗匪、"蕃变"、械斗等等，若要细分还可分类成起义、游民骚乱（包括暴动、骚乱、竖旗、结会）、地方豪强骚乱、其他抗官事件、民间械斗、土汉冲突等六类[3]。其中规模较大的被视作叛逆的事件有康熙六十年（1721）朱一贵在凤山的叛乱，三十余万众占领府城；乾隆五十一年（1786）林爽文在彰化的叛乱，号称数十万，此次叛乱历时最久，区域最广；乾隆六十年（1795）陈周全在彰化的叛乱，人数仅数千，但占领了彰化、鹿港等地；嘉庆九年（1804）蔡牵在海上的叛乱，人数也有近万人；道光十二年（1832）张丙率两万余众围攻嘉义；咸丰三年（1853）林恭率数万众占领凤山并进攻府城；同治元年（1862）戴潮春率十余万众攻占彰化县城，震动全台。这些叛乱都将矛头指向清政府，以推翻清政府在台统治为口号，起义的领头人多是农民、佃户等底层人士，反映出当时台湾尖锐的阶级矛盾。这些起义都严重威胁了当时的政局稳定，因此是被严厉弹压的目标。除这些记录在案影响较大的起义事件外，那些数百人的暴动和骚乱就更数不胜数，足见当时对抗的激烈。面对民间几乎不间断的反抗，清政府能够应对的政策自然就是派遣士兵进行弹压，于是乎各地绿营士兵开始发挥他们的作用。

班兵制度是在清政府收归台湾后，为巩固中央政府对台湾地区的统治，防止发生分裂而采取的最快捷的方式。虽然随着西方殖民者与日本侵略者的不断入侵，班兵制度和当时整个清王朝一样摇摇欲坠，并最终随着台湾的沦陷而走下历史舞台。但就班兵制度存在的200余年间，其在维护国家统一，维持台湾稳定上还是发挥了积极的作用。各种用以防止拥兵自重的措施使得台湾在清政府统治期间并未出现割据局面，故班兵制度本身还是有可取之处的。

---

[1] 台湾银行经济研究室编印：《台湾文献丛刊》第八二种《内自讼斋文选》，第31页。
[2] 台湾银行经济研究室编印：《台湾文献丛刊》第一二〇种《台湾通纪》，第二册，第157页。
[3] 陈孔立：《清代台湾社会动乱原因与性质的分析》，《台湾研究集刊》1996年第4期。

（三）班兵义冢

在班兵轮防、镇压叛乱过程中，有人牺牲在战场，有人病死途中。对于重视叶落归根的中国人而言，这些客死他乡的士兵最终也面临着安葬的问题。逝者若有家属、亲友、家人，便会出面治丧，并扶棺回原籍归葬。若无子孙后裔，尸骨只能依赖同袍或长官的善心，若有人愿出头费心打理，遗骨才能整批地被运回故乡。而那些生前孑然一身的士兵，死后便被拢聚一起合葬成为义冢。目前已知除了包括清道光二年至二十六年（1822—1846）的戍台澎故兵墓130余座、同治年间故兵墓60余座的南澳岛清戍台澎故兵墓园之外，还有福州闽安镇虎头山戍台清军义冢，此义冢分别葬有嘉庆二十四年（1819）、道光十三年（1833）、光绪戊寅年（1878）轮戍台澎宝岛的清军将士；福建东山南门湾翠云宫义勇祠和戍台将士墓群，是清道光二十七年（1847）为葬铜山营牺牲士兵而建，现存130多座墓碑。

康熙二十三年（1684）台湾回归清朝版图后，南澳镇左营官兵分批轮流戍守台湾、澎湖、淡水，三年一班，前后历200余年。期间亡故将士之骨殖移于南澳吴平寨东北郊分批列葬。

清戍台澎故兵墓位于广东省汕头市南澳县深澳镇吴平寨村东北部山坡上。原葬地分散于该处，墓葬分布范围约50亩地，系道光至同治年间南澳镇左营官兵奉命戍守台湾、澎湖亡故士兵的骨骸移葬之墓葬群，20世纪80年代初文物普查时被重新发现。埋葬分期分批，每批一横排，每排10多人至20人不等，坐向不一。每排墓葬中央有一主碑，上刻："道光二年蒲月/戍澎万善义墓""道光十三年/戍台澎义冢""万善同归义冢墓"。主碑两侧彼此相连的墓茔中间各有石碑，上刻"故兵×××墓"。1993年后又陆续发现了多批戍台澎故兵墓，都有墓碑和人名，时间分别为同治九年（1870）十月、同治十一年（1872）六月。与以前发现有所不同的是，墓碑分别刻有"头起""二起""三起""四起"和"班兵"等字样。根据多批故兵墓的发现，推测故兵总数应当远超200人。南澳戍台澎故兵墓群是清代实施班兵制度的有力见证。

针对义冢墓碑所刻时间，查对台湾所发生的叛乱，我们发现道光二年（1822）蒲月（农历五月）发生了"朱蔚事件"。淡水人朱蔚借姓氏之便自称明室后裔，从淡水潜入噶玛兰（宜兰）谋乱。台湾镇总兵官观喜派兵前去镇压，逮捕到朱蔚，并将其处死；而凡是潜入噶玛兰的游民，皆驱逐至淡水，递交艋舺县丞衙门，由八里坌配渡出境，事方平息。

道光十二年（1832）发生了"张丙事件"。张丙祖籍福建漳州南靖默林坎下，其祖父于乾隆年间移居台湾嘉义县店仔口庄（今台南白河镇白河里及永安里）。道光十二年夏（1832），大旱，台湾嘉义知县邵用之治事无方，张丙在同年十月"竖旗起义"，凤山与彰化各有许成与黄城率众反抗官府。张丙占领台南府与云林斗六门（今斗六）一带，建国号为天运，自立为开国大元帅，期间并聚集数万名兵力，强攻盐水港，造成清廷知府吕志恒、把总朱国珍、副将周承恩等人死亡。张丙久攻嘉义不下，加上王得禄、刘廷斌等人反制，致使动乱渐平。同年十二月，张丙及其部属因事败被捕。次年一月，清政府历经三个月终于平定张丙事件，张丙连同数百名部属被杀。

道光十三年（1833），漳泉、福客械斗，淡水、新竹、桃园一带漳泉械斗，福客各庄互相残杀，祸延数年。台湾民间械斗是个值得关注的问题。台湾作为移民社会，存在着以地缘关系为基础组合的社会群体，他们之间将原祖籍地的矛盾带入台湾，又在开发台湾的过程中发展出新的矛盾和冲突，加之清政府在台统治偏弱，为械斗提供了土壤。械斗在清代前期主要表现为不同祖籍地移民间的"分类械斗"，到后期则是不同姓氏甚至不同房派之间的械斗。其中最大的矛盾群体来自祖籍地泉州、漳州两地的移民，械斗的导火索往往是争夺水源、土地等。这类矛盾延续时间长且不易调和，其爆发经常使得清政府疲于奔命却无法根治。

道光二十一年八月至道光二十二年二月（1841—1842），在台海附近发生中英台湾之战。道光二十年（1840年）九月，英国军舰窜抵台湾鹿耳门外洋，被台湾兵备道姚莹、总兵达洪阿督水师击退。

道光二十一年（1841）八月，英军进犯闽、浙沿海的同时，再次窜扰台湾。八月十六日，英军运输船"纳勃达"号在鸡笼万人堆洋面触礁下沉，船上英军纷纷乘舢板逃命，为鸡笼守备许长明等追捕，毙敌三十余人，生俘一百三十三人，缴获大量武器、地图等物。

道光二十二年（1842）正月三十日，英军一艘三桅兵船驶入淡水、彰化之间的大安港。守港清军伪饰为渔船，命人扮作渔夫诱使英舰由土地公港驶进，后触礁，岸上伏勇当即驾船围捕，俘敌五十四人，缴获英军从宁波掠得的兵器、号衣、旗帜等物。

同治九年（1870）发生了"戴潮春事件"。戴潮春，彰化四张犁人，家庭富裕。戴潮春与他的哥哥为争夺土地，组织土地公会、八卦会以增强自己的力量。后来其哥哥病亡，但是戴潮春并没有停止组织，反而暗地里组织更大规模的天地会。此时太平天国仍然在中国大陆与清政府征战，台湾人心惶惶，戴潮春以联庄保路为名，替满清官方训练地方自卫队，帮官兵捕盗。彰化地方官员借此非常欣赏他，倚之为左臂，因此戴潮春个人实力大增，其组织人数到达万人。一方面是在官方的许可下成长，戴潮春以八卦会的人维持地方治安，八卦会的名声极好，入会者也有不少人为求自保，所以人数众多。另一方面满清官员见彰化县杀人越货的强盗甚多，而此时从大陆轮戍的班兵在整个清朝绿营兵制腐败的背景下亦无幸免，可以用毫无战斗力来形容，所以这支民间自卫武力部队日渐强壮。

同治元年（1862）三月，满清兵备道孔昭慈到彰化后竟杀了八卦会总理洪某人，这种行为引起八卦会的盛怒。戴潮春带领八卦会众人举旗反叛，即攻下彰化，自立为王并以"大元帅"自居，分封林日成、陈弄、洪欉为南王、西王、北王，自为东王，又封大将军、国师、丞相等官职，设置中央政府各机关，安抚百姓。俨然成为独立王国。

他在军事上也十分有进展，生擒满清兵备道孔昭慈，其后与规昌慈等人被囚自杀。四月戴潮春攻鹿港、围嘉义；后攻大甲，得而复失。八月又攻斗六门、南下嘉义，仍不成功。清政府分巡台湾兵备道洪毓琛向英商德记洋行借款，成立筹防局以为应付。十二月满清从大陆派兵来台，命福建水师提督吴鸿源于次年率军登陆安平后，清军方渐次取得优势，不久又命陆路提督林文察前来支援，但仍不敢进攻彰化城。后清政府二度增兵，再从大陆派出大军，台湾兵备道丁日健率军自淡水登陆，与新竹林占梅所率乡勇会师南下，如此满清军队才敢进兵，彰化、斗六门相继被清军攻克。戴潮春入内山，匿于大武西堡，后被捕，被斩于北斗。戴潮春事件历时三年，战况反复，争夺激烈。

台湾发生的事变多需要从内陆增派班兵布防，而南澳作为戍台水师营士兵的主要来源，自然需要被大规模派出。在激烈的战斗和行军的劳顿中，士兵相继出现折损。这些牺牲的戍台士兵遗骸在没有人认领的情况下被集中到他们的驻地南澳，遂形成了现在的南澳班兵墓葬群。从现存于海峡西岸的数处故兵墓群来看，南澳故兵墓总量大大超过闽安、东山、福鼎等三处，是体现南澳与台、闽关系的重要文物及历史见证。现在闽安、东山、福鼎三处故兵墓群以"清代戍台将士墓群"的名称联合列为第七批全国文物保护单位。但遗憾的是，南澳的故兵墓群却因为不当保护，被统一迁葬，改造成现代风格的墓园，大大降低了其文物价值。现在只有近两百块小墓碑还能体现出其文化内涵。

另外还发现一座大鹏营故兵刘大进墓碑。墓碑内容为：广东大鹏营，嘉庆十七年（1812）十月，故兵刘大进之墓。原墓位置不详，2006年于深澳镇西门外田野中发现，现藏于南澳县海防史博物馆。碑高61厘米、宽23.5厘米，正书，主碑字约5厘米，款字约4厘米。"广东大鹏营"横刻，其余竖刻。大鹏营，为原顺德右营，康熙四十二年（1703）将顺德镇标右营改为大鹏营，属提标，原设游击。雍正四年（1726）改为参将驻扎东莞县大鹏所城，隶水师提督营辖。刘大进无考，但从其墓碑发现于南澳来看，推测是南澳籍的士兵。此处的"故兵"是否如前述"戍台澎故兵"一样为戍守台湾或澎湖的清代水师士兵仍不详。广东大鹏营并不是主要的班兵来源，而是用以防御南海方向，是清政府在广东地区的重要据点。南澳岛在清朝时由广东、福建两省共管，故兵刘大进的军籍在当时可能归属于广东的左营一侧。

第三节　调查所见南澳军官墓葬和其他相关遗迹

前文将南澳岛驻防的低级班兵墓葬进行梳理。这些人是海防活动的主要群体，属于具体政策和战术的执行者，也是牺牲最多的人。南澳故兵墓中这200余座墓葬并不能反映成台事迹的全貌，只是历史洪流中的一朵浪花。只有承载尸骸骨灰的小罐子和铭文砖的模糊字迹证明了这些人曾经的英勇事迹。

相对于无人认领、集中收葬的普通士兵，那些有一定军阶的中低层军官的待遇要好很多。他们在死后最起码能够保留一个墓冢，并得到后人的祭扫。从这些军官墓碑刻载的内容中能够获得许多以前无法得到的历史细节。至于更高级别的总兵、副总兵之类，墓葬多归葬原籍。

（一）调查所见南澳军官墓碑

南澳自明代开始设立副总兵驻守，但至目前为止，尚未发现明代水师官兵墓葬。此次调查仅发现清代水师官员墓，部分水师官员父母墓碑上详细列出了其子孙在海防兵镇中的职位及所获封赠，为了能够较为直观地展现此次调查发现的中低层军官墓葬信息，我们列于表中展示如下。

碑 名	位 置	内 容	备 注
林良锦墓道碑	位于南澳县深澳镇西畔山腰鸡心岭	皇清/乾隆庚午年葭月谷旦/诰赠怀远将军福建台湾水师协标左营副总府带军功纪录四次又纪录一次良锦林公偕元配妙敬蔡氏淑人墓道/不孝男金勇立石	碑高160、宽85厘米，5行，正文每行16字，每字约8厘米，款字约5厘米。乾隆十五年十一月（1750年）
陈元宽墓道碑	位于南澳县深澳镇东野	皇清/乾隆岁次辛未年季夏吉旦/诰赠怀远将军讳元宽陈公之墓道/署福建水师提督金门镇总兵官男谢勇立	碑高190、宽68厘米，3行，正文16字，每字约11厘米，款字约10厘米。乾隆十六年（1751）
黄元臣墓碑	原始位置不详，现位于后宅宫前村南路黄氏宗祠后空地上	皇清/乾隆戊子年四月立/特授武功大夫加一级带纪录三次/元臣黄公/墓/三房子孙永奉祀	碑高84、宽24厘米，正书，主碑字高约5厘米，款字高约4厘米。乾隆三十三年（1768）
张彩腾墓	位于青澳镇西南部的山坡上	清/乾隆甲午年菊月/奋武郎彩腾张（公）	碑高50、宽40厘米，字3行，正文两行。主碑字每行高10厘米、宽10厘米，年款每字高5厘米、宽5厘米
陈大坤墓	位于南澳县云澳镇布袋澳畔（为20世纪80年代末其后裔所迁葬）	道光丙午年葭月/皇清武德骑尉大坤陈公/茔域/长房子孙永奉祀	陈大坤（约1786—1846），陈功之父。云澳人，行伍。咸丰元年（1851）任南澳镇左营守备，海战骁勇，调台湾艋舺守备。道光二十六年（1846）卒

续表

碑　名	位　置	内　容	备　注
谢飞凤墓	位于深澳镇吴平寨村后山	皇清/道光二十年三（月）/显考奋武郎飞凤谢（公）/长房子孙（立）	碑高40、宽20厘米，字3行，每行字高约5厘米，宽约5厘米
陈大进墓碑	位于云澳镇顶松柏坑，被作为乡间步道石	皇清/咸丰辛酉年阳月/考武德骑尉大进陈公/妣五品宜人全福郑氏/之墓/二房子孙永奉祀	碑高90、宽40厘米。4行，正书，主碑字高约5厘米，宽约6厘米，年款每字约3厘米。底款每字高约5厘米，宽约3厘米。咸丰十一年十月（1861年）年二房子孙立
谢舜臣墓碑	位于云澳镇顶松柏坑，被作为乡间步道石	皇清诰赠显祖/同治癸亥年陆月/武翼都尉舜臣谢公/三品淑人克端林氏/墓/长房子孙永奉祀	碑高100、宽48厘米。"皇清诰赠显祖"为篆书，横书，每字约6厘米，其余为竖书，主碑字正书，高约6厘米，宽约5厘米，年款每字约4厘米。底款每字高约5厘米。同治二年六月（1863）
黄进平墓碑	原位于云澳镇山边村附近。现置于总兵府内	皇清/同治壬申年四月□日立/福建全省水师提督军门/振威将军篆讳仰山黄公/钦命寿域/八房子孙永奉祀	同治初升授福建水师提督，驻扎厦门。同治十一年四月（1872）
洪名香墓碑	原位于云澳镇山边村。现置于总兵府内	清/同治乙丑年桂月/钦命广东提督商山洪公/诰封一品夫人庆裕邱氏/茔/二房子孙永奉祀	碑高120、宽60厘米。3行，正文每字高约9厘米，宽约8厘米，款字约5厘米。同治四年八月（1865）二房子孙所立
陈功墓	位于南澳县云澳镇布袋澳畔，在其父陈大坤墓东南侧约300米处	清/光绪年甲午葭月/蓝翎代理南澳总兵镇讳功陈公/诰封三品淑人孝庄杨氏/墓/五房子孙永奉祀	陈功（1813—1887），云澳人。同治十一年（1872）由南澳镇左营游击代理南澳总兵。光绪二十年（1894）卒
柯廷标墓	位于南澳县云澳镇布袋澳山坡	清/光绪戊申葭月立/诰授武翼都尉廷标柯公	碑高70、宽50厘米，字四行。每行字高约7厘米，宽约7厘米
陈瑞旭墓	位于南澳县深澳镇东野后山	皇清/武翼大夫瑞旭陈（公）	碑高80、宽40厘米，单行。每字高约10厘米，宽约10厘米

（二）南澳留存官兵相关遗迹

南澳设镇后，在很长一段时期内，军事长官（副总兵、总兵）同时也是民事最高长官。即使在南澳设海防同知后，军事长官对于民众的公共生活依旧有着极大的影响力。加之设镇后，数千名官兵生活在南澳，毫无疑问深度介入了当地民众的生活。也因此，南澳现存有大量体现海防官兵在南澳生活情况的文字石刻。

这其中又可分两部分：

第一部分，反映南澳海防官员个人生活的文字石刻。

摩崖名称	内　　容	位　置	与海防相关内容
白玉诗刻	锁钥东南控上游，高标砥柱界中流。 六师威震诸夷服，一剑霜寒万里秋。 鼙鼓声喧鲸浪静，楼船凯唱阵云收。 燕然未勒封功石，且颂升平纪海洲。 　桂林　白玉	深澳大石牌	白玉为明万历年间南澳副总兵
陈廷对诗刻	九日登高处处同，谁从岭表控闽中。 挽枪已就星躔落，格泽还凭霜露融。 碧海洗兵堪对酒，青山秣马欲追风。 丹心不用茱萸佩，叨沐皇灵重化功。 　三山　陈廷对	深澳金山顶	陈廷对为崇祯年间南澳副总兵
洪斌榜书题刻	江山如画	深澳东畔山腰	洪斌为康熙年间南澳游击署南澳总兵
陈良弼诗刻（两处）	《登金山绝顶和》 地分闽粤界，人共摄衣观。雾霭岚光小，烟消海宇宽。 百年空说剑，此日庆安澜。棠荫留余泽，思君借寇难。 辛丑菊月念五日 代□香吏　陈良弼 《大中丞法公原韵》 十载驱驰岛上秋，高峰勒马问丹丘。 太平不事安边策，一剑霜寒百粤流。 　古闽　陈良弼	深澳金山顶	陈良弼为康熙年间南澳总兵
杨琳诗刻	山连闽粤水连天，雄镇东南列战舡。 四澳晚炊春树霭，三澎晓涨浪花旋。 空青太子楼中草，不断侍郎洲上烟。 十月经营迁正好，峰云海月袖双悬。 时雍正丙午夏　金陵杨琳留题	深澳大石牌	杨琳为雍正年间南澳镇右营游击

148　海洋聚落与海防遗存：南澳海洋文化遗存调查研究

续　表

摩崖名称	内　容	位　置	与海防相关内容
陈林每榜书题刻	瞻屺	深澳蒙庵	陈林每为乾隆年间南澳镇总兵
倪鸿范题刻（两处）	梅花村 新构数椽列帐窝，亭亭石扇墨挥摩。泉潺不息欢人意，莫羡名山僧刹多。庚午春温陵倪鸿范题并书	深澳蒙庵	倪鸿范为乾隆年间南澳镇总兵
邓万林榜书	海阔心雄 光绪丁亥年季夏月镇南澳使者邓万林书	深澳猎屿铳城下座前侧	邓万林为光绪年间南澳总兵

第二部分，体现海防官兵参与公共事务的文字石刻。

石刻名称	基本情况	与海防相关内容
南澳镇城汉寿亭侯祠记碑	明万历十二年（1584）立。原位于深澳关帝庙（即寿亭侯祠）东南侧，现集于总兵府内碑廊。碑高232、宽96厘米，碑额篆书，其字剥蚀严重，字迹残缺不全。碑文正书，30行，每行53字或54字，每字2.5厘米。四周加缠枝草花边框。	碑文概述了南澳重要的地理位置，记叙了关羽将攻克吴平的方略托梦于戚继光而使戚俞联军大获全胜的经过。除撰文为"潮州府同知何敦复"外，其余署名者为：协守潮漳副总兵于嵩，守备都指挥陈经翰，悬钟游兵把总吴一封，守备康九皋，把总徐标，署指挥佥事王燮，千户李道基，千户刘佩，百户刘玉成，名色把总王文，名色把总陈以谦、刘可贤，听用武举李恂，哨官林廷器。
南澳山种树记碑	明万历二十二年（1594）立。位于深澳天后宫东侧。碑高225、宽96厘米，碑额篆书，分3行，每行2字，每字约15厘米。碑文正书，21行，每行47字或48字，每字3.5厘米。四周加缠枝草花边框。	碑文简述南澳历史、地理、风光、造林绿化的意义和在南澳山（深澳金山一带）开展的一次空前植树（松苗四万、杉苗三万）行动。立碑者为钦差协守潮漳等处地方副总兵官前奉敕提督蓟辽保定山东等处防海御倭中军都督府署都督佥事陈璘。
文庙石匾	清康熙五十六年（1717）刻。现集于总兵府内碑廊。"学海渊深"匾，行楷书，高44、宽130厘米，"学海渊深"每字约20厘米，款字约10厘米。	题匾人为南澳总兵周士元。

伍　｜　海防因素对南澳海洋聚落的影响分析　149

续 表

石刻名称	基本情况	与海防相关内容
奉广东督抚两院会禁云澳网桁碑记	清康熙六十一年（1722）立。位于云澳中柱天后宫内。碑高193厘米、宽80厘米，碑额正书，分8行，首行"奉"字宽约7厘米，略长；余每行2字，每字约7厘米。正文24行，每行49字，每字2.5厘米。四周加边框线。	规定云澳网桁生产的船户、人数、税收及渔场抽阄轮流制度等。立碑人为南澳镇标右营游击陈朝正。
南澳文庙祭费碑	雍正九年（1731）立。原立于深澳文庙，现集于总兵府碑廊。碑高160、宽86厘米，碑额篆书，每字径11厘米。碑文正书，24行，每行42字，每字2.5厘米。	涉及文庙祭祀经费来源及祭费收管等内容。立碑人为署镇闽粤南澳镇标右营游府寺虎门右营都司府陈（按：此位官员具体人名未详）。碑文中提及"奉总镇府张命牌"，该总镇府张即雍正八年（1730）起任南澳总兵的张起云。
各庙缘田碑记	乾隆十七年（1752）立。原碑位置不明，被辟为四块分散于深澳恩主后公路旁。现征集于总兵府内。碑高240、宽98厘米。碑额正书，每字径约12厘米，碑文正书，20行，每行53—56字，每字3厘米。	碑中记载了三官堂住僧开性勒索佃银案件的审理情况，并因此将南澳十二座寺庙田亩来源、亩数、位置等情况勒石立碑。案件审理结果咨时任南澳镇总兵的倪鸿范一体存案。通查清理十二座寺庙田亩情况并将结果勒石的决定者亦为倪鸿范。此外，碑文中还提及明代和清代数位副总兵、总兵、游击舍田给寺庙的情况。立碑人包括：南澳镇总兵倪鸿范，署左营游击洪福，右营游击徐士桂，左营中军守备欧阳捷，右营中军守备施协等。
重建武庙碑记	乾隆四十九年（1784）立。原位于深澳关帝庙（即寿亭侯祠）东南侧，现集于总兵府内碑廊。碑高200、宽103厘米，碑额正书，每字约8厘米，碑文26行，序文共9行，每行46字。捐题芳名部分每行44—45字，每字3.5厘米。碑额饰双龙戏珠雕刻图案。	碑文概述了南澳重要的地理位置，提及关羽将攻克吴平贼寇的方略托梦于戚继光，使戚俞联军大获全胜的事迹、南澳设镇置官的历史。着重介绍了武庙的沧桑历史、重建经过以及一些官员捐银情况。碑文撰写人为南澳总兵招成万。捐银者包括南澳左右营、澄海协、海门营、达濠营以及福建水师提标、台湾水师协、金门镇等营镇官员。
魁星楼碑记	乾隆五十六年（1791）立。原碑位置不详，2005年10月发现于后宅镇山顶乡，现集于南澳县博物馆内。碑额篆书，每字约7厘米见方。碑文正书14行，残存82字，每字3厘米。碑残高93—83厘米，宽70厘米。四周加草花边框。	碑文追叙了康熙年间南澳总兵建魁星楼的事迹。记述了时任南澳总兵的李南馨倡议重修魁星楼的事迹。虽然碑残缺不全，但还是可见捐款人名中包括南澳总兵马龙、海门营参将林起凤及守备胡国泰等。

续 表

石刻名称	基本情况	与海防相关内容
重修城隍庙碑记	嘉庆四年（1799）立。原位于深澳城隍庙内，现集于总兵府碑廊。碑高212、宽76厘米。碑额篆书，每字3厘米。碑文正书，21行，每行37字，每字3厘米。	碑文追述了康熙年间总兵杨嘉瑞重修城隍庙的事迹。并记述了时任总兵林国良带领两营游击守备等官员捐俸倡修该庙宇的事迹。
官地盖铺收租碑记（自命名）	嘉庆十四年十二月（1809）立。原位置不明，碑断为两段，现集于总兵府碑廊，碑高148、宽50厘米。无额，碑文9行，每行约26字，每字4厘米，第4、第5行残。	追述前任南澳总兵杜魁光批准在废弃官地上盖铺收租，以供各祠祭祀、香灯之费的往事。记述时任南澳总兵胡于鋐将建好的铺屋绘图附卷案，存交本辕工书收掌，并立碑将已盖铺屋数、宽围丈尺开列于碑上的事迹。
（道光）重建武庙碑记	道光十年（1830）立。原位于深澳关帝庙（即寿亭侯祠）东南侧，现集于总兵府内碑廊。由三块碑石组成，中间一块下缺，因而部分捐银者姓名缺。碑高221厘米、宽101厘米。碑额正书，每字约10厘米。碑文正书，26行，序文6行，每行62字，每字约3.2厘米，捐题芳名部分字数不等。	追述了南澳武庙创自明季，废于海风后，南澳总兵杨嘉瑞、招成万先后重修的事迹。记述了道光年间，时任南澳游击傅清河倡建重修，南澳总兵潘汝渭率左右营及所属协营官兵捐俸修建的事迹。捐银者包括福建水师提督刘起龙，多位曾任或署任南澳总兵以及南澳所辖各协营官兵。
（道光）重建恩主公古庙碑记	道光十二年（1832）立。原位于深澳贵丁街东侧港墘恩主公古庙内左侧。2000年重修庙宇时被毁。碑高200、宽97厘米，由四块组成。碑额正书，单列，每字径约9厘米。碑文正书，30行，序文4行，每行54字，捐题芳名部分字数不等，每字2.5厘米。	碑文追述了康熙五十九年（1720）南澳总兵蓝廷珍创建恩主公庙的事迹。记述了道光十二年（1832）南澳总兵庄芳机等人重修的事迹。捐俸人员除庄芳机外，还有南澳左右营官兵，广东大鹏营、碣石营、海门营官员。
天后宫重建碑记	清道光十四年（1834）立。位于深澳天后宫二进西侧。碑高224厘米、宽101厘米，碑额篆书，高11、宽8厘米。碑文正书，19行，序文9行，每行约43字，捐题芳名部分每行35—42字，每字3厘米。	碑中追述了康熙二十四年（1685）南澳总兵杨嘉瑞修建天后宫事迹。并记述了道光十二年（1832）开始总兵庄芳机重新修建天后宫，以及道光十四年（1834）修建完毕时前后任南澳总兵庄芳机、沈镇邦及南澳左右营官兵、澄海协官员、海门营官员的捐款情况。
（道光）龙门塔碑记（自命名）	道光十六年（1836）立。原位于深澳镇北面海中虎屿岛上龙门塔旁，现佚。碑高112、宽46厘米。首行每字4厘米，中间每字8厘米，尾行每字6厘米。	记述了道光时南澳总兵沈镇邦和军民府同知邓存咏率南澳绅士倡建龙门塔之事。

伍 | 海防因素对南澳海洋聚落的影响分析

续 表

石刻名称	基本情况	与海防相关内容
题捐重修五福古庙姓字银两碑记	清道光二十八年（1848）立于深澳五福古庙外西侧围墙。碑高149、宽139厘米，由四块宽度不等的碑石组成。无额。碑文正书，40行，每行字数不等，每字约3厘米。	捐款人包括南澳镇总兵、左右营游击、守备、兵丁。另有广东琼州镇总兵、阳江镇总兵、龙门协副将、澄海营参将、阳江营游击、砀州营都司；福建烽火营参将、澎湖协左右营游击、铜山营守备等。
万世流芳碑	清光绪四年（1878）立。原应为四块碑石组成。2000年5月下旬，"万""芳"二碑石在深澳总兵府建设工地出土，而"世""流"二碑石未被发现。每块高150、宽48厘米。"芳"字碑13行，每行34—28字，每字2.5厘米，"万"字碑13行，每行37字，每字3厘米。	为了反对重男轻女，倡导保护女婴，由时任南澳镇总兵林本牵头向南澳官绅兵民倡议，发动捐款，筹措资金解决生女和抱养遗弃女婴所需经费，并制定出经费使用的具体方案。捐款名单中除南澳镇总兵外，还包括澄海营参将、游击，海门营参将，达濠营守备等（注：因缺失两块碑石，其余捐款人名不详）。

第四节　明清南澳总兵、副总兵宦迹考

此次调查虽然没有发现南澳总兵的墓葬，但是这些驻防南澳的最高阶官员无疑是影响南澳历史进程的重要一部分。下文将根据南澳县博物馆黄迎涛馆长提供的资料对曾在南澳岛上任职的南澳总兵、副总兵及其事迹进行初步整理。

（一）明代南澳总兵宦迹

1. 罗胤凯，字志成，一作惠成，号中谷，亦号东谷，湖广益阳人。江西按察使安次子。嘉靖元年（1522）壬午，举于乡，十七年（1538）戊戌，继翁五伦为宰居官。

至永乐间，为海寇劫掠，复将吴宗理等徙入苏湾下、外二都安插，地概抛荒。粮米则派本都里排赔贩，都人苦之。正德间修陈防海、开盐禁、均赋役，均见实行，澳民咸沐其泽。复请设海防同知于黄冈，以固海疆；移黄冈巡检于黄芒，以遏乱萌，咸中肯要。巡按御史洪垣，闻而嘉之，寻奖异焉。

嘉靖二十年（1541），考绩晋京，谕回本任，弥励清勤，公正无私，服食淡朴，仆从弗能堪，而已自若。越年，内召户部主事［（光绪）《潮州府志》，（康熙）《饶平县志》、《东里志》，（道光）《古瀛诗苑》］。

2. 姚孟贤，字汝德，号斗南，浙江慈溪人。隆庆二年（1568）戊辰进士，授南直贵池令。后为巡抚海瑞所知，特荐于朝，迁潮州府海防同知。时巨寇朱良宝作乱，孟贤勠

力从戎，衷甲不解者半年，寇卒不得逞，地方德之。郡城海阳县署左旧有四贤祠，祀岭东兵备道徐甫宰、翁梦鲤、潮州推官姚会嘉、海阳知县沈凤超。迨孟贤去后，郡人思之，乃合祀于祠中，故又称该祠为五贤祠［(同治)《广东通志》、(乾隆)《浙江通志》、(光绪)《安徽通志》、(光绪)《潮州府志》、(光绪)《海阳县续志》］。

3. 王懋中，字实庵，江西南城人。万历二年（1574）进士，十三年（1585），授潮州府海防同知。先是，澳民数度迁徙，田园久荒，后虽复业，经界已紊乱十年。王懋中上台遴员清丈，深、隆两澳委澄海主簿朱是，云、青两澳委诏安主簿欧阳奎会丈。至十七年（1589），亩数犹未定。懋中乃协同把总刘佩覆丈，经界遂清，飞搭隐匿之弊斯绝，常驻澳。副总兵刘大勋、白玉以其勤能，咸礼焉。以大计卓异，内升郎中。［(乾隆)《南澳志》、(光绪)《江西通志》、(光绪)《潮州府志》、(康熙)《饶平县志》、(道光)《古瀛诗苑》］。

4. 李应诏，字侍甫，一字念江，江西南昌卫人。治理术有声，气度雍容娴雅。万历十九年（1591）任副总兵，简易不苛。二十一年（1593）升都督佥事，镇守浙江总兵官［(乾隆)《南澳志》、(乾隆)《福建通志》］。

5. 任可容，字子贤，号养弘，南直（安徽）怀宁人。万历五年（1577）丁丑进士，授中书舍人，转工部员外郎，出知浙江处州府，理民间利病如家事。属邑有以香蕈进者，中匮金以偿之，惩其解役遣去。二十五年（1597）丁酉，迁广东按察司副使、分巡岭东兼海防道，以风纪自任。首建"尊经阁""养贤堂"，教育士子，士风丕振。时倭寇犯碣石、柘林诸卫，可容募勇士陈聪等，督兵捍御，斩首无算。

逾年，复犯南澳，又大破之。有出海船三十余艘，称系总督家人，可容尽逮而置诸法。游击顾枭获洋商五十五人，指为盗，榜掠诬服，闻官欲尽处重典，以上首功。可容察无显状，一讯立白其冤。长乐盗起，密授方略，擒渠贼钟乔赞等，余党悉平。时税珰四出，太监李凤议增惠、潮诸税，可容力持不可。开矿太监李敬发掘民间庐墓，横行无忌，上书力陈其害，诏罢之。

万历三十年（1602）壬寅，擢本省布政司左参政，管理盐屯，疏通滞引，清查欺匿，屯务蔚政，厘然一新。会诸司俱缺，兼绾五篆，夙夜经营，不遗余力，利兴弊革，竟以积劳成疾，卒于官。祀广、惠、潮名宦［(同治)《广东通志》、(康熙)《江南通志》、(光绪)《潮州府志》］。

6. 黄海如，澄海人。好读书，有大志。稍长习吏事，犹喜谈兵。少与兄日汉俱给事郡邑为吏。崇祯之际，见四方多故，海上尤侵扰，遂投南澳镇标从军。以迭获海盗积功，札授游击，驻扎澳境。

弘光元年（1645）乙酉，闻清兵破南都，安宗北狩，乃招纳地方义武之士陈斌、唐奇观等及诸亡命揭橥勤王，应者殊众。六月，率所部进驻澄海郊外，知县刘珙往劝，海如寝其事不为动，珙回，海如令陈斌等蹑其后潜入城中。二十六夜，自引众抵城下，其党开门迎入。珙乘乱遁，即籍库、释囚、毁官廨，杀举人戴星、贡生郭云龙而退。闰六月初二日，督部围府城，知府杨球据之，旬日不能克，始解围去。七月，复攻，球檄吴六奇入援，六奇率其骁将萧钦至，海如料非所敌，即夜退却。时绍宗已即位，于闽建元隆武。海如入朝天兴，旋奉命返潮，号召恢复，移扎故里埭头村。令部将李天宜北踞海阳之鹳塘（后天宜入郡城被击杀）。

隆武二年（1646）丙戌（绍宗立诏：以乙酉七月一日以后为隆武元年），仍遣陈斌攻府城，巡道黄润中力守，不下而还。十一月，清将佟养甲提兵自闽略潮舟师，总兵吴六奇及土豪张瑞汉、蔡元、许龙既地方长吏皆望风降。海如孤军难支，不得已，阳投养甲，阴图后举。养甲令六奇、瑞汉、元、龙等各降将，分防潮属要隘，虑海如非诚意，着令随征，直抵广州。

永历元年（1647）丁亥四月，假海如总兵官，南镇雷州。另拣副总兵汪宗宏协同镇守，实使监其反侧。是年，永历帝幸桂，海如至雷。九月，永历帝命都督孙时显监军，古萧帅狼兵攻高、雷，进围雷州城。海如乘机与时显合兵攻城，另遣通城守参将蔡奎为内应（奎亦明将，降于清者），克之。宗宏宵遁，杀清知府赵最（字我唯，浙江余杭人，崇祯癸未进士。任汀州推官，能辩疑狱。汀人尸祝之。隆武考选，仍为推官，嗣降清，擢知府），推官李镇国因劝降不从也。事闻优诏，命海如就镇雷州，加太子少保。

二年（1648）戊子四月，清提督李成栋反正于南雄，广东郡邑多归附，惟潮州总兵郝尚久、吴六奇、许龙等尚为清守。海如从雷州以舟师至潮，突攻府城。尚久等苦战，海如众寡不敌，退踞黄冈。

明年（1649）六月，会定国公郑鸿逵、镇国将军刘公显（潮州人，明武生，即九军首领），兵复潮阳、揭阳两县。八月二十六日，与尚久等再战于揭属之铺前，自辰至酉大炮相攻，彼此击死千余人。公显得报，府兵大队袭揭城，即弃铺前，退保揭城根据地，尚久亦不敢追。十二月十七日，迎招讨大将军延平王郑成功至揭阳，随成功至者有林胜、洪进、甘辉、翁文贤等二十四镇，每镇五百人。

四年（1650）庚寅六月，合郑兵及九军部，重向府城围攻。尚久出战，败退入城，浮桥、石桥一齐焚毁，分兵三面环击五十日不下。清漳州总兵王邦俊援师未至，又值盛暑，士卒多病，海如遂同成功收兵退驻潮阳。嗣海如移驻达濠浦。

十一月，成功、提塘黄文自行在来，有旨召成功入援。因清平南王尚可喜、靖南王耿继茂已率满汉兵数万陷广州，西宁王李定国望海如兵救援尤切。闰十一月，成功令各镇兵在船候命南下勤王。潮、揭地方由鸿逵任居守，海如得讯，亦即率兵泛海回雷坐镇，未至，雷州先为清总兵闫可义所占。闻海如来，陈兵迎击，海如与战于平冈坡，败绩，收残部入海。遇大飓，舟覆死焉［《南明野史》、（康熙）《海上见闻录》、（光绪）《潮州府志》、（嘉庆）《雷州府志》、（乾隆）《杭州府志》、（光绪）《海阳县续志》、（光绪）《揭阳县续志》、（光绪）《潮阳县志》、（嘉庆）《澄海县志》］。

（二）明代南澳副总兵宦迹

1. 钟镇鲁，字天升，广东紫金县江都南岭约（今南岭乡东溪村）人。世宗嘉靖末年任南澳副总兵［(道光)《紫金县志》］。

2. 张元勋，字世臣，浙江太平人。穆宗隆庆四年（1570）前任南澳副总兵［（嘉庆）《诏安县志》］。

3. 白翰纪，北直昌黎人。万历三年九月十一日（1575）以广东惠潮参将充潮漳副总兵。时镇初设，百端待举，翰纪至，简卒伍，缮船械，而建城固围，尤为要图。冒暑重筑，不遑宁处，旋以劳得疾去，军民惜之，故名其城曰"白城"［《神宗实录》、（嘉庆）《雷州府志》、（乾隆）《南澳志》］。

4. 晏继芳，福建福宁卫人。万历四年五月二十一日（1576）由广东海防参将升南澳副总兵。时前任白翰纪建城甫兴，工民大疫，翰纪亦积劳成病去。继芳致祷于神曰："城且筑并建庙，以迓神庥。"于是城与庙齐举，辟草莱，招流亡，四民安堵。六年迁去，军民醵资建祠祀之［《神宗实录》、（乾隆）《南澳志》］。

5. 侯继高（1533—1602），字绳武，号龙泉，又号云闲，江苏盱眙县人。世袭。万历六年十月初一日（1578.10.30）以分守广东惠州陆路等处兼管碣石水寨海防参将职升南澳副总兵。累官浙江等处地方总兵官、后军都督府都督佥事，负江浙防倭抗倭之重任。卒于官［《神宗实录》、（乾隆）《南澳志》］。

6. 于嵩，江浙杭州人。万历九年三月十二日（1581），由广西永宁参将升南澳副总兵。在任上，于嵩修举废堕，诘盗安民。修筑南澳镇城，葺土修舍，民以安居；开集便市，交通贸易；屯垦荒地，以养士兵减轻民赋，澳民咸沐其泽［《神宗实录》、（乾隆）《南澳志》］。

7. 刘大勋，字荼谿，武举人，安徽六安郡（今六安市）人，祖籍会州（今甘肃靖远）。万历十二年（1584）任南澳副总兵。越年建雄镇关。十四年（1586）四月迁任，南澳军民念其德，建专祠祀之。十九年（1591）八月被兵科给事中王德完以"骄纵不简，谋勇无闻"弹劾，革任听用［《神宗实录》、（乾隆）《南澳志》］。

8. 白玉，字小溪，北直籍，广州前卫人。万历十四年八月初二日（1586）由分守广西永宁参将擢升南澳副总兵。玉夙著谋勇，壮岁握兵符，纪律严肃，部伍畏服。时海氛虽稍息，玉凛安不忘危之戒，常躬冒风涛，飞帆巡海，盗艘绝迹，南峤晏然〔《神宗实录》、（乾隆）《南澳志》〕。

9. 解节，武昌人。万历十七年三月二十四日（1589），由福建南路参将升任南澳副总兵。祀南澳专祠。十九年（1591）正月擢升南京后军都督府佥事〔《神宗实录》、（乾隆）《南澳志》〕。

10. 李应诏，字待甫，一字念江，江西南昌卫人。万历十九年正月二十六日（1591）由通州参将擢升南澳副总兵。时澳地民气渐复，应诏振兴文教，鼓舞士类。创建文昌祠，率多士春秋致祭。选儒童文理稍通者十余人，送福建学道试，得入黉序者五人。嗣是文风日盛，试期选送循为旧章，作人之泽远矣〔《神宗实录》、（乾隆）《南澳志》〕。

11. 陈璘，字朝爵，号龙崖，广东翁源县人。万历二十一年六月十七日（1593）由蓟辽、保定、山东等处防海御倭副总兵、署都督佥事调任南澳副总兵。璘镇澳未期月，整军固防，海峤清晏。更于金山一带广植杉松至七万余株，其利于澳尤溥。遽被议去，民咸惜焉。迨闻其卒，弥切去思〔《神宗实录》、（乾隆）《南澳志》〕。

12. 周于德，浙江山阴人。万历十三年（1585）武举人。二十二年（1594）二月十一日，由浙江参将擢升南澳副总兵。后升任南京右军都督佥事管事〔《神宗实录》、（乾隆）《南澳志》、（嘉庆）《山阴县志》〕。

13. 汪宏器，福建漳州卫人，万历五年（1577）武进士。二十三年（1595），由漳州卫指挥升任南澳副总兵，未到任。升都督佥事、南京右军都督府佥事兼提督大教场〔（乾隆）《南澳志》、（嘉庆）《山阴县志》〕。

14. 朱正色，江苏山阴人。武进士。万历二十四年（1596）由镇江卫指挥升任南澳副总兵〔（乾隆）《南澳志》、（嘉庆）《山阴县志》〕。

15. 孟宗文（1541—1607），广西象山县象州镇二贤庄人，祖籍山东武定州属永安。万历二十七年（1599）由广西象山所千户升任南澳副总兵。累官广东前军都督，卒于任〔《神宗实录》、（乾隆）《南澳志》、（嘉庆）《山阴县志》〕。

16. 郑维藩，籍贯未详。万历二十八年（1600）由湖广常德卫指挥佥事升南澳副总兵。升京营右军都督〔（乾隆）《南澳志》、（嘉庆）《山阴县志》〕。

17. 黄冈，字伯高，浙江山阴人。万历四年（1576）举人，万历五年（1577）武进士，二十九年（1601）由潮州参将升任南澳副总兵。因前年大地震，城垣、坛庙、衙宇俱倾圮，前任郑维潘方鸠工兴修，擢京右军都督去，冈至，力为修建，三年之间，旧观尽复。修《南澳镇志》卷十。三十五年六月初八日（1607），升总兵挂印镇守广西。军民沐其泽，建专祠祀之〔（乾隆）《南澳志》、（嘉庆）《山阴县志》〕。

18. 徐一鸣，浙江人，武进士。万历四十三年（1615）任南澳副总兵。同年重修总镇府后楼峙海楼。升福建都督佥事［（乾隆）《南澳志》］。

19. 潘廷试，号明齐，南直休宁（安徽新安）人。万历三十四年（1606）由蓟镇墙子路参将升任南澳副总兵。重修文昌祠［（同治）《广东通志》、（康熙）《饶平县志》］。

20. 欧阳寨，福建泉州府永宁卫人。万历十四年（1586）武进士。万历间任南澳副总兵，具体任职年未详，暂置于此，俟详考［《石狮市志》、（道光）《晋江县志》］。

21. 马如锦，浙江绍兴人，临山卫指挥。万历三十八年（1610）任南澳副总兵，任内为隆澳孝子蔡一蓴立"孝友"匾。累升广西总兵，挂征蛮将军印［（乾隆）《南澳志》］。

22. 谢瑛，福建漳浦赤湖人。万历十七年（1589）武进士。南澳副总兵。具体任年未详，暂置于此，俟详考［（康熙）《漳浦县志》、《谢姓名人》］。

23. 黄朝聘，字时举，江西金溪县涂坊人。万历二十六年（1598）武进士。万历四十年（1612），升广东游击，征平黎寇，以功擢南澳副总兵。累官宁夏总兵，官挂西将军印兼后军府都督同知［（乾隆）《金溪县志》］。

24. 何斌臣，字和阳，浙江山阴人。万历二十九年（1601）武进士。四十六（1618）年八月由琼崖参将升任南澳副总兵。斌臣在澳，好善下士，轻装缓带，有儒将。累官左都督总兵官［（乾隆）《南澳志》、（嘉庆）《山阴县志》］。

25. 蔡逢益（1565—1624），字时弦，号光宗，别号着遇，福建晋江西霞（今晋江市东石镇）人。万历三十一年（1603）举人，三十五中进士，授浔梧左参将，征青苗有功，转升南澳副总兵，住澳时，禁暴诘奸，风清帮结，海宇无风涛之惊，闾阎安堵，两粤人士翕然颂之（《蔡氏族谱》）。

26. 盘摩罗，籍贯未详。万历间任南澳副总兵［（嘉庆）《岭南逸史》］。

27. 黎国炳，福建晋江人。万历二十九年（1601）武进士。天启元年九月十五日（1621）由广西参将升任南澳副总兵。三年（1623），修建猎屿铳城、云盖寺铳城。后擢广西总兵、都督，卒于任［（乾隆）《南澳志》］。

28. 陈壮猷，字克之，福建晋江人。武进士。天启二年（1622）任南澳副总兵［（乾隆）《南澳志》］。

29. 陆允升，籍贯未详。天启四年十二月十三日（1624）由神枢三营参将署都指挥佥事升南澳副总兵［（乾隆）《南澳志》］。

30. 袁大年，又名大宁，福建诏安县人。武进士。天启六年三月初五日（1626）由浙江金台严参将任南澳副总兵。同年七月二十三日被革职［《熹宗实录》、（乾隆）《南澳志》］。

31. 沈志亮，应天人。武进士。天启六年八月（1626）由广东琼崖参将升任南澳副总兵［《熹宗实录》、（乾隆）《南澳志》］。

32. 朱大炜，籍贯未详。天启六年十二月（1626），由绥定边副总兵调任南澳副总兵（《熹宗实录》）。

33. 梁东旭，贵州义兴府安南县人。武进士。袭祖职为卫指挥。崇祯二年（1629）由卫指挥升任南澳副总兵。后因罪降为都司侯服惠州参将［（乾隆）《南澳志》］。

34. 陈廷对，福建福州人。万历四十七年（1619）武状元，善草书。崇祯二年二月（1629）任南澳副总兵，以受番舶贿下狱。五年（1632）九月再起用为剿匪主将，首冲贼营，履危蹈险，身先士卒，杀匪立功［《熹宗实录》、（乾隆）《南澳志》］。

35. 焦绩后，贵州人。崇祯四年（1631）由浙江杭嘉湖参将加衔升任南澳副总兵。后调江南副总兵［（乾隆）《南澳志》］。

36. 郑嘉谟，字伯明，江苏太仓人。崇祯五年五月十七日（1632）由潮州参将升任南澳副总兵［（康熙）《崇祯长编》］。

37. 程应麟（？—1634），安徽歙县人。万历三十八年（1610）武进士。崇祯五年九月初十日（1632）以琼崖参将再任南澳副总兵。七年（1634）六月红夷突犯南澳，应麟一筹莫展，掩罪冒功。兵部奉旨革职回籍，同年九月卒［（康熙）《崇祯长编》］。

38. 郑芝龙（1604—1661），小名一官，字飞皇，亦字飞黄，又字飞虹，教名尼古拉斯·加斯巴德。福建泉州府南安县石井乡人。十八岁时渡海到日本从商，因参与密谋反抗德川幕府而被逐，流亡海上。天启四年（1624）抵台湾筑寨定居，垦台创基业，逐步形成拥有强大经济实力和海上武装相结合的实体，先后多次大败荷兰侵略者。崇祯元年（1628）受明廷招抚，授游击职，八年（1635）以福建五虎游击升南澳副总兵，十三年（1640）升任南澳总兵官、左军都督，十七年（1644）在福州与明遗臣拥立唐王朱聿键为帝，改元隆武。次年福州破，郑芝龙密献闽降清，后被挟持上京。顺治十八年十月初八日（1661，永历十五年）郑芝龙及其家人在宁古塔被凌迟处死［（南明）《思文大纪》、（乾隆）《福建通志》、（乾隆）《南澳志》］。

39. 李寅（1592—1651），号仕挺，福建南安三十八都北山（今泉州市南安水头镇朴山村）人。崇祯十一年（1638）任南澳副总兵。剿抚海寇汪世兴、黄海如，历阶五军左都督［《李氏族谱》、（康熙）《南安县志》］。

40. 陈有纲（1574—1643），字用谦，号豫庭，福建泉州永宁卫所人。万历三十二年（1604）武进士。崇祯十三年（1640）擢升南澳副总兵。有纲至，增设器械，增设台隘。时倭寇突入南澳洋面，有纲发炮击敌船，身先士卒，斩贼百人，荡平东南一路倭寇。十五年（1642）以病乞归，越年病卒，赐祭葬［（道光）《晋江县志》］。

41. 朱国勋，浙江杭州卫人。崇祯十五年（1642）由雷廉参将升任南澳副总兵。迁升镇守福浙都督佥事［(嘉庆)《雷州府志》、(乾隆)《南澳志》］。

(三) 南明南澳镇将

（1）陈豹，福建南安人，郑成功部将。隆武元年（1645，清顺治二年）任南澳副总兵。永历元年（1647，清顺治四年）任南澳镇将，封忠勇侯。十六年二月（1662，清康熙元年）降清，封慕化伯，寻卒［(乾隆)《南澳志》、(咸丰)《小腆纪年》、《海上见闻录》］。

（2）杨金木，郑成功部将。永历十六年（1662，清康熙元年）任南澳镇将（《忠孝堂集》《海上见闻录》）。

（3）吴升，郑成功部将。永历十六年（1662，清康熙元年）任南澳镇将，挂观武将军印［《东华录》、(乾隆)《丰顺县志》、《海上见闻录》］。

（4）杜辉，郑成功部将。永历十八年（1664，清康熙三年）任南澳镇将，挂荡胡将军印。是年三月降清（《忠孝堂集》《海上见闻录》）。

(四) 清代南澳总兵宦迹

（1）吴六奇（1607—1665），字鉴伯，号葛如，海阳丰政都汤田（今丰顺）人。崇祯诸生。隆武元年（1645，清顺治二年）任南澳总兵。越年降清，累官镇守潮州挂印总兵官、左都督、太子太傅，太子太师。卒谥顺恪。

（2）马三奇（生卒不详），字干庵，辽东广宁卫人。隶汉军镶黄旗，一等襄武侯。康熙四年（1665）乙巳袭爵。康熙十三年（1674）甲寅，随和硕康良亲王杰书恢复闽省。时潮镇刘进忠尚据岭东，屡攻不下。三奇以进忠前与其父为至交，父殁后旧谊犹笃。十六年（1677）丁巳三月，遣人劝进忠降，进忠果听之，解甲纳土。惠、潮平，进忠解京置法。七月，即以三奇为镇潮总兵官，剿和平、石井、达濠诸贼，皆歼之。

南澳自三年甲辰杜辉降后，官兵移黄冈、揭阳分别安插，防卫虚空，海盗复踞为巢穴，驾舟四出剽掠。三奇督兵围剿，擒斩殆尽。讲武之暇，辄事吟咏，与海阳陈衍虞为文字忘年交。在任十一年，始升去。

（3）杨嘉瑞（生卒不详），字兴符，号展复，江西庐陵人（一作顺天人）。少从军旅，积功累官总兵。康熙二十二年（1683），从靖海侯施琅征台湾。事平，录首功，授福建厦门镇水师总兵官，加拜他喇布勒哈番世职（乾隆间改为骑都尉）。康熙二十四年（1685），移镇南澳。嘉瑞筑营房以居兵士。招来流民，抚绥安集。辟田亩、核赋税。城池、坛庙、衙宇次第修建。镇静有为，兵民不扰。在澳十四年，人服其德，建祠祀之。嗣祀名宦［(乾隆)《南澳志》、(乾隆)《福建通志》、(道光)《厦门志》、《万正色讨平逆巢疏》］。

（4）黄龙（生卒不详），字见侯，福建永春人。康熙四十八年（1709）己丑，由虎门协副将升授南澳总兵官。越年庚寅，连岁告饥，潮人遏籴。时值本镇右营击洪斌署镇篆，谓："澳民、潮民一体也，安澳所以安潮。"申请大府听民岁赴潮买米四千石，允之。龙复于隆、深二澳，设民船二支，给照买运为定例，民不艰食。时各庙祭祀久废，一一修举，无缺祀者。

（5）张天福（生卒不详），福建晋江人。两广督标副将，曾署理南澳总兵印务，澳中情形早洞悉，见申文至，力请于总督赵弘灿，是以速获报可。故与龙并祀澳名宦祠［（乾隆）《南澳志》、（同治）《广东通志》、（光绪）《揭阳县续志》、（光绪）《漳州府志》、（道光）《古瀛诗苑》，郭应元撰《靖海祠碑》］。

（6）洪斌（生卒不详），字简民，号方崖，又号海客，福建漳浦人。康熙二十二年（1683），从施襄壮琅平台湾，叙勋加都督衔。二十八年（1689），任潮镇右营游击，驻扎揭阳，护理潮镇篆务。四十八年（1709），调南澳右营游击，署镇事。适岁饥，潮人遏籴，斌申大府请准，澳民赴潮城买米，岁以四千石为率用济民食。曾统舟师，追剿海盗，南抵琼崖，斩获甚多，论功蒙优叙。入觐圣祖，召对景山，命骑射，称帝意，赐彤弓、名马，授荣禄大夫，擢江宁参将。临去，拾园二亩于金山寺，田四亩七分于施将军祠，以供祭祀香火［（乾隆）《南澳志》、（同治）《广东通志》、（光绪）《揭阳县续志》、（光绪）《漳州府志》、（道光）《古瀛诗苑》，郭应元撰《靖海祠碑》］。

（7）周士元（生卒不详），湖广人。康熙五十六年（1717），镇南澳。沈毅有为，好振兴文学。始至澳，见学宫未立，谋建于金山之麓。其地先有民居数椽，士元买其宅，并为筑室以迁之，乃即其地建立宫墙。祭祀、学田、规制备举。越年，卒官。诸生祠祀于学宫之左［（乾隆）《南澳志》］。

（8）蓝廷珍（？—1729），字荆璞，福建漳浦人。自定海把总累迁温州镇标左营游击，获关东大盗孙森等九十余人及其船舰炮械于黑水外洋。总督满保亟疏荐，超擢福建澎湖协副将。康熙五十七年（1718），迁南澳总兵。六十年（1721）夏，台湾朱一贵为乱。五月二十七日，廷珍自澳至厦商定方略。六月初一日，统水陆大军出厦港。闰六月初七日，槛致一贵等至厦门，解京伏诛。分遣诸将，复南北二路。署台湾总兵。秋，南路阿猴林余孽复起，讨平之。招降陈福寿等十数人。未几，摄提督，余贼黄殿等以次擒灭。六十一年（1722），实授台湾总兵。雍正元年（1723），擢福建水师提督加左都督、赐孔雀翎、予三等阿达哈哈番世职。世宗褒廷珍忠赤，惟屡勉以操守。二年（1724），入觐，命赴马兰峪谒景陵，赏赉稠迭。七年（1729），病。闻，遣医诊视。寻卒，赠太子少保，谥襄毅［（乾隆）《南澳志》、《清史稿》、（道光）《厦门志》、（雍正）《平台纪略》、（雍正）《东征集》］。

（9）聂国翰（生卒不详），江南和州人。康熙五十年（1711）辛卯，任福建水师提标左营游击。五十八年（1719）己亥，迁本标中营参将。雍正元年（1723）癸卯，升南澳镇总兵[（乾隆）《南澳志》、（道光）《厦门志》]。

（10）杨琳（生卒不详），江南金陵武进士。雍正三年（1725）乙巳，任南澳镇右营游击。越年丙午，大饥，琳欲开仓赈粜，以未奉檄告之，南澳镇总兵聂国翰犹豫未决。琳再三请曰："若俟檄至，饥而死者过半矣！何济焉？琳不忍坐视饥民之死，请治琳专擅之罪，以救饥者。"国翰遂飞白于督抚，即令开仓，旋督抚亦报可。澳中兵民遇国翰及琳诞日，多罗拜于去思碑下歌舞以报，并祀澳名宦祠[（乾隆）《南澳志》、（道光）《厦门志》]。

（11）张起云（生卒不详），字紫绶，四川大宁人（今巫溪）。雍正六年（1728），为福建提标右营游击署烽火门参将，八年（1730），累迁南澳镇总兵官。镇为闽粤要冲，商舶络绎，稽查为难。起云亲历巡察，安塘设哨，规划周详，沿海崔苻，潜销远迹。

凡营卒年老无依者，悉捐俸米以资其生，又捐施医药，以愈兵民疮痁；芟除毒草，以免愚民轻生。九年（1731），署福建陆路提督，端已率属，恤兵爱民。卒于官，特旨祀京师贤良祠[（乾隆）《福建通志》]。

（12）胡贵（？—1760），字尔恒，号洁峯，福建同安人，侨居厦门。少有智略，精骑射，留心水务，风云气候，港汊险易，靡不周知。入伍积劳，补水师营把总，迁提标右营千总，泞守备。雍正六年（1728），擢本标后营游击，监修战舰。调南澳左营游击，累迁玉环参将、闽安副将、江南苏松镇总兵。历广东潮州、琼州诸镇，擢提督。后移福建水师提督，复自浙江还广东。乾隆二十五年（1760），卒于官。事闻，加赠一级，赐祭葬，予谥勤悫[《清史稿》、（同治）《广东通志》、（道光）《厦门志》]。

（13）徐慎（生卒不详），江南仓州人，监生。雍正十一年（1733）二月，由佛山同知调任南澳。时澳初设文员，慎至，即厘定章程，稽核赋税，建廒，百度经营，井井有条。澳城内外兵多民少，慎刚柔得宜，抚驭得宜。详请设巡检司专营监狱、仓廒，并详定闽省照粤例，取进文武生员，尤得士心[（乾隆）《南澳志》]。

（14）张恕（生卒不详），江南合肥人，监生。乾隆四年（1739）任南澳同知，阔达有智略而谦恭下士，慈祥爱民。时澳地米价腾贵，恕不候檄至，开仓平粜，距城远者移粟赈之，四澳民困立苏。政平事理，舆情感戴。莅任二年，乞归终养[（乾隆）《南澳志》]。

（15）印光任（生卒不详），字黼昌，江南宝山人。雍正五年（1727），由廪膳生举孝友端方，总督尹继善荐之，发广东以知县用，八年（1730），檄署石城，九年（1731），补广宁，十二年（1734），调高要。乾隆二年（1737），移东莞，九年（1744），擢澳门同知，因公落职，引见，仍发广东，十四年（1749），署潮阳县事，十五年（1750），调署嘉应直隶州知州，是年六月，补授本澳同知［（同治）《广东通志》、（嘉庆）《东莞县志》、（光绪）《宝山县志》］。

（16）李璜（生卒不详），浙江秀水人，监生。乾隆二十一年（1756），授琼州府同知，俸满，调署南澳，简易宽和，爱民如赤。初到任时有隆澳渔户循旧规，输银九十两为修城垣、衙署之用。累升南韶连道［（乾隆）《南澳志》、（光绪）《嘉兴府志》、（咸丰）《琼山县志》］。

（17）赵廷宾（生卒不详），江南长洲人。乾隆间，由贡生知饶平县，寻授广州府同知，驻佛山，二十五年（1760），迁南澳。倡建学海书院于学宫之右，并建文昌阁于院后，越年告成。三十年（1765）调署知州［（乾隆）《南澳志》、（同治）《广东通志》］。

（18）齐翀（生卒不详），字羽丰，江南婺源人。登乾隆二十四年（1759）易经魁举人，二十八年（1763）进士，三十七年（1772）知始兴调高要，四十年（1775），知电白县事。四十七年（1782）三月，擢南澳同知，砥砺廉隅，修举废隳［（乾隆）《南澳志》、（同治）《广东通志》、（光绪）《安徽通志》、（光绪）《婺源县志》］。

（19）张高生（生卒不详），福建厦门人，少习贾，非其志，弃去，投水师提标入伍。理帆缭事，积劳，拔中营把总，屡获巨盗。乾隆六十年（1795）七月，从金门镇李芳园，战于南日。嘉庆元年（1796）二月，潭泊石圳，随名魁击歼之。复在将军澳，获赵元贼。四月哨湄洲。七月三日，战青水洋贼，擒其首。总督魁伦赏银币及奖武牌，纪大功二次，先予千总顶戴。嘉庆三年（1798）正月，围侯焕于斧头澳获五舟，铅药炮械无算，叙功超等。五月，从游击蔡安国，追贼船甫交，左手虎口被砍伤，额中石击。高生不顾，先跃贼船斫杀，众从之，贼下海死俘二十七人。擢前营左哨千总，升南澳左营守备。嗣送金洲船，至浙江遭风覆，没北麂。予恤袭［（道光）《厦门志》］。

（20）王得禄（？—1842），字玉峰，原籍江西，寄居时福建嘉义县人。乾隆五十一年（1786），彰化林爽文倡乱，陷县城。得禄家素丰，捐赀募乡勇，助官军复之，授把总。明年贼复围城，从总兵柴大纪固守，及围解，率乡勇搜捕大坪顶等处余匪，焚琅峤贼巢，贼渠庄大田就擒，台湾平。赐花翎五品顶戴，迁千总。累擢金门营游击。嘉庆十一年（1806）春，叙功加总兵衔，寻擢福宁镇总兵，十二年（1807），调南澳镇，十三年（1808），擢浙江提督，既而调福建。十四年（1809）八月，同击蔡牵于定海渔山，败之，锡封得禄二等子爵，赐双眼花翎。得禄三任福建提督，前后历十载，屡疏陈缉捕事宜，改定水师船制，皆如议行。二十五年（1820），调浙江提督。道光元年（1821）乞病归。十二年（1832），台湾张丙作乱，得禄率家属擒贼目张红头等，加太子少保。十八年（1838），台匪沈和肆掠，输粮助守，晋太子太保。二十一年（1841），英吉利犯厦门，命驻守澎湖。次年卒。赠伯爵，谥果毅。次子朝纶，袭子爵，官户部员外郎［《清史稿》、（道光）《厦门志》］。

（21）林振辉（？—1812），字仕河，潮阳海门人。少投戎伍，曾随参将周某缉盗红罗汕，叙功补南澳右营把总。嘉庆十七年（1812），洪日茂流劫外洋，振辉奋力穷追，竟毙于鸟枪之下，时年仅三十四。事闻，大府请恤赐银一百两，予云骑尉世职［（光绪）《潮阳县志》］。

（22）曾允福（生卒不详），福建同安人。嘉庆五年（1800）入水师营，为舵工。历年驾船出洋缉盗，多获，拔左营外委。十三年（1808）冬，击获小人帮贼伙，南下随金门总兵许松年攻毙贼首朱渍，叙功记名。二十三年（1818），授南澳左营游击，屡获洋盗周阿全、李帽席、陈阿啜、林狗、黄光、陈士安等。道光元年（1821），署提标后营游击，获闽安副将，署提标参将。举军政卓异，调台湾中军游击，获盗吴包舵、陈姿惜、黄菁等，擢艋舺营参将。卒于官［（乾隆）《福建通志》、（道光）《厦门志》］。

（23）邱名雄（生卒不详），潮阳人，行伍。嘉庆间，补南澳镇标右营外委，十九年（1814）哨于瓮屿洋，飓风桅折，舟覆，遂死。奉旨照阵亡例荫袭云骑尉［（光绪）《潮阳县志》］。

（24）梅春魁（生卒不详），字占亭，潮阳人。乾隆末，效力水营。值剧盗流劫外洋，前驱截捕，屡战屡克。积劳，授达濠守备；嘉庆初，调碣石镇左营，十八年（1813），迁香山协左营都司，二十年（1815），升虎门中军参将。二十四年（1819），擢阳江镇总兵。道光元年（1821），移镇南澳。卒于官［（同治）《广东通志》、（光绪）《潮阳县志》、（道光）《香山志》］。

（25）李大白（生卒不详），海阳人。传胪侍卫、福建水师提督芳园孙。嘉庆间，由军功拔补南澳镇标右营把总，行间勤劳，迥出侪伍。嗣因公溺于云澳海中［（光绪）《海阳县续志》］。

（26）潘韬（生卒不详），字汇东，号庄森，吴川人。由行伍积功，洊升龙门协中军都司。乾隆四十七年（1782），擢虎门左翼镇标中军游击。五十年（1785），升闽浙督标水师营参将，剿逆匪林爽文于诸罗，先后杀贼无算，积功至福建澎湖协副将。嘉庆三年（1798），以韬拨补香山副将缺，嗣升南澳总兵官。卒于官。子，汝渭，南澳总兵官。别有《传》［《国使馆·本传》、（同治）《广东通志》、（乾隆）《福建通志》、（光绪）《高州府志》、（嘉庆）《东莞县志》、（道光）《香山志》、《蔗尾吟草》］。

（27）潘汝渭（生卒不详），字凭山，吴川人。父，潘韬，南澳总兵官。汝渭，武学生，嘉庆三年（1798），中式武举，九年（1804），投效水师营，十年（1805）四月，在长山尾洋面击贼，获贼船及炮械、旗帜等件。又于高阔洋擒获贼艘，拔补外委把总。后积功，历涖守备都司、游击副将。

道光元年（1821），升海坛镇总兵，六年（1826），调金门镇，九年（1829），补守南澳总兵[《国使馆·本传》、（同治）《广东通志》、（民国）《福建通志》、（光绪）《高州府志》、（民国）《东莞县志》、（道光）《香山志》、《蔗尾吟草》]。

（28）赖恩爵（生卒不详），字简廷，新安人（今宝安）。父鹰扬官至定海总兵。恩爵由阳江行伍，于道光十八年（1838）涖补海门营参将。七月，英酋义律统大小洋舶五，以求食为名猝施炮轰击，恩爵麾各艘及炮台弁兵还炮，碎双桅洋舶二，英人暂退。顷之复来，则以船横截鲤鱼门，复率炮船来助，势极汹涌。恩爵奋不顾身击毙英兵三十余人，炮断英目得忌剌吐手腕，兵酋伤者甚众，英人遂退尖沙咀，事闻赏"呼尔察图巴图鲁"名号及花翎，即授副将。粤督奏恩爵于外洋情形最熟，其营迫近香港，经理弹压轻重得宜，授南澳镇总兵。时海上多故，恩爵督率所部固圉，巡洋日夜罔懈，夷船、匪船侦知有备，不敢犯境。二十四年（1844）升本省水师提督，卒于任[《新安县志》（孙立川，广东教育出版社）、（民国）《东莞县志》]。

（29）李扬升（？—1902），字春台，东莞人。年十八投效营伍，迭获洋盗，保千总，擢东山营守备、晋阳江都司，调署大鹏都司。咸丰四年（1854），檄剿梧州贼，垒擒伪帅廖四等。进克藤县，叙功擢游击，赏戴花翎。五年（1855），积功授水师右营游击，六年（1856），破伪康王汪海洋于和平、海丰。先是贼陷汕尾，碣石总兵何芳阵亡，扬升护理镇篆，督办惠、潮军务。叙功补水提中军参将，以迭获洋盗江玉带、詹玉珍等，肃清洋面，迁香山副将，擢碣石总兵。十一年（1861），命扬升督办广西军务，率水陆军分道破贼，捷闻晋提督，赏"振勇巴图鲁"。同治五年（1866），署广东陆路提督，八年（1869），回碣石任。光绪二年（1876），以内艰去官，四年（1878），简授南澳总兵，在任九年，众皆德之。十三年（1887），以老病辞归，家居平恕，无疾言厉色，与名流诗酒往还，尤乐善不倦，二十八年（1902）卒，年八十七[《清史稿·劳崇光传》、（民国）《东莞县志》]。

（30）赵国贤（？—1911），河南固始人。少壮从军关陇，以骁勇善战，名积功累，擢至总兵、记名提督，授潮州镇总兵官。廷议以国贤忠勇老成，留充武卫军统领、陆军第六镇统制，训练士卒，宿卫宫禁。逊帝宣统二年（1910），调署南澳镇，寻回潮州本任，三年（1911）九月，革命军起，群情汹汹，知府陈兆棠被迫迎降，国贤于署中自缢死。身后无余赀，绅民哀其忠廉，醵金为殓，权厝南郊，追事定，始归葬原籍。事闻，优诏褒恤，赠太子少保，加恩赏骑都尉，兼云骑尉，世袭罔替。照提督阵亡例，给银一千两治丧，赐祭葬，予谥忠壮[（民国）《辛亥殉难记》、《韵古楼丛记》]。

（31）俞文炳（生卒不详），浙江人。民国二年，任知事。甫下车以青年会怙势横行，为害地方，即下令解散，捕治首恶。地方以宁，受代去，民咸恩之（陈梅湖：《南澳县志·征访册》)。

（32）罗湘元（生卒不详），福建连城人。英年儒雅，兼具胆识。二十二年来，长县政，遇事持大体，故民不扰。时有其匪入境，煽乱地方，骚动四民辍业，湘元纠合绅民，督带团队，分头防剿，卒至扑灭，勤能果敢，近世所罕见也〔陈梅湖：《南澳县志·征访册》〕。

第五节 小　　结

通过上述对南澳驻防官兵遗留下来的墓碑和文字石刻类海防遗产的初步梳理，可做如下小结：

现有已知的文字类海防石刻的年代跨度从明万历年间至清光绪年间，这与南澳设镇的历史基本一致（明万历年间始设镇，以副总兵镇守，清代设总兵镇守）。由于南澳自明万历起的延续设镇，客观上造成南澳地区的海防设施屡建屡修。除去众多已消亡的海防遗产外，现存的南澳海防遗产（炮台、城池等）的建筑年代多为清代，甚至多为清代晚期。因此真正能从实物上展示出南澳设镇至结束这一时期的完整脉络的海防遗产无疑要首推文字类海防石刻。

从文字类海防遗产的内容上看，南澳设镇后，由于大量海防官兵入驻南澳，在此长期生活，完全改变了南澳的海洋文化环境。除了第一层级的海防设施（炮台、关隘、城池）文字石刻外，众多记录海防官兵在南澳生前功绩、死后哀荣的文字石刻，广泛出现于公共设施上的文字石刻，以及体现海防官员个人雅趣的文字石刻，大大丰富了南澳海防遗产的层次。

从宽泛的海防定义出发，南澳海防史的起点可以南澳地区最早设立官方机构进行管理为准。结合考古发现与文献记载，目前能找到的最早涉及南澳海防事宜的记载，为明代《东里志》中所记的：（南宋）淳熙年间，海寇沈师犯南澳，广东常平提举杨万里合诸郡兵讨之[1]。说明南澳当时已在官方管辖范围内，否则官方也不必举兵讨海寇。其后，南宋景炎年间，宋帝赵昰辗转从福建南下，驻南澳[2]。元朝至元十七年（1280），潮州路总管丁聚，渡海来到南澳，营建陆秀夫母亲及次子墓，同时"给官田五顷，以赡遗孤"[3]。"官田"之说，表明元初南澳已在官方管理体系内。而且元政府还曾经在南澳"设

---

[1] 饶平县地方志编纂委员会办公室、汕头市地方志编纂委员会办公室印行：《东里志》卷二《灾异》，1990年。
[2] 饶宗颐：《潮州志·大事志·宋》，汕头潮州修志馆副本，1949年，第11页。
[3] 饶宗颐：《潮州志·大事志·宋》，第11页。

兵戍守"[1]。

明代开始，洪武、永乐年间，明政府两次将南澳居民内迁。"墟其地"，造成海寇及日本、荷兰、葡萄牙等国人盘踞南澳。明政府曾在永乐七年至嘉靖四十一年（1409—1562）前，在南澳设立水寨，设把总驻扎。但其后不知何年"移入柘林，又以兵变废掣"。嘉靖四十一年（1562）兵部曾复议"将大金门把总，仍旧移驻南澳，督率官军修补战船，专备海寇"，但实际未能施行。其后戚继光议于"南澳东西二路、广东福建各设兵船一枝，选委把总一员统领，仍设水路参将一员驻扎大城所，统督防御"[2]。嘉靖四十五年（1566），剿灭吴平海寇集团后，又有人提出在南澳"设参将戍守"，但由于两广总督吴桂芳反对，仅建寨于柘林，南澳并无一兵之设[3]。

上文已提到，现存历史文献中关于南澳最早的记载出自明代《东里志》，载（南宋）淳熙年间广东常平提举杨万里合诸郡兵讨海寇之事。2012年笔者到南澳实地调查时，南澳文史学者称其得知在福建福州罗源现存一处摩崖石刻（图1），表明在宋代时南澳已设立南澳巡检作为官方管理机构。根据他们提供的线索，笔者翻阅了《中国文物地图集·福建分册（下）》，发现罗源县濂澳岭摩崖题刻内确有"都劝首承节郎、南澳巡检陈超舍二十丈结缘。戊申三月乙己题"[4]的记载。但检《三山志》可知，元丰七年（1084），移连江西洋巡检至南湾，寻置廨宇于澳。直到绍兴九年（1139），才以巡检廨宇在廉澳，离南湾海域十里之遥，甚非朝廷设官巡警之意，将廨宇迁回到南湾。即上述书籍中所载"南澳巡检"实为"南湾巡检"[5]。

图1

海防行为成为南澳岛这一海洋性聚

---

[1]《明史》卷二百二十三《列传·吴桂芳》，中华书局，1974年，第5874页。
[2]（明）陈子龙等选辑：《明经世文编》卷三百五十三《请设大城参将疏》，中华书局，1962年，第3796页。
[3]《明史》卷二百二十三《列传·吴桂芳》，第5874页。
[4] 国家文物局主编：《中国文物地图集·福建分册（下）》，福建省地图出版社，2007年，第162页。
[5]（宋）梁克家：《三山志》，海风出版社，2000年，第215页。

落形成的重要因素。活跃的民间商贸行为并没有得到中央政权的认可，甚至于被认为是"奸民"破坏政权稳定的行为而被打击，但本地又因为优越的通商环境而备受海商青睐，种种原因造成官兵与私商在以南澳岛为中心的海域你来我往。最终在强大的官方实力碾压下，私商逐渐退出了对南澳岛及周边航道的控制，转为地下，官方在岛上围绕海防进行的各类设施营建最终成为影响南澳岛聚落功能与形态的最大因素。

目前南澳文字类海防石刻的最大遗憾，就是未能发现体现以上这些万历三年（1575）南澳建镇之前历史的遗物。这期间，或有希望于在未来能有少量发现。但更大的可能，是要承认文字类海防石刻体系有自己的历史区间，无力承担完全体现南澳海防历史脉络的重任。

在梳理相关历史文献时，通过与南澳周边的地理位置进行关联研究，应当明确一点：在研究南澳时，不能将目光局限在现在划分的南澳行政概念上。本文所探讨的南澳文字石刻类海防遗产，均位于现今南澳县所辖区域内，这是出于讨论的方便和篇幅的考虑。如果从文化圈的角度看，南澳文字石刻类海防遗产体系应该包括海门、达濠、铜山以及其他曾归南澳镇管辖的地区。期待以后能看到从文化圈角度完整阐述南澳文字石刻类海防遗产的学术作品出现。

南澳岛海洋信仰与民间习俗调查

南澳岛所见的海洋信仰
南澳的民间习俗
南澳岛内信仰浅析

海洋活动与高风险相伴而生，在生产力低下的时代，人们更多地将超自然力用以解释海洋上所发生的事件，这就形成了相关信仰种类多样的情况。南澳人的信仰崇拜对象极为庞杂、广泛，本土体系的形成也是漳潮移民不断融合的过程。在南澳民间尊奉的庞杂神鬼体系中，既有中原传入的佛教、道教以及民间宗教崇拜的神灵，也有闽越族和南越族神崇拜的痕迹，还有各种本地神灵，从自然崇拜、生命崇拜、祖灵崇拜、佛教诸神崇拜、道教诸神崇拜、西方宗教的崇拜及民间诸神崇拜到对名贤清官的崇拜，多神崇拜在南澳很突出，而且很有地方特色。本节对与潮汕地区相同或近似的崇拜仅进行略述，对南澳本土的一些信仰崇拜则进行详细分述。

第一节　南澳岛所见的海洋信仰

（一）祖灵崇拜

祖灵崇拜，是指人们对自己的祖先执以宗教的信仰和膜拜。包括有后代奉祀和无后代奉祀两大类。其一有后代奉祀即为祭祖（南澳称"拜公祖"），南澳与潮汕地区相同，祭祖祠、墓祭，一年春秋二祭，一般是一次祠祭，一次扫墓。除春秋二祭，"时年八节"拜祖的同时也祀神，互不相忘。其二无后代奉祀的主要形式是施孤（也称"盂兰盆会"或"普渡"），即每年农历七月初一开地狱门至月底关地狱门，任何时候都可施孤。在南澳后宅平善堂施孤中还立有一块抗日阵亡将士灵牌位，祭祀1938年南澳抗日义勇军；深澳慈济善堂每年此时也要到清戍台澎故兵墓进行祭祀活动。

在普渡活动仪式中数深澳最有特色。深澳任何人家都不能在家里拜鬼，每年农历七月是安抚无人祭祀的孤魂野鬼的日子，因而，农历七月是深澳社区生活的一段重要时期。七月初一和十五日各家主妇须在家门口祭拜孤魂野鬼，称"拜门口"。主妇们在门口摆着一张方桌子（俗称"八仙桌"），上面摆放大米、米饭、水果、肉、菜和化妆品等物什，并由主妇点香向四方鞠躬拜祭召唤，然后化掉冥衣及纸钱（即冥钱，俗称"烧金""烧银纸"）。从农历十一日到十五日深澳镇持续举办规模盛大的普渡仪式。普渡仪式分别在全镇不同地点、不同时间举行，各社居民（深澳按城内、天后宫、草寮尾分三个片区，每区为一社，每社必有社庙）和各庙、寺的信众摆放各类祭祀食品，烧化各式纸钱给那些死于非命或无人供奉的孤魂野鬼。农历七月初一由关帝庙地藏菩萨打开地狱之门，鬼魂至七月十一日在城隍庙集中。城隍神官大，由其先进行普渡，后各社轮流普渡，到最后一天由关帝庙地藏菩萨关地狱门。各社普渡时间顺序及地点如下：

七月十一日，城隍庙前，地点在城隍庙社；

七月十二日，大衙口（即总兵府门前），地点在真君庙与五福庙社之间；

七月十三日，南山寺（镇西南角）；

七月十五日，永福庙社地域内，分三个地点同时进行；

七月十六日，贵丁街，地点原城北门，城内外交叉点；

七月十七日，天后宫前，地点天后宫社；

七月十八日，观音堂、柴桥头分三个点普渡，地点在天后宫和真君庙之间；

七月十九日，聚福古庵，地点在城隍庙与关帝庙社之间；

七月二十日，五福庙社，分三个点，六个组合（西街头、五福庙、慈济善堂）；

七月二十七日，东街头，地点在真君庙社；

七月二十八日，三官堂，地点在天后宫与永福庙社之间；

七月二十九日（月大为三十日），关帝庙社。

每次普渡由仪式地点附近住户共同提供祭品。祭品组合为：

花瓶、镜子、香炉、方形桌、点心盒、糖果，三户人家凑齐；

十杯酒、十碗汤、十碗饭，由一户提供；

十碗油炸面点及五果（即各种水果盘）、一个插花盘（用鲜花拼成的花盘）、四盘化妆品（主要为妇女用的洗发水、毛巾、香水、脂粉等）、炒菜及炖肉菜碗，以上各项各由一户提供；

两盘大块猪肉，由十户人家提供；

大鱼两盘、虾两盘、鸡两只、鸭两只、蒸制面粿、寿面及寿桃，以上各项各由二户提供。

普渡举办时间约在晚上 8 点到 11 点之间，每个普渡点的住户搬出桌子供大家摆放祭品，各户除提供自家公祭品外，也自发送来大同小异的自家祭品（如方便面、水果等）及大量纸钱。整个过程中妇女们还要不断点香祭拜，仪式结束时将纸钱烧化，各户把自家祭品搬回家（包括自家公祭品），一般情况都分发给亲戚们。

在仪式结束后，最重要的程序是由本年的"户首"出面组织选出明年提供祭品的新"户首"。此项工作由抽签的形式决定，即在红纸上面写上"户首"（户首由十户组成，即提供明年祭品大块猪肉者）或各分配的祭品名称，由各社随机抽取。抽到"户首"是一件荣耀的事，每社普渡过程都有其它社或普渡组织的人们前往参观，比一比谁的祭品摆设精美漂亮。因此每年普渡之摆设的精美与否也关系到本社及户首的能力。深澳普渡不仅是保一方平安的措施，也是社区与邻里和睦的体现。

（二）佛门诸神崇拜

在佛门诸神中，南澳最为信奉的是如来佛祖、观音菩萨以及宋时潮阳籍的高僧——

大峰。普通百姓并不理会佛教系统的来龙去脉与教义教规，仅是出于功利性而盲目选择某些寺庙中的神佛崇拜，祈求的是神佛保佑消灾赐福。解放前，南澳有庵寺、堂院30多座。除了迎云庵、潮音寺、化龙岩寺及观音堂为临济宗派，余者为黄檗派，南澳也是黄檗派之祖堂。黄檗宗派由仁智后代释纯密留学日本时（约民国时期）将我国自唐朝失传的密宗带回中国，并请高僧权大僧斧正，在中国弘扬佛法，成为东密的"阿舍黎"。随有叠石岩寺为潮汕、港澳及东南亚国家信奉佛教黄檗宗的祖师堂。该寺之后名僧辈出，例如在泰国曼谷的纯果、香港的释定因、汕头的释定持等高僧。

（三）道教及民间俗神

南澳道教信奉的主要是玄武帝等。而人们最热衷的是与其生活有直接关联的俗神，如财神、福禄寿三星、天后、公婆神、注生娘娘、土地神等。以下主要概述南澳较有特色的民间俗神：

城隍神，是城市保护神。隋唐历代统治者开始逐步封王爵等级，并扩大其神职，其神主为无名无姓的城隍神。衙门建制仿朝廷六部、六科官员。从守城、保护治安，到水旱凶吉、惩恶扬善、科举升迁等都归其管理，是地方最高的阴间城市系统统治者。

南澳城隍庙神为郑成功部将陈豹，并有"忠勇候"封号。相传明末清初，郑成功在南澳招兵举义，其父亲郑芝龙部将陈豹依附郑成功镇守南澳。他英勇善战，所向无敌，对固守金厦根据地、提供粮饷补给等起了很大作用。但他居功自傲，残杀无辜，甚至数违军令，为了稳住陈豹，郑成功奏请隆武帝加封其为"忠勇候"。这一天，钦差大臣浩浩荡荡乘船队从厦门来南澳，哨兵侦知禀报陈豹，生性多疑的陈豹不知是祸是福，躲到总兵府后面的城隍庙里，钦差大臣一到便派人四处寻找，不果。为了赶回复旨，无可奈何走进城隍庙，对着城隍爷宣读圣旨，便匆忙乘船返回。因而城隍爷成了陈豹，并有了"忠勇候"的封号。

海上保护神。南澳海上保护神主要有天后，又称妈祖。最早天后宫据陈天资《东里志》载："（南澳深澳）天后宫，宋时番舶建，时加修理，晏（继芳）总兵移建于海岸，皆礼祀天后圣母之神。"南澳四澳（深澳、云澳、隆澳、青澳）有天后宫共20座。渔民在妈祖出生之日，皆不出海作业，而且这天庙前皆搭戏台演戏。

除了拜祭妈祖外，南澳另有一处本地籍的海神庙——长年庙。长年庙又称技术庙，相传明崇祯年间，云澳渔民刚开始在海里建桁槽捕鱼，但所插桁柱往往建不牢，碰上大风大浪便被冲走。有一次渔民们正在建桁槽，从海滩走来一位青年，自称叫"英阿六"，福建连江人，颇识此行，愿意帮助大家建桁。这一年他把一套建桁槽的方法传授给大家，而且捕得了很多鱼，大家很感谢他，日子久了，便以"阿六哥"称呼他。次年，因风浪甚大，他自个儿潜入海里打固桁柱，但再也没有上来，渔民派人到他家乡也找不到，因此十分悲痛。但此后渔民打桁柱再也没有被风浪破坏，人们认为是英阿六的功恩和灵佑，便在内青山立庙祭祀，把内青山称为"长年山"。并把船上技术员称为"长年"。以后人们在打桁柱时就把"一"喊成"阿六哥"，接下再喊"二、三、四……"，还把英阿六牺牲的农历四月十二日定为"长年生"，共同祭拜这位渔民英雄。

除了上面主要的民间俗神外，南澳还有：

旗寿神，原在深澳左营游击署左的旗寿庙，已废。霜降日由各驻防标营预办祭品，设神位于校场演武亭，由主将标下弁兵致祭。祭品为帛二、猪羊各一。

雷神，原在后宅镇中兴路（今电影院旁）的雷神庙，供奉的是《封神演义》中雷府邓天君的形象。每年农历六月二十九日为"雷神生"祭拜者众多。

医神，在深澳东门内真君庙，供奉医神吴夲（潮音读"本"）。在民间传曰"其神符为药方，卜其符化之，煮水喝之，病除"。此迷信的说法，不可信。

番官神，原在深澳新街大井边有番官庙，所祀神名失考，已废。

五福神，在深澳西门内五福庙。其庙与南澳水师基地及皇帝招驸马有关：从前，一个海边青年人去京城，正巧皇帝贴皇榜招驸马。但皇帝并没有说要什么样的人作女婿，只要求要有"五福"。那青年人揭了皇榜去见官，官问他："你有什么本事胆敢揭榜？"青年人对曰"不是说要找'五福'之人？我有五福，我的名字有'福'字，并且出生还有时福、日福、月福、年福，共是五福"。于是皇帝招他为女婿。后来，张天师派他到南澳做地头神，保佑一乡平安，随称五福老爷。而出酉门往西是官兵练武校场，也是总兵府杀囚犯的刑场。这座庙也就成了镇西门及孤魂野鬼的地方。

（四）名贤清官及英雄崇拜

南澳从明万历三年（1575）设镇之后，在历任官员的参与和推动下，儒家忠君和尊孔思想逐渐形成。从孔庙、双忠祠到崇祀历代治澳政绩显著的外籍官员的名宦祠众多，原深澳共有11座名宦祠。其主要有：

1. 晏公祠，在深澳。内祀明副总兵晏继芳。晏继芳，福建福宁卫人，由漳州卫千户历阳电琼崖两路参将。万历四年（1576）升南澳副总兵官，时前任白翰纪建城，甫兴，工民大疫，翰纪亦积劳成病去。继芳至，祷于神曰：城且筑并建庙以迓神庥。于是城与庙两役齐举，辟草莱招流亡四民安堵。七年迁去，军民醵资建祠祀之。

2. 刘公祠，在深澳。内祀明副总兵刘大勋，已废。刘大勋，字茶溪。明万历十二年（1584）由江南六安卫指挥调任。万历十四年（1586）调往镇守福建福兴、泉漳、延建、郡武。

3. 解公祠，在深澳。内祀明副总兵解节，已废。解节，明万历十七年（1589）由福建南路参将升任。万历十九年（1591）调任南京后军都督府金事。

4. 海防庄公祠，在深澳。内祀明潮州海防同知庄诚。

5. 黄公祠，在深澳。内祀明副总兵黄岗，已废。黄岗，浙江绍兴人，武进士。万历二十九年（1601）由潮州参将升任，击倭建城垣，纂《南澳志》十卷后升广西挂印都督。

6. 海防杨公祠，在深澳。未详。

7. 海防朱公祠，在深澳。内祀明潮州海防同知朱应升，已废。

8. 杨公祠，在深澳。内祀清总兵杨嘉瑞，已废。杨嘉瑞，字兴符，号展复，江西庐陵人。少从军旅，积功累官总兵。康熙二十二年（1683），授厦门水师总兵官，二十四年（1685）移镇南澳。时经兵燹之后，人民流散，嘉瑞筑营房，以居兵士，招徕流民抚绥。在澳十四年，人服其德，建祠祀之。

9. 黄公祠，在深澳城隍庙内。内祀清总兵黄龙，今存。黄龙，字见侯，福建永春人。康熙四十五年（1706）由广东虎门协副将升授南澳总兵。四十八年（1709）庚寅连岁告饥，与镇标右营游击洪斌［康熙三十九年（1700）任］、澄海协副将张天福［康熙三十九年（1700）任］力请大吏，得买米运济澳民。黄龙莅澳九载，民嬉市井，军安部伍，僚属绅衿军民人等沐公之德无报答，建祠宇崇祀禄位，以志不忘。

10. 周公祠，在深澳文庙崇圣祠左。内祀清总兵周士元。原春秋仲月丁祭后一日诸生公报创建文庙，已废。周士元，湖广人。康熙五十六年（1717）由福宁总兵调补南澳总兵。沈毅有为，好振文学，买地建学宫。捐衙门，旧规水利，每岁百金之入，为故伎春秋丁祭。康熙五十七年（1718）十一月故，诸生祠祀于学宫之左。

11. 吴公祠，在深澳原学海书院左。内祀清总兵吴光亮，已废。吴光亮（1834—1898），字霁轩，英德人。咸丰初年，发逆扰乱东南，由江西赣标营入伍，所向有功。同治三年（1864）补授福建南澳镇，十三年（1874）十月二十八日，台湾总镇张其光亲赴南澳，会同南澳镇总兵吴光亮就地招募广东士兵两千多人至台湾开公路，后调补福建台湾镇。光绪十九年（1893）调防浙江镇海，倭人窥台湾，旋令回台驻防，即与倭人战于凤山，克之。旋以朝廷割让息兵，饷械俱绝，相持数月，援兵莫至，始附英舶旋粤。由是忧愤成疾，二十四年（1898）九月卒于家，寿六十五。

从明万历三年（1575）诏设南澳镇至清末三百多年间，多少显赫人物、能臣勇将风尘仆仆相继莅任。虽历经朝代更迭与1918年的大地震，诸名宦祠渐消失在人们视野之内，但这些名宦或因有所作为，或为官清廉，造福于民，从而赢得南澳人民的敬仰和纪念。

英雄崇拜在南澳主要有关圣帝、开漳圣王陈元光及郑和等。

关圣帝君即妇孺皆知的三国时期蜀将关羽。深澳武帝庙原名寿亭侯祠，于明万历十一年（1583）副总兵于嵩修建。而建祠之原因是关羽将攻克吴平的方略托梦于戚继光，使戚俞（大猷）联军大获全胜。碑文记载："嘉靖间，命都督俞大猷、副总兵刘显率舟师三万人讨吴平。吴平走匿南澳，若虎负嵎，相持三月，罔绩。事闻，复命都督戚继光提婺兵五千自浙来援。都督夜梦赭面美髯伟丈夫决策曰：若从后攻贼，靡不破矣。诘旦如其言，留二千人殿后，潜率三千人，从澳之云盖寺芟刘林莽，且息且进，三日道开，布列已定，铳炮齐发，军声震天。贼众大惊，披靡，以为王师从天而下也。一日夜俘斩三千级，贼自杀死无算。吴平获小舟，遁外洋，仅以身免。……夫岭海去中原万里，侯生年未尝一履其地，乃显相王师，破此黠贼，不啻摧枯拉朽。侯忠义之气，殆如日月在天，容光必照，河海行地，无浚不通者欤！"南澳创镇之始，为了让民间百姓接受儒学思想，加强中央王朝的政治文化统治，使忠、义、勇、烈深入人心，通过关羽"忠义""武圣"的形象，在百姓中树立崇拜偶像，这是南澳这座军事重镇必须有的精神，因而把关羽作为建镇第一个"引进"的英雄偶像。如今南澳许多关帝庙都被称为"武庙"或"武帝庙"，这也是崇武思想的体现。在全国很少有将"关帝庙"称之为"武庙"，此为南澳之特色。

开漳圣王陈元光是潮汕地区和闽南共同崇拜的一位英雄人物。陈元光生于唐朝，随父陈政平定闽南叛乱后治理地方十年，使这一带社会文化渐开，后陈元光上表析泉、潮二州部分地区置漳州获准，并首任刺史，故称"开漳圣王"。在潮汕地区共有5处"圣王庙"，而南澳就有3处（一在云澳莖园乡、一在云澳南台乡、一在后宅山顶乡），地点分布在福营（即属漳州府所辖范围），这也从一侧面反映了南澳与闽南在政治、军事、经济上的关系。

无论从社会经济，还是军事设防的角度看，南澳都是中国历史上开发较晚的地区。由于弹丸一岛，孤悬海外，南澳在历史上从未成为文化、经济中心，但在军事上却是入闽粤上下要冲，厄塞险阻，"外洋番舶必经之途，内洋盗贼必争之地，守之有道，则万里之金汤；防之偶疏，亦众敌之门户"，成为统辖粤东、闽南兼台澎海防的要塞。从以上可见，南澳在纳入中央政治统治的过程中，逐渐将一些潮汕及闽南地区崇拜的神灵本土化，也逐步从荒服之地转变为文化渐开之域。

深澳作为南澳古镇，每年从农历正月开始至二月底持续举办各种规模盛大的祭祀游神活动，是该镇社区生活的一段重要时期。每年农历二月初二为福德爷（即土地神）生日祭祀之日，深澳各社大小福德爷都会集中在原南澳城北门的福德庙前，各社组织相关祭品，率同社人进行祭祀，其主旨在于祈求丰年，报告收成和表达敬意。香案上整整齐齐摆放着各社福德爷神像，在香炉上插上一炷香，上面贴着红纸，写着"大金山""公馆巷""南山公""李大人""文星君庙"等各社土地神名号，这些土地神或以姓名、或以职官、或以地名，种种不一。而在其中有一炷香最为特殊，上面红纸写着"三保大人"的字样，即指郑和（原姓马，1371—1435）的小字"三保"，是乡民在祭拜明代航海家郑和。郑和为何与深澳镇祭祀福德爷生日一起呢？说到此，还有一段故事。三保公庙原在深澳的南澳城东北侧田野，是民众为纪念明代郑和下西洋时船队途经南澳而建庙纪念，该庙史书缺载。据欧瑞木先生介绍，庙内塑三保公立像，身穿黄色长袍，其旁立白马。抗战时期该庙曾驻日伪保安军，国民党驻汕头部队曾派军进行袭击，20世纪50年代被拆。郑和下西洋熟识海洋习性，其情形与渔民出海捕鱼必熟习潮汐类似。郑和是明代著名航海家，也最为人所敬仰，有点类似于渔民们的"行业神"，庙虽然被拆，但乡民怀着对郑和的崇拜、敬仰之情，为了祭拜，人们想到福德神，他是大地之神，只要有土地之处，他就无所不在。福德神地位虽不高，但熟知当地情形，他不只是管理与土有关的种植、营建、水利、挖掘等事务，而是兼具全面管理、保护当地及根据人的言行施赏罚的职能。乡民认为，三保公庙之地也是土地神的依附之所，就是所谓"宅神土地"，乃土地神社会化后所派生者，其职责是主该庙堂。从庙址上取一块泥土，就是三保公神灵的象征或代称。因此决定每年福德爷生日之时，依附土地神之所合祭郑和，在遗址旁取土，插上一炷香，用红纸写上"三保大人"字样躬送至北门与深澳所有福德神一起进行祭拜，表明心迹，表达民众对明代航海家郑和的敬意与怀念（图1）。

三保公庙是潮汕地区唯一一座纪念郑和下西洋的庙宇遗址，其庙的香炉也收藏在海防史博物馆内。三保公香炉呈倒梯形，上长25.5厘米、宽16厘米，下长23厘米、宽14厘米。正面"三保老爷"四字阴刻于上方，正书，每字约5厘米。中为阳刻牡丹花饰。据此可见，南澳是郑和远洋必经之地，也是当时的海外诸港之一，是第一次出现在郑和下西洋的航海图上（随和出使之明代黄省曾：《西洋朝贡典录》）。

图1 写有"三保大人"的香烛

第二节 南澳的民间习俗

南澳的民间民俗是岛民在长期的生产和生活实践中形成的。由于南澳从明万历三年（1575）诏设南澳镇至民国三年（1914）十月三百多年间属于福建与广东两省共管，从潮、漳入岛谋生者众，同时也把当地习俗带入南澳，在逐渐交融演化过程中形成了自己的民俗。因此，南澳时年八节［时年八节为潮汕方言俗语，指的是一年有八个重要传统节日：春节、元宵、清明、端午、七月半（中元节）、中秋、冬至、除夕］有许多民间习俗与潮、漳地区习俗接近或相同。南澳的民间习俗庞杂，为此选其中部分进行分述。

（一）服饰

过去南澳除官绅、商贾之士穿长衫、披马褂外，渔、农、盐等劳动百姓多穿大筒衫（即大襟衫）、着阔裤（折裤头、好扎），少用裤带，只用头布或红绸扎腰。辛亥革命后，西洋纱和印花布大量涌入，西装、T恤开始有人穿用，大襟衫逐步被淘汰，平民改穿对襟衫压头裤。女人多穿襟衫压头裤，唯花色品种已多样化；西式学校的女学生多用蓝色大襟衫作上衣，下穿黑裤和女便鞋。

渔民习惯穿薯莨衫，着缝裤头的短裤，扎头布。薯莨衫用白布制成，右侧开襟，缀上用布打的扣子（即如意扣），染上薯莨汁或荔枝柴汁。薯莨衫耐浸，下海捕鱼时不易被网绳缠住，既经济又实用。至20世纪80年代初才逐渐消亡。

（二）饮食

南澳人一向较为俭朴，平常日食以大米为主，旧时只有时年八节才干饭、稀饭并用，平时多稀饭拌薯芋。佐料以鱼为主，不讲究烹调，只求数量多。由于南澳历史上就是耕三渔七，许多家庭以捕鱼为主，因而在餐桌上吃鱼，食光一面，需转过来食另一面时，要说"顺过来"，而不能说"翻过来"，因"翻"含有"船翻"不吉利之意，为渔民之大忌。

南澳人饮食习惯中，最普通的还是海鲜腌制品。如腌制螃蟹、虾菇、咸鱼、贝类等。常加入姜、醋、辣椒、蒜泥等进行腌制，不但是平时作为送饭食物，也是酒席的常用配食。

（三）居住

南澳民间住宅一般以石砌或夯三合土盖瓦的平房结构为主。以"下山虎"（即一厅一天井的三合院）或"下山虎单背剑"（即一厅一天井一横巷）、"下山虎双背剑"（即一厅一天井二横巷）等瓦屋为主，少数建"四点金"（即二厅二天井的四合院）、"四马拖车"（即二厅二天井一后厢二横巷）的居屋。在深澳古城最有特色的是"竹竿厝"，"竹竿厝"无前后堂之分，房间纵式排列似巷道。房间数多少不一，长短各异，房子之间间有一天井。这种前街通后巷的格局便于进行各种活动，具守备防匪、防盗与防侵扰自卫的作用。这样一种幽深、神秘的民居，实际上也是一种民防设施，一家与邻居组成一个带状群体民居聚落，反映聚族而居、自卫自立的风俗。现民居形式、格局不断变化，住房条件等方面也发生极大变化。

（四）婚姻、结拜与拜契

婚姻 南澳人的婚姻，旧时大多以父母之命，媒妁之言为主，相亲为辅。对六礼的称呼也多口语化，如纳采称为提亲；问名称为合八字或合婚，即托媒交换庚帖；纳吉称为定亲，即男方送去定亲礼物；纳征称为送聘、行聘，纳吉、纳征相当于现代的订婚；请期称为择日、择吉，即商定婚期；亲迎即为迎娶。迎娶为婚姻过程中礼俗最多的环节，在女方，旧俗出嫁前有吃姐妹饭，分赠姐妹钱，全家食拜别饭，受母训等风俗；男方除了装饰门户，贴喜联，布新房、安床、安灯斗等象征喜庆的布设外，最主要就是迎亲，在南澳用花轿迎亲者多富贵人家，普通人大多数步行，路线走大道"安路"，双方约定在中间点交接。队列行序由双方媒婆各执点燃的双喜灯笼在前引路，新娘夹在女眷中间，左右由女友搀扶，男亲友随后，抬嫁妆者尾随。夜间则打火把灯照明。男方迎亲的队伍排列相同，女前男后，但族内长老要领头，到交接点接过新娘后，要高喊道："叔公、阿婆、阿舅、阿妗、阿姨伙，送亲至此，请回。"一般要辞谢多次。新娘到了夫家，由主事人（或媒婆、夫家长辈）主持新娘拜堂、宴客等礼节，新娘入新房（此时夫家父母应回避）时由长辈请新娘食甜糯饭（意甜甜蜜蜜，夫妻恩爱百年），安枕头等俗行。婚后三天回娘家省亲，隔六天早上新娘还有向父母请安等礼节。现在南澳一些农村还保留着些古老的婚俗。

结拜与拜契 在南澳群众中普遍喜欢结拜义父母、义兄弟。拜契是认义父义母，即契爹契娘、干爹干娘。结拜是认义兄弟姐妹，即金兰结拜。在每年"关爷生"（即关羽生日）时到庙卜杯结拜。结拜双方有登门拜彼此父母的礼节。同年生的独生子相互结拜，谓"拜同年"。

（五）游神

南澳传统游神通常是从正月十一日灯上棚开始，到处张灯结彩，爆竹雷鸣，至正月十五日后开始游神。从云澳地区农历正月十六日进游神至后宅渔灯赛会，南澳岛庙会各有特点，其中最具特色的是后宅农历正月十八日渔灯赛会和深澳正月十六日庙会。

在后宅地区每年农历正月十八日由十三乡组成游神队伍从前江武帝庙开始进行渔灯赛会。深澳游神是正月十六日晚，传统游神最有特色。几个庙社都把本庙的神像抬出来，在城隍庙门埕集中排成队列，沿着传统的路线在镇里街巷中巡游。所有的神一起集中巡游，巨大威力会把路上游荡的鬼魄都驱走，并且激发地下风水脉络"地龙"活跃起来，使来年各行各业都有好收成。巡游时，各社队伍由本庙的神像领头，每社各有一帮潮州音乐弦乐队。在旧时，乐队由一班中老年男性组成，由年长持重者敲鼓指挥，十几个男壮丁组成锣队，随着鼓的节奏敲锣并做出各种抛锣的动作（现锣队多由少女组成）。各社另有舞队，真君庙社舞红龙，五福庙社舞青龙，关帝庙社舞麒麟，天后宫社舞鱼、龙虾和蟹，永福庙社舞狮，只有城隍庙不用出舞队。在游神活动中，社区之间的竞争和合作也使得不同的社群关系在这种特别场合中表达出来，因此社区合作和竞争不仅仅与地方的宗教信仰有关，还将社区内部地位和人与人彼此间日常生活关系、往来象征化地展示出来。

（六）行业习俗

南澳渔民以捕鱼为生，旧时生产工具十分落后，渔船全是木帆船，既没有通信设备，又没有天气预报，风云变幻莫测，死生只瞬息之间，因此留下一套独特的生产习俗。

拜海神　每年农历正月初五日过后，渔船要出海捕鱼，家属必须到海滩拜海神，以祈出入平安，渔产丰收。到南澎列岛捕鱼的人，也要先到南澎岛上拜王爷公、王爷妈，四澎（即南澎、中澎、芹澎、顶澎）都有庙宇，捕鱼回来后，自每年农历十月一日起要连续三天祭谢神明。

桁槽　是南澳特有的渔业生产方式。始于明崇祯年间，而最早记载为明万历四十二年（1614）"皇明两院详允南澳海桁禁示碑"。渔民在建桁槽打桁柱的时候，都先喊一声"阿六哥"，再接着喊"二、三、四……"数下去，以纪念帮助渔民建桁槽的英雄、本地籍海神——"英阿六"（见上文长年庙）。桁槽生产的主要工具有每艚大船1艘，网6张。用粗长松木（称桁柱）竖打在鱼群洄游的海路上。作业时在每两根桁柱中间各挂上一张网，利用流速把鱼群带进网兜，渔民按时起网收鱼。作业渔场以云澳澳前官屿附近海域为主，其余有长山尾、猴鼻头、走马埔等。20世纪80年代末该生产方式逐渐消失。

第三节　南澳岛内信仰浅析

通过对南澳岛上纷繁复杂的民间信仰及生活习俗的调查，可以看到历代海洋活动所留下的浓厚印记。南澳岛上至今依然保存有多座教堂，在调查时还发现有数座清至民国时期基督教信徒的墓葬。各种宗教在这里和平相处，成为海岛居民祈愿生活平安的寄托。

南澳作为一座位于海上商贸要道上的海岛，岛内的习俗受到四面八方的影响并不奇怪，特别是基于海上活动的不确定性，信仰是支撑讨海群体坚持下去的精神支持。南澳岛地处闽粤两省之间，漳、潮一带的民间风俗作为这里文化信仰的基调表现得较为明显。

观察南澳岛海洋文化的成长发展，与福建、广东沿海地区的发展大抵同步。但南澳在闽粤之间扮演了门户的角色，其文化发展总的来说还是以本岛文化传统延续与发展为根基。这种延续与发展的过程并不孤立，它同时也经历了一个复杂久远的历史过程[1]。作为闽粤外海洞开的门户，南澳岛更是海内外各色文化交流碰撞的前沿。

岛内信仰祭奠的众神中，大都与岛民自身的海洋活动有关，频繁的海上生产、远洋航行，在风帆时代可谓是九死一生，对海上活动的保护成为各色神灵的基本职能。时至今日，各色海上活动中，对神灵的祈求依然是必不可少的内容。限于本岛自身的资源禀赋，即使被纳入大陆性经济圈中，本岛的农业生产也无法满足众多居民的食物需求，因此在生产活动的祭祀中也难见保佑五谷丰登的农神，保佑各种海上活动的神成为祭祀的主流。

从南澳现存信仰来看，本地信仰的众多建庙受祀的神祇大多源自岛外。特别以中央政权派至本地的流官、海防官兵为主，这与南澳岛浓厚的海防氛围相得益彰，也从侧面反映出，在被纳入有效的中央治理后，岛上居民更多的经济活动是面向岛内。他们自然而然地成为国朝治下的百姓，来自海上的寇盗行为也威胁着南澳居民的安定生活，涉海走私成为岛上少数人的不法行为而被压制。

信仰的形成与本地政治环境、社会活动、经济生产密切相关，南澳岛内各种信仰的调查是在原有调查工作的基础上总结而成。对于一地社会习俗的分析需要长期观察才能得出准确的结论，本次南澳岛海洋文化调查得益于南澳县博物馆黄迎涛馆长的大力支持，他将前期调查获得的本岛民间习俗相关内容整理后提供给调查队，极大完善了本次南澳岛海洋文化调查的体系和内容。由于笔者对南澳岛内文化的理解有限，故将调查中所得的主要习俗陈于文中，供大家参考。

---

[1] 吴春明先生将中国东南沿海海洋文化一脉相承的历史进程总结为"土著生成与汉人传承"。可参阅吴春明：《"环中国海"海洋文化的土著生成与汉人传承论纲》，《复旦学报》（社会科学版）2011年第1期。

柒 南澳岛海洋文化的再认识

史前南澳的对外交流
唐宋时期南澳的重要地位
明代南澳商贸之路与郑和下西洋
清代南澳海上贸易的发展
南澳海洋文化的特点
尾声

2013年9月和10月，习近平主席在出访中亚和东南亚期间，分别提出建设"丝绸之路经济带"和"21世纪海上丝绸之路"（简称"一带一路"）的战略构想。之后习主席在访欧时进一步指出，建设文明共荣之桥，把中欧两大文明连接起来，让亚欧大陆上不同肤色、不同语言、不同信仰的人们携起手来，共同走向更加美好的生活。建设"一带一路"，是以习近平同志为核心的党中央统筹国内国际两个大局，着眼实现"两个一百年"奋斗目标和中华民族伟大复兴的中国梦，为进一步提高我国对外开放水平而提出的战略构想。海上丝绸之路国家战略的提出，对于南澳这个小岛来说，无疑是具有重要的意义。海上自由贸易和武装商团的活动使南澳成为历朝历代海上贸易的中转站与集散地，之后才有南澳的建衙设镇。南澳作为"海上丝绸之路"上的重要节点，有着得天独厚的自然条件与悠久的历史。

第一节　史前南澳的对外交流

根据相关地质资料，南澳地质发育于中生代的侏罗系，距今约1.95亿年。坡积、洪积、海积和风积等地质活动主要发生在新生代第四系，距今250万年至1万年。岩浆活动与火山喷发主要发生于燕山期（在竹竿娘海滩发现了被火山岩浆所淹没的螃蟹）。在距今10 000—8 000年曾出现海平面低于现代海面10—20米的情况，沿海许多岛屿都与大陆相连，南澎列岛314渔场下新礁海域发现了沉溺滩岩，C-14年代为4 180±110年前的海滩环境，现已落在40米深海底。后宅地区35—45米海底发现贝类与树碳化物（说明南澳原有东西两个小岛），云澳崩山海滨发现了鹿角、鹿牙等遗物，也就是说，在10 000—8 000年前，南澳与内地交通未有海洋障碍。考古发现表明，南澳早在距今8 000年前就已有人类活动（古揭阳范围），他们使用一种用燧石打制而成的石片石器，被称为"细小石器"。这类石器在广州南郊番禺飘峰山、揭阳丰顺汤屋山、东邻的福建漳州地区也有发现，属于同一考古学文化遗存，是目前粤东地区发现最早的新石器时代人类文化遗存。这也说明在地球最后一次冰川期结束前，南澳为东山岛、南澎列岛、澎湖列岛至台湾陆桥之中一站，为台、闽、粤之交通要冲。象山、东坑仔、崩山等遗址的考古发现，表明南澳先民已通过"陆岛连桥"与附近先民有生活、生产来往，在文化渊源上有着密切关系。他们是开发海上航路的先驱，是粤东、闽西南海上贸易最早的一批开拓者。

第二节　唐宋时期南澳的重要地位

宋代以前，有关南澳的记载几乎是空白。然而考察中国海洋交通航路，凡东南沿海往南洋一带国家，都要经过南澳海域。由于当时南澳未有定名，故未提及。近年文物普查，南澳县博物馆征集到一件于云澳官屿附近海域出水的唐越窑玉璧底碗，在后宅、深澳亦出土了唐代碗残件。天然的良港条件，周边海路四通八达，南澳岛很早就吸引了不远万里驾舟而来的中外商人。在明万历二年（1574）陈天资所著《东里志》中记载"在深澳（天后宫）宋时番舶建……"。在云澳镇太子楼附近发现了宋代建筑遗址；在后宅镇宫前村龟山南侧发现了大井庵遗址及刻有铭文的残柱，根据残柱形制可断为宋代，碑文内容是关于捐舍银两建庵的记载。这些都反映了当年南澳经贸的繁荣。南澳一号沉船附近发现有宋代沉船遗物；南澎列岛附近海域打捞过宋酱黄釉堆双龙提梁壶；而在西山大潭东侧海边的摩崖石刻也反映了宋代来往船只或在南澳停靠，或以南澳为出发地和终点港。石刻内容为："女弟子欧／七中舍井／一口乞平安／癸巳十一月记／匠李一／弟子欧七娘同／夫黄选舍井二口／乙未政和五年。"这是篆记人捐款于宗教的一种活动，其目的在于祈求神佛保佑海上航行的平安，客观上也反映出当时社会的政治经济活动。尤为可贵的是提供了当年有关对外贸易的一些线索，进一步确证南澳在唐宋时期海上贸易中发挥过关键作用，是潮汕对外贸易海上船舶的驻泊之地。

第三节　明代南澳商贸之路与郑和下西洋

（一）南澳海上贸易的条件与地位

由于得天独厚的水路交通条件，潮汕地区早在唐宋时期就已有相当规模的外贸活动；而进入明代之后，通过海上丝绸之路，对外商贸更为发达，潮汕文化与海外文化交流日益活跃。明朝建立后吸取了元初多次渡海远征而劳民伤财、多招惨败的教训，采取恢复经济的措施，重振了因元末战乱一度萧条的经济，向海外提供商品，开拓海外市场。"明初贡舶贸易盛行一时……及置驿于福建、浙江、广州三市舶司馆（管）之"。明初对外贸易方式主要有：允许海外诸国朝贡时可附带物货交易；中国商船抵达海外诸国进行交易；沿海居民的走私贸易和欧洲国家的转卖。当时尚容许沿海依海为生者以小船下海，于领取"有号票文引"的通行证后作其民间贸易，只要不带违禁货物下海与番国海盗买卖交易，劫掠百姓，特允以自由贸易，而外国海商也只要将船内货物尽报官，依数纳税后亦允自由贸易。但朱元璋这位明朝开国皇帝一直认为海民下海是倭患之源,必严惩不贷。到了古稀之年还念念不忘海禁,再次申禁人民无得擅出海与外国互市。建文四年(1402)燕王朱棣(即明成祖)入京嗣位时第一道诏书就言禁海,继位后又一反祖制恢复市舶司,但仅为官方贸易。明皇三令五申禁海,户部及一些地方官也相继发出"禁造两桅海船""寸板不能下海"等禁令,从而影响整个明朝的海防及贸易,使整个明代海防、海策都处于矛盾之中。

(二)南澳与郑和下西洋

明成祖即位后为"耀兵异域,示中国富强",派郑和自永乐三年(1405)至宣德八年(1433)先后七次率舟师带礼品历访南海、马六甲海峡、印度洋沿海及东非沿岸三十余个国家。郑和下西洋不但传播了中国人民对各国的传统友谊,在一定程度上保护华侨在海外从事商业活动,更重要的是对陶瓷外销起着推动作用,也鼓励闽粤滨海人民远涉重洋,出海贸易。郑和出使南海诸国亦曾舟经南澳,随和出使之黄省曾《西洋朝贡典录》(卷上)云:"又五更平南澳。又四十更平独猪之山,又十更见通草之屿,取外罗之山,又七更收羊屿,国东北百里巨口曰新洲港,港之涯标以石塔,其寨曰设比奈,二夷长主之,户五六十余。港西南陆行百里为王之都城,其名曰占城。"[1]这是郑和船队到达越南中部东海岸新洲港的记载。宣德八年(1433)郑和船队第七次下西洋返航归国。六月三日其船队自新洲港外罗山出发,据《西洋番国志》载:"九日见南澳山,十日晚望见望郎回山,六月十四日到崎头洋。"[2]在《武备志》郑和航海图中,也记录了"用丹寅针十五更船平南粤(澳)山,外平(澎)山外过,用艮寅针三更船平大甘小甘外过"。[3]

在南澳岛深澳镇古城东北侧原有三保公庙,是民众为纪念明代郑和下西洋时,船队途经南澳而建,庙内塑三保公立像,身穿黄色长袍,其旁立白马。抗战时期该庙曾驻日伪保安军,国民党驻汕头部队曾派军进行袭击。20世纪50年代被拆。但在深澳民间每年农历二月初二祭祀福德爷(即土地神)生日之日,民众会在三保公庙遗址旁取土,插上一炷香,用红纸写上"三保大人"字样躬送至北门与深澳所有福德神一起进行祭拜,表达对明代航海家郑和的敬意与怀念。

三保公庙是潮汕地区唯一一座纪念郑和下西洋的庙宇遗址。据此可见,南澳是郑和远洋必经之地,也是当时海外诸港之一,是第一次出现在郑和下西洋的航海图上。

---

[1](明)黄省曾:《西洋朝贡典录校注》卷上《占城国》,中华书局,2000年,第1—3页。
[2](明)巩珍:《西洋番国志》附录二《祝允明前闻记下西洋》,中华书局,2000年,第57页。
[3](明)茅元仪:《武备志》卷二百四十《占度载·航海十》,华世出版社,1984年,第10196页。

(三)南澳海上的武装商团

南澳的海上贸易与我国传统贸易相比,有显著不同,它不是由市舶司进行管理,非政府指定贸易港口,而是民间海上贸易,因此,它一开始便以"走私"的形式出现。《筹海图编》中记载每年"定期于四月终至,五月终去,不论货之尽与不尽也。其交易乃搭棚于地,铺板而陈。所置之货,甚为清雅。刀枪之类,悉在舟中"[1]。可见,南澳早期的贸易时间较短,每年约一个月左右,交易场地简陋。但每当汛风季节,往返南澳的各种商船相望于道,交易盛况空前。明代潮州之所以能够海商云集,商贸发达,其地理环境还有一个得天独厚的因素,即有位于潮州韩江口外的南澳港。在《日本一鉴》卷六《海市》中有载:"南澳倭夷常乘小舟,直抵潮州广济桥,接买货财,往来南澳。"[2]福建《双溪李氏族谱》也记载:"李兴考为石井陈总兵千户,出入水口,在南澳富有万金。"所以"故中国欲知倭寇消息,但令人往南澳,饰为商人,与之交易,即廉得其来与不来,与来数之多寡"。[3]南澳成为16世纪中期中外商人接触最频繁的港口之一。尤其嘉靖二年(1523)因浙江市舶司暂停,番舶无所容,乃之南澳互市,期四月终至,去以五月,不论货之尽与不尽。到嘉靖末年,已有所发展,"倭自福建之浯屿,移泊南澳,建屋而居",海商已在岛上建立固定的场所和商店,进行经常性的贸易活动,特别是许栋、许朝光、林国显、吴平、曾一本、林道乾、林凤等海上武装商团占据南澳,使南澳海上贸易发展更快。

明隆庆元年(1567)曾一度开放漳州明港作为通商口岸,但被海上武装商团利用如故,至明万历初年这里已经是对外贸易集散地。随着中外交通发达,我国传统的出口商品之一陶瓷除了供应本国之外,输出到国外的也很多,许多瓷器从潮汕地区沿海集散地输出海外。南澳一号明代古船所装载货物大量为漳州平和窑的瓷器,因而我们推断它可能是从漳州明港出发,前往东南亚或非洲的走私商船。地处东南海隅的南澳是"潮汕屏障,闽粤咽喉",不仅在军事上为兵家必争之地,而且也是外洋和内地商船停泊总汇之处。向北航行可达日本、朝鲜等国,向东南海路可到菲律宾、爪哇等南洋诸国,为闽、粤交界各县物资集散中心,具有发展海上贸易的极佳条件。

整个明代海外政策充满着矛盾,中央政府一方面派郑和七次下西洋与海外诸国进行贸易,耀兵异域,使明代贸易和海外交通发展达到顶峰;另一方面又实行"片板不准下海,点货不准贡蕃"的海禁政策。而此时,欧洲地理大发现蓬勃兴起,席卷全世界的海

---

[1] (明)郑若曾:《筹海图编》卷三,中华书局,2007年,第247页。
[2] (明)郑舜功:《日本一鉴·穷河话海》卷六《海市》,影印本,1939年,第4页。
[3] (明)郑若曾:《筹海图编》卷四,第278页。

上贸易浪潮正越过印度洋，向东汹涌而来。由于海上贸易利润丰厚，即使是朝廷允许的朝贡贸易，贡使也能从中赚到巨额差价，如 100 斤胡椒在苏门答腊值银 1 两，运到明朝便给价 20 两；日本刀在本国价值 800—1 000 文，明朝则给价 5 000 文。更不用说朝贡之外的民间走私贸易，获利更丰。因此，一种新兴的私人海上贸易——武装海商集团迅速崛起，他们冲破朝廷海禁，活跃在东南沿海或远航南洋至印度洋沿岸进行贸易活动。

南澳港湾交错，又地处潮、漳二州交界处，因此海商集团在遇到闽、粤两省任一方的追捕时就会逃到对面省份的海域躲藏，这让南澳成为明代海商冲破政府海禁抵抗官军的庇护地，成为东西洋私人海上贸易的中继站和基地。前文中描述过的漳州海域以谢策、严山老、洪迪珍、张维海、曾一本、刘香等为首的海商集团，潮州海域以许栋、许朝光、张链、肖雪峰、林国显、林道乾、林凤等为首的海商集团均以南澳为活动据点。澄海人林道乾（青年时潮州小吏）因不满明朝对外政策，造船 50 余艘以南澳为商贸据点，曾先后抵达台湾北港、占城、吕宋、高棉、暹罗，最后率部 2 000 余人定居北大年港（今泰国南部），任掌管该港的客长，当地人称北大年港为"道乾港"。传说其妹曾到北大年港劝哥哥回乡未果，故当地一直崇祀她，尊为林姑娘。林道乾的传奇故事一直在台湾流传着，并形成歌仔戏《打鼓山传奇》。饶平人张琏，自称"飞龙主人"，国号"飞龙"，到达印尼苏门答腊、马来西亚一带，担任番舶长。据日本藤田丰八博士考证，三佛齐国、旧港等地古碑上镌刻的"飞龙"年号，即为张琏当时在国内的国号。更有吴平、许朝光、曾一本等占据南澳，在岛上占地结寨，他们在南澳装载各种产品，驶向东西两洋，和日、荷、西各色人等交易。是时，四方客货汇聚于此，各地的商人趁着季风冬去夏来，让南澳岛不仅有琳琅满目的商品，还一度成为信息集散地，以至于官府要打探倭寇的消息，都需要伪装成商人前往南澳岛，足见当时南澳海上走私贸易的盛况。

潮汕地区海商武装集团震动朝廷，政府曾调集大量军队多次进行围剿。明万历三年（1575）诏设协守漳潮等处专驻南澳副总兵，自此，南澳岛从一个贸易自由港变成了专门扼守东南门户的海防重镇。除军事原因，其旨也在控制与扼杀漳潮地区走私贸易的发展。

第四节　清代南澳海上贸易的发展

明末清初，郑成功以南澳、金门、厦门、铜山为据点，在东南沿海举起抗清复明的义旗。为限制郑氏集团对大陆沿海的军事、经济渗透，清政府采取了"片板不许下水"的迁界政策，这种严苛的封锁政策把大陆隔绝于海洋贸易之外，让郑氏集团依托南澳等岛屿垄断了中国东南沿海与日本、东南亚的海上贸易。随着康熙二十三年（1684），台湾归清朝版图，清政府才逐渐允许广东商民重新开始海上贸易，南澳渔民又允复旧业，但必须在政府的审核后才能进行。康熙二十四年（1685），清廷宣布广东广州、江苏松江、浙江宁波、福建泉州为对外贸易港口，同时设立四个海关，粤海关成立后，潮州府的海关总口设在庵埠，并在潮汕各地设九个征税口和十个挂号小口作为分支机构。潮汕沿海一带"帆樯鳞集，瞻星戴月"，呈现一派海运贸易的繁忙景象，成为粤东、赣南、闽西南的枢纽、进出口岸和货物集散地。

在南澳长山尾发现路易·士米德墓碑，碑文为阴刻英文，译文："立誓/纪念路易·士米德/在大不列颠的双桅方帆船上生病□□□/死于1850年7月22日终年31岁。"路易·士米德墓碑中所提及的大不列颠双桅船是出入南澳的英国船只，其本人身份现虽无法稽考，但这一发现对为一步研究清代外国人来岛贸易提供了实物资料。采集于猎屿岛上的一片约翰生兄弟公司定烧的青花瓷残片，内绘青花图案，外壁有其公司标志及英文。其译文为："（属于）巴黎的约翰生兄弟公司（设于）伦敦。"除此之外，在聚福古庵还曾出土了日本国瓷器残片。

为航海安全，同治十三年（1874），由设于英国伦敦的国际海上人命保险机构"万国公司"在航海要冲南澎岛高峰建设航标灯塔及报雾汽笛。近年来，在南澎海域内均有发现海上贸易的外销瓷器，这为了解古代及近代南澳贸易提供了实物资料。

19世纪40年代，外国资本主义用大炮轰开了中国的大门。咸丰八年（1858）中英签订了不平等的《天津条约》，英国政府将汕头定为通商口岸，设为潮海关，咸丰十一年（1861），清政府正式确认汕头为对外通商口岸，称"汕头埠"，贸易活动中心逐渐转到汕头。自从汕头开埠对外通商之后，资本主义国家控制潮汕地区经济，操纵潮汕对外贸易，传统的海运和海上贸易逐步衰落了。

第五节　南澳海洋文化的特点

在南澳岛上活动的古人对于岛屿内以水系为主构成的地形地势了解透彻，其沿江沿海建设的防御设施是有规律可循的。作为控制河津、海口的要塞多为沿江对称分布，互为犄角或互为依靠，因此在做沿江防御设施调查时，对岸的设施可作为参照证据。此外，防御设施一般呈体系分布，在江边要地可见的炮台仅是其中之一，而位于炮台附近的村庄往往是驻防兵营所在地。不过由于岛上村民较富裕，新房修建更新速度快，这些古迹往往被包围其中，因此调查时要格外注意。

对于沿江、山两边的制高点，应当格外关注。在以烽火狼烟作为信号传递信息及预警的时代，观察视线必有特殊要求，因此，许多炮台建在视野开阔的地点。如此次调查的猎屿铳城内炮台，就位于猎屿北侧这一当时人所能企及的山腰制高点。可见古人在选择相关地点时做了严格选择，这也给我们提供了按图索骥的便利。

对于附近海洋聚落的调查我们也应当有足够的重视。在以往的考古调查中，调查人员对于民间留存的文本资料并不重视，而此次调查我们专门针对此项设立专题，并有较大收获。通过对聚落内世居居民的走访调查，我们收集了一些口述史资料，这些资料可以与在墓葬聚集区采集到的墓碑碑文进行对比。同时，对家族族谱的收集也是此次调查的特点之一。目前所调查的岛内仍保留有续修族谱的习俗，很多宗族通过各种关系从台湾、香港甚至国外将早年散佚的内容修编，这可以结合前述墓葬调查的发现对族谱中所记载的人物生平履历进行复原。

本次调查以南澳岛海防遗址为主线，结合海洋聚落、民间文献、石刻题记等，为南澳岛及周边岛屿的海洋文化遗产研究提供了较为翔实的材料。通过此次调查，可以对明清时期南澳岛海洋防御及海洋文化的特点做出一定总结。

1. 海洋防御上体现出以陆制海的特点，以岸上防御为主，以守为战。清初康熙皇帝曾对海防提出："海防之道，惟在陆路兵弁，守御严密，乃为扼要。防海之策，惟陆路守御为最要也。"[1]鸦片战争初期，林则徐提出的仍然是"弃大洋、守内河""以守为战，以逸待劳"[2]的海防战略，他所指定的战术则是"不准在海洋与之接仗，盖该夷之所长在船炮，至舍舟登陆，则一无所能，正不妨偃旗息鼓，诱之登岸，督率弁兵，奋击痛剿，使聚而歼旃，乃为上策"[3]。在这样的战略战术指导下，岛屿防御成为对抗外来侵略的前线。同时，制海权的丧失也让岛屿防御陷于被动成为海上孤城。

2. 此次调查的几处海洋聚落在形成之初，相较于经济因素，政治、军事因素起到了决定性作用。诸多现存的聚落在清初多是奉命驻扎的地点，在南澳被清政府攻占后成为防备台湾郑氏集团进攻的堡垒。随着收复台湾后，水师逐渐转变成缉私、捕盗协防的治安力量，其政治影响慢慢衰退，经济因素逐渐凸显。本地区山险水宽，陆路交通不便，海运就显得尤为重要，渡口成为各交通要道的枢纽。在岛上调查时发现的多块碑记都反映出当时军民在海港的行为事迹。若在军事紧张时期，这里应是迁界范围，可见局势的缓和，使经济因素在本地区的影响力逐渐上升。

3. 本地区现居人群及地域文化应是由北方陆路居民与本地居民相融合而产生的。在满清南下与郑氏隔海对峙时期，来自大陆的军人从北方南下，他们对于海洋的了解自然

---

[1] 李澍田：《清实录东北史料全辑（三）》，吉林文史出版社，1990年，第325—326页。
[2] （清）林则徐：《林则徐集·奏稿（中册）》，中华书局，1965年，第677页。
[3] 齐思和等：《筹办夷务始末（道光朝）》卷十三，中华书局，1964年，第412页。

不如世居海边的当地居民，这在清水师设立之初对郑氏的作战中虽兵力占优却屡屡失利就可窥端倪。直到总管对台的姚启圣招抚投诚官兵，以及施琅投诚训练水师后才有所改观。收复台湾后，南下的八旗军人与家眷安顿于此，逐渐与当地人融合形成现在的海洋文化格局，由此可见本地居民对海洋的理解有着深厚的历史文化基础。

总之，以南澳岛为代表的东南沿海一带的海洋文化是在本地区浓厚的海洋文化基础之上不断融合外来因素而形成的。这些因素包括政治、经济、社会风俗等等。正如有学者说的："封建政府和地方大员对海洋的认识程度、吏治状况和地方社会风气都成为决定海疆政策被执行情况的因素。"[1]因此，要想全面研究本地区的海洋文化，对现存的海洋文化遗产做一个全面深入的调查就显得尤为重要。此次考察证明，在一个海岛开展海洋文化遗产的区域系统调查工作是比较有效的，我们调查发现了许多以往未发现的遗存。但随着经济开发，开山、修路、建房等对文化遗产的破坏速度超乎我们想象，因此对这些文化遗产的调查研究刻不容缓。希望本文可以起到抛砖引玉的效果，引起更多有识之士对此地的重视。

第六节　尾　　声

南澳岛海洋文化遗存调查是在南澳一号沉船水下考古工作过程中的一个探索性子课题。对于中国海洋考古或者水下考古工作而言，沉船的调查和发掘仅仅是第一步。围绕着沉船的海洋文化研究才是重中之重，在经历了近三十年的积累之后，中国水下考古的探索者们已经开始思考水下考古未来发展的方向。因此趁着南澳一号沉船水下考古开展的东风，由福建博物院高建斌研究员带队，和时为厦门大学考古学专业研究生的张敏、本科生杨平平，会同南澳县博物馆黄迎涛馆长所带领的团队联合开展了此次南澳岛海防调查。在国家文物局水下考古中心和广东省考古所联合水下考古队的鼎力支持下，调查队得以全身心投入到工作当中。

通过此次调查，我们对海岛调查方法有了一些体会。对南澳岛进行海洋文化遗产的调查是我们的一次尝试。通过实地走访，我们对在南澳岛或者广大岛屿地区利用区域系统调查的方法进行海洋文化遗产调查有了明确的认识。通过调查，我们基本上掌握了本岛海洋文化遗存的分布规律，同时也积累了经验，发现了一些问题。

区域系统调查所关注的是土地、资源的使用；社会组织、社会等级的分化；遗址之

---

[1] 王日根：《明清海疆政策与中国社会发展》，福建人民出版社，2006年，第503页。

间的相互关联等。在这种研究人地关系的方法要求下，区域全覆盖式的调查在目前看来是最有效的手段。不过由于区域系统调查所需要的信息多来自对地表采集物的分析，调查工作就不可避免地要受到地貌、环境、季节、植被等因素的影响。

根据以南澳为代表的广大东南沿海地区多年来的气候规律，最适宜的调查时间应选在每年的11月至次年2月，此时避开了台风，气温也相对较低，地表水网也不密集，便于行进，同时此时的农作物和植被也较夏季稀疏，容易寻找遗迹、遗物。但考虑到队员参与时间这一因素，我们将调查定在了6—8月，此时又正是南澳岛内连续高温的时段，使调查格外艰辛。

对于调查路线与时间的安排，也需要下一番苦心。虽然现在有先进的电子设备，但由于南澳接近热带地区，植被生长十分迅速，很多遗迹、遗物被遮盖得非常严重，要发现端倪困难重重，要想一探究竟必须有足够的耐心与细心。为了调查时不遗漏区域，每天调查进行的区块划分要做好标识。又因为岛屿一般多山地丘陵，进入山间被植被遮挡住视线，很容易迷路，因此每次进山调查前要将地图与实地情况对照，充分利用地图上明显的山脊、道路或者视线能及的大型物体为标志，作为每个调查区域的边界。

最后需要特别感谢黄迎涛馆长对南澳文化遗产所做的工作。在我们到达之前，南澳岛范围内大部分遗存的调查工作已经非常细致，材料包括海防设施、墓葬、民间信仰等各个方面。他们的工作为此次调查的顺利开展奠定了非常扎实的基础。其中第六章南澳岛民间习俗与海洋信仰内容为黄迎涛馆长撰写，其余章节为张敏主笔。

后　记

　　2012年暑假，时在福州市考古队的高建斌副研究员带着还在厦门大学读研二的我和即将去南京大学读研的师妹杨平平，一路风尘仆仆来到南澳一号沉船水下考古队的驻地，与之前到达的水下考古队员们汇合。由于水下考古对当时的我而言是一项神秘的工作，项目领队周春水老师很热情地带我们参观工作船，并做了南澳一号沉船工作的详细介绍。随后，我们到了在闽粤地区常见的茶室聊天，在这里才明白了此行的任务——开展"南澳岛的海洋文化系统调查"。这个调查带有明显的实验性质，怎么做，要达到怎样的效果，一切由调查队自己掌握。走出茶室我们才感觉到，这项调查好像没有最初想象的那么简单，美丽的南澳岛也不是用来旅游的。

　　为了完成任务，调查队一行找到了南澳县海防史博物馆的黄迎涛馆长，黄馆长慷慨地和我们分享了他们在第三次文物普查工作中的收获，并帮我们做了南澳岛文化遗存的分布介绍。研读黄馆长提供的资料，让初来乍到的我们对南澳岛的文物"家底"有了基本认知，调查工作无疑会便捷很多，也不得不对这位同仁在南澳开展的工作感到佩服。

　　整个炎热的暑季，调查队一行成为南澳岛密林中的常客，我们走遍了南澳四镇大大小小的山头，吃了不少苦头，收获也同样丰富。在最后撤离的时候，回望着挥洒了六十多天汗水的南澳岛心情复杂。本次调查并不是无懈可击，我们在调查的区域、文献搜集等方面都有需要进一步完善的地方。如有机会，仍需要从文化圈及沉船出水物的角度考虑，除了对南澳岛进行调查外，还应该对南澳紧密关联地区如邻近的东山、铜山等几个卫所，潮汕、漳州地区的相关窑址开展统一调查。

　　我从没想过，时隔十一年还会再回到这里，到处闪烁的霓虹灯、高耸的钢混楼、满岛的游客告诉我这里不再是以前那个偏僻的离岛。跨海大桥的修建让南澳岛的秀丽风光与世人更近。此时的我也从当年那个毛头小伙子变成了中年大叔。就在我重回南澳时，也是拙作《海洋聚落与海防遗存——南澳海洋文化遗存调查研究》即将付梓的时刻，此时不禁感慨，我和中国水下考古的缘分就是2012年从南澳开始的。我自2015年完成水下考古培训，正式加入中国水下考古大家庭后，也能经常碰到当年在南澳一起拼过的同仁。而当年一同爬山调查的高建斌研究员早已著作等身，成为海防研究领域的权威专家，杨平平老师在南京市博物院也崭露头角，大家的进步让我自愧不如。拙作的出版，也算聊以自慰，让我们在怀念那段激情岁月的时候有一个支点。

林海南和方晴两位老师在本书写作、校核阶段不辞辛劳，提供了他们的智力支持。我的爱人王佩女士，虽然不是考古文博相关专业教育背景，但依然以一位热心读者的身份，在枯燥的文字间帮我纠字改句，经常鞭策我完善修改。特在此对所有关心支持过拙作出版的朋友表达感激之情。

图书在版编目(CIP)数据

海洋聚落与海防遗存：南澳海洋文化遗存调查研究 / 张敏著. —上海：上海古籍出版社，2023.11
ISBN 978-7-5732-0935-1

Ⅰ.①海… Ⅱ.①张… Ⅲ.①海洋－文化遗产－调查研究－南澳县 Ⅳ.①K878.04

中国国家版本馆CIP数据核字(2023)第208251号

海洋聚落与海防遗存
南澳海洋文化遗存调查研究
张 敏 著

上海古籍出版社出版发行

（上海市闵行区号景路159弄1-5号A座5F　邮政编码201101）

（1）网址：www.guji.com.cn
（2）E-mail：guji1@guji.com.cn
（3）易文网网址：www.ewen.co

上海丽佳制版印刷有限公司印刷

开本787×1092　1/16　印张13　插页1　字数253,000
2023年11月第1版　2023年11月第1次印刷
ISBN 978-7-5732-0935-1
K·3504　定价：98.00元

如有质量问题，请与承印公司联系